高职高专公共基础课系列教材

U0731397

现代交际礼仪实用教程

王艳洁　主　编

孙小杰　赵　晖　副主编

清华大学出版社

北　京

内 容 简 介

本书作为反映高职教育教学改革最新理念的新型实用教材,是根据企事业单位日常交际活动所涉及的各类礼仪规范而编写的。它构建了全新的现代交际礼仪内容体系,包括认识交际礼仪、仪容礼仪、服饰礼仪、仪态礼仪、会面礼仪、沟通礼仪、求职礼仪和活动礼仪 8 章内容。大部分章由学习目标、案例导入、基本知识、实训项目和课后练习构成,让学生做中学,学中做,学做结合,真正提高现代礼仪素养和交际能力。

本书融理论教学和实践教学于一体,突出了知识性、趣味性和可操作性,贴近时代,贴近社会,贴近实际,可作为高职高专院校各专业学生礼仪公共基础课程的新型实用教材,也是各类企事业单位进行员工礼仪培训的创新型教材,还是社会各界人士提高礼仪素养和交际能力的自我训练手册。

图书在版编目(CIP)数据

现代交际礼仪实用教程/王艳洁主编. —北京:清华大学出版社,2022.1

高职高专公共基础课系列教材

ISBN 978-7-302-58545-9

Ⅰ.①现… Ⅱ.①王… Ⅲ.①社交礼仪—高等职业教育—教材 Ⅳ.①C912.12

中国版本图书馆 CIP 数据核字(2021)第 132309 号

责任编辑:张龙卿
封面设计:范春燕
责任校对:袁 芳
责任印制:沈 露

出版发行:清华大学出版社

  网 址:http://www.tup.com.cn,http://www.wqbook.com

  地 址:北京清华大学学研大厦 A 座   邮 编:100084

  社 总 机:010-62770175   邮 购:010-62786544

  投稿与读者服务:010-62776969,c-service@tup.tsinghua.edu.cn

  质量反馈:010-62772015,zhiliang@tup.tsinghua.edu.cn

  课件下载:http://www.tup.com.cn,010-83470410

印 装 者:三河市龙大印装有限公司

经 销:全国新华书店

开 本:185mm×260mm   印 张:15.75   字 数:359千字

版 次:2022 年 1 月第 1 版   印 次:2022 年 1 月第 1 次印刷

定 价:49.00 元

产品编号:092148-01

前　言

礼仪是人类文化的结晶,社会文明的标志;

礼仪是塑造形象的良方,获取人脉的法宝;

礼仪是待人交友的学问,走向成功的桥梁;

礼仪是做人立身的根本,赢得竞争的利器;

礼仪是步入社会的通行证,人际交往的润滑剂……

作为社会中的一员,我们每天都在与人进行交往,而交往中礼仪无处不在。讲礼仪,才会有品位;有品位,才会有魅力。实践证明,在现代交际中,不学礼,则不知礼;不知礼,则必失礼。因此,必须进行系统的现代交际礼仪的学习和实践。本书正是基于此而编写的。

本书是2007—2012年教育部立项建设的大连职业技术学院现代交际礼仪国家精品课程(张岩松为课程负责人)的标志性成果,此次编写着力突出了实用性,精心梳理了全书内容,融入了编者近年来的教学经验和心得,使之更加完备、系统、凝练。在编写体例上也力求有新的突破,每章前设计了"学习目标"(含知识目标、能力目标和素质目标)和"案例导入"等,在现代交际礼仪基本知识介绍中充实了大量图片和图表以及"小贴士""小案例""小故事""小幽默"等栏目内容,适应了新时代读者的阅读特点,增加了可读性、趣味性、指导性和可操作性。第2~8章还设计了"实训项目"和"课后练习",便于学生做中学,学中做,学做结合,不断提升现代交际礼仪知识的应用能力,塑造全新的自我。

在教学的全过程中,广大教师一定要始终贯彻课程思政要求,对学生进行社会主义核心价值观教育,强化对学生道德意识、法律意识的培养,引导学生塑造良好的职业形象,不断提高职业素养,从而促进学生的全面发展。

本书在编写过程中集采众家之说,参考颇多,限于篇幅仅列出了主要参考资料,在此向各位专家、学者深表谢意。有些资料参考了互联网上发布或转发的信息,也在书末参考资料中列出,在此也向各位原作者所付出的辛勤劳动表示衷心的感谢!

本书由王艳洁主编,孙小杰、赵晖担任副主编。具体分工如下:王艳洁编写第1~3章及第5章;赵晖编写第4章;孙小杰编写第6章和第7章;张岩松、赵晖编写第8章;王佳特、李妍、郭影、赵祖迪、屈剑进行了图片制作,高琳、王艳洁完成了本书电子课件和课后练习答案等的制作。全书由王艳洁统稿。

由于编者水平所限,书中的不当之处,敬请读者指正。

编　者
2021年9月

目　录

第1章 不学礼　无以立——认识交际礼仪

不学礼,无以立。

——《论语·季氏》

表面上礼仪有无数清规戒律,但其根本目的在于使世界成为一个充满生活乐趣的地方,使人变得平易近人。

——[美]佩吉·波斯特 《礼仪圣经》

【学习目标】

知识目标

- 把握礼仪的内涵、特性和功能;
- 明确交际与交际礼仪的含义;
- 遵循交际礼仪的原则。

能力目标

- 自主学习新知识,能够利用网络媒体资源查找与交际礼仪相关的知识;
- 树立礼仪意识,遵循礼仪行为规范。

素质目标

- 在日常生活中以礼待人,创建和谐、友善的人际关系;
- 具备高尚的道德情操、良好的职业素质以及良好的审美情趣。

【案例导入】

修养的作用

有一批应届毕业生为 22 个人,实习时被导师带到北京的国家某部委实验室里参观。全体学生坐在会议室里等待部长的到来,这时有秘书给大家倒水,同学们表情木然地看着她忙活,其中一个还问了句:"有绿茶吗? 天太热了。"秘书回答说:"抱歉,刚刚用完了。"林晖看着有点别扭,心里嘀咕:"人家给你水还挑三拣四。"轮到他时,他轻声说:"谢谢,大热天的,辛苦了。"秘书抬头看了他一眼,满含着惊奇。虽然这是很普通的客气话,却是她今天唯一听到的一句有礼貌的话。

门开了,部长走进来和大家打招呼,不知怎么回事,会议室里静悄悄的,没有一个人回应。林晖左右看了看,犹犹豫豫地鼓了几下掌,同学们这才稀稀落落地跟着拍手,由于不齐,越发显得凌乱起来。部长挥了挥手:"欢迎同学们到这里来参观。平时这些事一般都是由办公室负责接待,因为我和你们的导师是老同学,非常要好,所以这次我亲自来给大家讲一些有关情况。我看同学们好像都没有带笔记本，这样吧，王秘书，请你去拿一些我们部里印的纪念手册，送给同学们作纪念。"接下来，更尴尬的事情发生了，大家都坐在那里，很随意地用一只手接过部长双手递过来的手册。部长脸色越来越难看，来到林晖面前时，已经快要没有耐心了。就在这时，林晖礼貌地站起来，身体微倾，双手接过手册，恭敬地说了一声："谢谢您！"部长闻听此言，不觉眼前一亮，伸手拍了拍林晖的肩膀："你叫什么名字？"林晖照实作答，部长微笑点头，回到自己的座位上。早已汗颜的导师看到此景，才微微松了一口气。

两个月后，毕业分配表上，林晖的去向栏里赫然写着国家某部委实验室，有几位颇感不满的同学找到导师："林晖的学习成绩最多算是中等，凭什么选他而没选我们？"导师看了看这几张尚属稚嫩的脸，笑道："是人家点名来要的。其实你们的机会是完全一样的，你们的成绩甚至比林晖还要好，但是除了学习之外，你们需要学习的东西太多了，修养是第一课。"

问题：在现代交际中，一个人应注意遵循哪些礼仪规范？

1.1　交际礼仪的含义

1. 什么是交际

美国成人教育家卡耐基认为：一个人事业上的成功，只有 15% 是由于他的专业技术，另外的 85% 要靠人际关系、处世技巧。卡耐基对人际交往的重视程度基于他对人生的深刻理解和领悟。今天，尽管我们无法测定卡耐基量化数值的精确程度，但是，几乎没有人否定交际在人生、家庭、事业中的重要性。

古希腊哲学家亚里士多德曾说过："一个生活在社会之外、同人不发生关系的人，不是动物就是神。"如果人完全脱离了人际交往，脱离了社会，人就不再是人，而成为动物。国外有的学者估计，人们在日常生活中，除 8 小时的睡眠时间以外，其余 16 小时中约 70%（11 小时左右）都在进行着交际。那么，究竟什么是交际呢？

【小贴士】

谁都不愿意与世隔绝

美国心理学家沙赫特曾做过这样的实验：他以每小时 15 美元的酬金先后聘请了 5 位志愿者进入一个与外界完全隔绝的小屋，屋里除提供必要的物质生活条件外，没有任何社会信息进入，以观察人与世隔绝时的反应。结果，其中 1 个人在小屋里只待了 2 小时就出来了，有 3 个人待了 2 天，另一个人待了 8 天。这位待了 8 天的人出来说："如果让我再在里面待 1 分钟，我就要疯了。"实验证明，没有一个人愿意与其他人隔绝，人们都害怕孤独。

交际是标志人类活动的特殊领域的概念，在英语中使用 communication 一词表达，其含义有通信、传达、交流、意见的交换等。交际在汉语中又称为交往。"交"有接合、通气、赋予的意思;"际"有接受、接纳、交合、会合、彼此之间等意思。朱熹对"交际"的注释是:"交际,谓人以礼仪币帛相交接也。"这里"礼仪"的"相交接",即日常所说的"礼尚往来",主要指人与人之间精神性的交换;而"币帛"的"相交接",是指人与人之间物质性的交换。朱熹把人与人之间精神和物质的交换称为交际,这种诠释是很有见地的。

由此可见,交际是人与人之间在共同的社会活动中,通过相互接触,互通信息,交流情感,达到相互了解,彼此吸取对方的长处和积极因素,从而增进友情,和谐合作,促进事业成功;或满足相互间的精神慰藉,实现自我价值,增加社会群体的聚合力。

2．什么是现代交际礼仪

现代交际礼仪泛指人们在社会交往活动过程中逐步形成、演变和发展的,为现代社会的人们所共同认可并应当共同遵守的行为规范和准则,具体表现为礼节、礼貌、仪式、仪表、礼俗等,其本质是通过某些规范化的行为,交流与表达人与人之间的真诚、尊重、友好、体谅等情感,是人的社会关系的体现。通俗地说,现代交际礼仪就是人们待人接物的一种惯例,有助于调节和增进人与人之间的交往和联系,目前它已经成为社会交际活动中不可缺少的内容。

1.2　交际礼仪的特征

1．共通性

交际礼仪是人们在社会交往过程中形成并得到共同认可的行为规范。它贯穿于整个人类社会发展的始终,普遍存在于社会的各个领域,渗透到各种社会关系之中。只要人类存在交际活动,社会就有礼仪的存在。尽管不同的国家、不同的地区、不同的民族对于礼仪内容的理解不同,重视的程度不同,表现的形式也不同,但都体现为社会共同认可的行为规范,就现代交际礼仪本身的内涵和作用来说,仍具有共通性。特别是在现代社会中,世界各地人们的交往更为快捷,更为频繁,更为多样,许多礼仪更加具有国际通用的特点。

【小故事】

酒店老板与无赖

一个人走进饭店要了酒菜,吃罢摸摸口袋,发现忘了带钱,便对店老板说:"店家,今日忘了带钱,改日送来。"店老板连声说:"不碍事,不碍事。"并恭敬地把他送出了门。

这个过程被一个无赖看到了,他也进饭店要了酒菜,吃完后摸了一下口袋,对店老板说:"店家,今日忘了带钱,改日送来。"

谁知店老板脸色一变,揪住他,非剥他衣服不可。

无赖不服,说:"为什么刚才那人可以赊账,我就不行?"

店家说:"人家吃菜,筷子在桌子上找齐,喝酒一盅盅地筛,斯斯文文,吃罢掏出手绢揩嘴,是个有德行的人,岂能赖我几个钱。你呢? 筷子往胸前找齐,狼吞虎咽,吃上瘾来,脚踏上条凳,端起酒壶直往嘴里灌,吃罢用袖子揩嘴,分明是个居无定室、食无定餐的无赖之徒,我岂能饶你！"

一席话说得无赖哑口无言,只得留下外衣,狼狈而去。

2．多样性

世界是丰富多彩的,其中现代交际礼仪也是五花八门、绚烂多姿的。世界各地的民俗礼仪千奇百怪,几乎没有人能说清楚世界上到底有多少种礼仪形式。从语言的表达礼仪到文字的使用礼仪,从举止礼仪到规范化礼仪,从服饰礼仪到仪表礼仪,从风俗礼仪到宗教礼仪等,在不同的国家、不同的场合,其表达方式也有所不同。比如,在人们常见的国际交往中,仅现代交际礼仪中的见面礼节就有握手礼、点头礼、亲吻礼、鞠躬礼、合十礼、拱手礼、脱帽礼、问候礼等,可谓多种多样、纷繁复杂。

不仅如此,有些现代交际礼仪形式所表达的内容,在不同国家或地区有可能截然相反,甚至一个国家不同地区也可能有不同的含义(见表1-1)。

表 1-1　手势在不同国家所表达的含义

手势	中国	美国	英国	法国	日本	印度	其他国家
	棒、厉害	顺利	搭车	搭车	男人、父亲	搭车	在孟加拉国意味着侮辱和挑衅
	最小的或倒数第一	打赌			女人、女孩、恋人	想去厕所	在缅甸表示想去厕所;在尼日利亚等国家表示打赌
	数字0或3	征求对方意见或表示同意、赞扬、了不起	零、一钱不值	金钱	正确、不错		在韩国、缅甸表示金钱;在菲律宾表示想得到钱或没有钱;在印度尼西亚表示一无所有或一事无成;在突尼斯表示无用、傻瓜

3．规范性

交际礼仪规范的形成,不是人们抽象思维的结果,而是对人们在社会交往实践中所形成的一定礼仪关系的概括和反映。礼仪来源于长期的社会生活实践,被大多数社会成员认可并施行,成为调整人际关系的习惯性标准,形成人们普遍遵循的行为准则。这种行为准则约束和支配着人们的交往行为。它虽然不像法律那样具有强制力,但作为社会成员认同并遵从的规范,往往有一种无形的力量迫使人们遵守它,因为这种规范性是人们在一切交际场合必须采用的一种"通用语言",是衡量他人、判断自己是否自律、敬人的一种尺度。

【小故事】

修理抽水马桶的外国小男孩

一次在瑞士,龙永图与几个朋友去公园散步,上厕所时,听到隔壁的卫生间里"砰砰"地响,他有点纳闷。出来之后,一个女士很着急地问他有没有看到她的孩子,她的小孩进厕所十多分钟了,还没有出来,她又不能进去找。龙永图想起了隔壁厕所间里的响声,便进去打开厕所门,看到一个七八岁的小孩正在修抽水马桶,怎么弄都抽不出水来,急得满头大汗。这个小孩觉得他上厕所不冲水是违背规范的。

4．传承性

任何国家的礼仪都具有自己鲜明的民族特色,其现代交际礼仪都是在继承本国古代礼仪的基础上发展起来的。离开了对本国、本民族既往交际礼仪成果的传承,就不可能形成现代交际礼仪,这就是现代交际礼仪传承性的特定含义。作为一种文明积累,人们将交际应酬中的习惯做法即礼仪固定流传下来,并逐渐形成自己的民族特色,这不是一种短暂的社会现象,而且不会因为社会制度的更替而消失。对于既往的礼仪遗产,正确的态度不应当是食古不化、全盘沿用,而应当是有扬弃,更有发展。

【小贴士】

"礼仪"的词源

在西方,"礼仪"一词最早见于法语的 etiquette,原意是法庭上的通行证。无论是在古代还是在现代,所有进入法庭的人员必须十分严格地遵守法庭纪律。古代法国的法庭不是当庭宣读这些纪律,而是将其印在或写在一张长方形的 etiquette（通行证）上,发给进入法庭的每一个人,作为其进入法庭后必须遵守的规矩和行为准则。在社会交往中,人们也必须遵守一定的规矩和准则,才能显示出人类区别于动物的特有风范,才能保证文明社会得以维系和发展。于是,当 etiquette 一词进入英文后,就有了"礼仪"的含义,意即"人际交往的通行证"。

1.3　交际礼仪的原则

1．遵守原则

交际礼仪规范是为维护社会生活的稳定而形成和存在的,实际上是反映了人们的共同利益要求。社会上的每个成员不论身份高低、职位大小、财富多寡,都有自觉遵守、应用礼仪的义务,都要以礼仪去规范自己的一言一行、一举一动。如果违背了礼仪规范,会受到社会舆论的谴责,交际自然就难以成功。

【小故事】

失礼的代价

苏联领导人赫鲁晓夫在失礼方面就有前车之鉴,他在一次联合国会议上为了让人们安静下来,竟然脱下鞋子,并用鞋子敲打会议桌子。他的不雅举止显然违背了礼仪规范,更有损他本人及苏联的国际形象。在这次会议上,联合国做出决定:对苏联代表团罚款一万美元。可见违背社交礼仪的原则是不行的。

2．敬人原则

尊敬是"礼"的本义,是礼仪的重点和核心。在对待他人的诸多做法中最重要的一条,就是要敬人之心长存,处处不可失敬于人,不可伤害他人的个人尊严,更不能侮辱对方的人格。可以说,掌握了敬人的原则就等于掌握了礼仪的灵魂。尊敬的作用是十分巨大的。

【小贴士】

"礼"字的由来

从"礼"字的发展演化看,"礼"的最初含义与礼仪的起源——原始宗教祭祀活动有密切关系。"礼"字在甲骨文里写为"豊",其下半部分的"豆"字是指古代的一种器具,上半部分的"珏"表示一块块整齐地摆放的玉,然后将"玉"放在盒子里。这反映了古人祭祀活动的一个侧面。后来在其基础上又繁化为"禮",整个字为敬神之意。随着人类对自然与社会各种关系的认识逐渐加深,礼的范围和内容就从各种神事扩大到人事。表示对他人的尊敬、尊重就是"礼"的本质含义。

【小故事】

朝天空吐唾沫的人,唾沫也会落在他的脸上

有这样一个有趣的故事:一个小孩儿不懂得见到大人要主动问好,对同伴要友好团结,也就是缺少礼貌意识。聪明的妈妈为了纠正他这个缺点,把他领到一个山谷中,对着周围的群山喊:"你好,你好。"山谷响应:"你好,你好。"妈妈又领着小孩儿喊:"我爱你,我爱你。"不用说,山谷也喊道:"我爱你,我爱你。"小孩儿惊奇地问妈妈这是为什么,妈妈告诉他:"朝天空吐唾沫的人,唾沫也会落在他的脸上;尊敬别人的人,别人也会尊敬他。因此,不管是时常见面,还是远隔千里,都要处处尊敬别人。"

3. 宽容原则

一般来说,交往双方的心理总存在一定的距离,存在不相容的心理状态,这种差异会在交往者之间产生思想隔膜,甚至会使关系僵化。要想缩小这种心理上的差异,求得人与人之间能多一分和谐和信赖,就必须抱着宽容之心。宽容就是要求人们既要严于律己,又要宽以待人,要多容忍他人,多体谅他人,多理解他人,而不能求全责备、斤斤计较、过分苛求、咄咄逼人。孔子说:"宽则得众。"唯有宽容才能排除人际交往中的各种障碍,不能宽容他人的人,往往会得理不饶人,使人际关系恶化。共性是寓于个性之中的,人们应该维护和发展共性,以理解和宽容来增强人们之间的凝聚力。

【小故事】

六 尺 巷

"我家两堵墙,前后百米长。德义中间走,礼让站两旁。"除夕夜,由安徽宿松籍著名诗人贺东久作词,桐城籍青年歌手张正扬作曲,安徽芜湖籍演员赵薇演唱的歌曲《六尺巷》亮相2016年央视猴年春晚。歌曲《六尺巷》取材于桐城六尺巷的典故,融合了黄梅小调、京剧及现代流行音乐等元素,受到人们的普遍欢迎,六尺巷也受到人们的普遍关注。从2016年正月初一开始,六尺巷从原先的冷冷清清变得人潮涌动。

位于安徽桐城的六尺巷,其得名源于康熙朝宰辅张英对邻居"让出三尺"的故事。

据史料记载,清康熙年间,文华殿大学士、礼部尚书张英(1637—1708年)的桐城老家人,与邻居吴家在宅基问题上发生争执,两家各不相让,将官司打到县衙。因双方都是官位显赫

的名门望族，县官不敢轻易了断。

于是，张家人千里传书给在京城的张英求援。收书后，这位当朝宰辅批诗一首寄回老家，便是这首流传至今的打油诗："一纸书来只为墙，让他三尺又何妨。长城万里今犹在，不见当年秦始皇。"

一见回信，张家人豁然开朗，将围墙退让了三尺。吴家见状深受感动，也让出三尺，形成了一个六尺宽的巷子，如图1-1所示。

图1-1　六尺巷

从此以后，这条六尺宽的巷子就以"六尺巷"之名闻名乡里，成为民间佳话。

时至今日，虽然张吴两家的老宅都已在300多年的时光里走进了历史，但这条巷子却依然安静地伫立在那里，并引得人们慕名而来，领悟体会其宽容他人，互敬礼让，和谐包容，进退有度的文化内涵。

4．平等原则

【小故事】

萧伯纳与俄罗斯小姑娘

英国著名戏剧家、诺贝尔文学奖获得者萧伯纳（George Bernard Shaw）对"平等"二字有很深的体验。一次他访问苏联，漫步在莫斯科街头，遇到一位聪明伶俐的苏联小姑娘，便与她玩了很长时间。分手时，萧伯纳对小姑娘说："回去告诉你妈妈，今天同你玩的是世界有名的萧伯纳。"小姑娘望了萧伯纳一眼，学着大人的口气说："回去告诉你妈妈，今天同你玩的是苏联小姑娘安妮娜。"这使萧伯纳大吃一惊，立刻意识到自己太傲慢了。后来，他常回忆起这件事，并感慨万分地说："一个人不论有多大成就，对任何人都应该平等相待。要永远谦虚，这就是苏联小姑娘给我的教训，我一辈子也忘不了她！"

平等是人与人之间建立情感的基础，是达到最佳交际效果的诀窍，是建立和保持良好人际关系的基础之一。在尊重交往对象、以礼相待这一点上，对任何交往对象都必须一视同仁，给予同等程度的礼遇。不允许因为交往对象彼此之间在年龄、性别、种族、文化、身份、财富以及关系的亲疏远近等方面有所不同而厚此薄彼，给予不同待遇。当然，可以根据不同的交往对象，采取不同的具体方法。

5．信用原则

信用原则即讲究信誉的原则，守信是中华民族的传统美德，信守约定也是交往活动中必须严格遵守的一项原则。要遵守信用，做到守时、守约、说话要算数、许诺要兑现，"言必行，行必果"。在交际中只有讲究诚信，才能赢得别人的尊敬。

【小案例】

八万两银子的破箩筐

乔致庸是中国清代著名的晋商。一次，包头东城万利聚商号的吴东家，因资金周转不开，向乔致庸借了八万两银子。当时，吴东家承诺：一年后连本带息全部还清。可一年的期限到了，吴东家不仅没还一分钱，借钱的事也闭口不提。更过分的是，他还主动找上门来，可怜巴巴地向乔致庸哭诉："我现在是穷得叮当响，家里仅剩下一只用来卖花生的破箩筐了，哪还得起你那八万两银子呀？"

乔致庸心里明白，吴东家这么做无非是想赖账。可他却安慰道："既然你已到了这步田地，我也不能逼你，就把那只破箩筐拿来抵债吧！"吴东家一听，心里顿时乐开了花，立刻送来了破箩筐。

吴东家走后，伙计急切地问："一个破箩筐怎么能值八万两银子，您这不是白白送他吗？"乔致庸笑了笑说："你照我吩咐的去做，吴东家自会把钱送来。"随后，乔致庸便让伙计把那破箩筐挂在店里最显眼的地方，标价八万两银子出售。人们听说后，都跑来看热闹，自然也就知道了破箩筐的事。后来，很多生意人知道这件事，就都不愿意跟吴东家做生意了。这时，吴东家才意识到问题的严重性，只得乖乖地把欠款还清，赎回了那只破箩筐。

6．自律原则

自律原则要求个体把学习和运用礼仪当作自己的自觉要求，通过学习，在心目中树立起礼仪信念和行为准则，以此来约束自己在社会交往中的行为，并做到"吾日三省吾身"，不断地用礼仪规范对照检查自己的交际行为，以形成良好的礼仪习惯。只有做到"慎独"，才是一个真正讲礼仪的人。

【小贴士】

社交活动中不要随便发怒

在社交场合中随便发怒，会造成两种不良的后果：一是对发怒的对象不友好，会伤了和气和感情，失去朋友、同事之间的友谊与信任。二是对发怒者不利，一方面对本人的身体产生不良的影响；另一方面对发怒者的形象产生不良的影响，人们会认为他缺乏修养，不宜深交。

在社会生活中，人们适应环境，并求得环境的认可和接受，也是一种本能的表现，在社会交往中主要表现为以良好的心态与朋友、同事友好相处，不发怒或不发脾气，并从多方面克制自己。

1.4　交际礼仪的功能

1．塑造个人形象

塑造个人形象是现代交际礼仪的第一功能。在人际交往中，礼仪往往是衡量一个人文明程度的准绳,它不仅反映一个人的交际技巧和应变能力,还反映一个人的气质、风度、阅历见识、道德情操及精神风貌。现代交际礼仪有助于人们更好地设计、塑造、展现、维护个人形象。

【小故事】

小节的象征

一位先生要雇一个没带任何介绍信的小伙子到他的办公室做事,先生的朋友挺奇怪。先生说:"其实,他带来了不止一封介绍信。你看,他在进门前先蹭掉脚上的泥土,进门后又先脱帽,随手关上了门,这说明他很懂礼貌,做事很仔细;当看到那位残疾老人时,他立即起身让座,这表明他心地善良,知道体贴别人;那本书是我故意放在地上的,所有的应试者都不屑一顾,只有他俯身捡起,放在桌上;当我和他交谈时,我发现他衣着整洁,头发梳得整整齐齐,指甲修得干干净净,谈吐温文尔雅,思维十分敏捷。怎么,难道你不认为这些小节是极好的介绍信吗?"

2. 促进人际交往

交际礼仪是人们沟通思想的桥梁,也是交际个体与其他交际个体、交际群体之间的"协调器"。人与人之间的了解和沟通,一般都是从彼此的礼仪表现开始的。讲究礼仪,可以唤起人们的沟通欲望,相互建立起好感和信任,进而形成和谐、良好的人际交往过程,并推动和维护这种人际交往过程。

【小案例】

一束玫瑰花

乔·吉拉德是世界上最伟大的推销员。一天,一位中年妇女从对面的福特汽车销售部走进了吉拉德的汽车展销室。她很想买一辆白色的福特车。"夫人,欢迎您来看我的车。"吉拉德微笑着说。妇女兴奋地告诉他:"今天是我55岁的生日,想买一辆白色的福特车作为送给自己的生日礼物。"

"夫人,祝您生日快乐!"吉拉德热情地祝贺道。随后,他轻声地向身边的助手交代了几句。吉拉德领着夫人边看边介绍,一会儿,助手走了进来,把一束玫瑰花交给了吉拉德。吉拉德把这束漂亮的玫瑰花送给夫人,再次对她的生日表示祝贺。那位夫人感动得热泪盈眶,当即在吉拉德这里买了一辆白色的雪佛兰轿车。

3. 改善人际关系

进一步说,在人际交往过程中,人们只有讲究礼仪,共同用礼仪来规范彼此的交际活动,才能够更好地表现互相尊重的感情,增进相互的了解和友谊。当人们在社会交往中出现矛盾时,礼仪可以起到"润滑剂"的作用,促进人们相互理解、相互谦让,协调和改善人们之间的关系,增进彼此间的友谊,形成良好的社会环境。

【小故事】

日本木村事务所

日本有一家叫木村事务所的企业想扩建厂房,他们看中了一块近郊土地意欲购买。同时也有其他几家企业也想购买这块地。为购得这块土地,木村事务所的董事长多次登门,费尽口舌,但土地的所有者——一位倔强的老太太,说什么也不卖。

一个下雪天,老太太进城购物顺便来到木村事务所,她本意想告诉木村先生死了这份心。老太太推门刚要进去,突然犹豫起来,原来屋内整洁干净,而自己脚下的木屐沾满雪水,肮脏不堪。正当老人欲进又退之时,一位年轻的女职员出现在老人面前:"欢迎光临!"女职员看到老太太的窘态,马上回屋想为她找一双拖鞋,不巧的是拖鞋正好没有了。女职员便毫不犹豫地把自己的拖鞋脱下来,整齐地放在老人脚前,笑着说:"很抱歉,请穿这个好吗?"老太太犹豫了:她不在乎脚冷,"别客气,请穿吧,我没有什么关系。"等老人换好鞋,女职员才问道:"女士,请问我能为您做些什么?""哦,我要找木村先生。"老太太说。"他在楼上,我带您去。"女职员就像女儿扶母亲那样,小心翼翼地把老太太扶上楼。老人在踏进木村办公室的一瞬间改变了主意,决定把地卖给木村事务所。那位老人后来告诉木村先生说:"在我漫长的一生里,遇到的大多数人是冷漠的。我也去过其他几家想买我地的公司,他们的接待人员没有一个像你这里的职员对我这么好,你的女职员年纪这么轻,就对人这么善良、体贴,真令我感动。真的,我不缺钱花,我不是为了钱才卖地的。"就这样,一个大企业家倾其全力交涉半年也徒劳无功的事情,竟然因为一个女职员有礼而亲切的举动无意促成了,真是奇妙之极。

4. 促进社会和谐

礼仪反映了社会的文明程度及公民的精神面貌,是精神文明的重要组成部分。人人遵守交际礼仪,可以净化社会风气,提升个人和社会的精神品位,建立一种体现时代精神的新型人际关系。特别是在当今商品经济大潮的背景下,礼仪有助于我们看到现实中存在的差距,进而提高社会的文明程度,促进社会的和谐发展。

【小贴士】

新加坡全国性礼貌运动

当年,新加坡总理李光耀先生提出开展全国性礼貌运动时,有许多人不赞成。有人认为自己是中华儿女,秉承礼仪多年,何来不文明;有人认为由国家发起并主持这种活动似乎没有多大的必要。于是,不理解的人有之,讽刺讥笑的人有之。新加坡政府不为这些议论所动摇,坚持不懈地在全国开展了多年的礼貌运动,许多企业也积极响应号召。礼貌变成了服务,礼貌带来了效益。今天,新加坡已树立起文明、整洁、清新的形象。

1.5 交际礼仪的修养

1. 提高认识,高度重视礼仪

正确的认识是形成人们良好的礼仪行为的先导。礼仪修养不仅是个人自尊自律的基本要求,影响个人本身的事业发展及自我实现,而且关系到受教育者的健康成长,关系到国家民族的文明程度。因此,要在思想认识上高度重视,把学习礼仪变成一种经常自觉的行为,内化成一种习惯,并渗透到学习、工作、生活的方方面面,最终成为自然流露,体现出一种良好的个人修养。

【小故事】

诺贝尔奖获得者的回答

1978 年,75 位诺贝尔奖获得者在巴黎聚会。人们对于诺贝尔奖获得者非常崇敬,有一名记者问其中一位:"在您的一生里,您认为最重要的东西是在哪所大学、哪所实验室里学到的呢?"

这位白发苍苍的诺贝尔奖获得者平静地回答:"是在幼儿园。"记者感到非常惊奇,又问道:"为什么是在幼儿园呢?您认为您在幼儿园里学到了什么呢?"

诺贝尔奖获得者微笑着回答:"在幼儿园里,我学会了很多很多。比如,把自己的东西分一半给小伙伴们;不是自己的东西不要拿;东西要放整齐;饭前要洗手;午饭后要休息;做了错事要表示歉意;学习要多思考,要仔细观察大自然。我认为,我学到的全部东西就是这些。"所有在场的人对这位诺贝尔奖获得者的回答报以热烈的掌声。事实上,大多数科学家认为,他们终生所学到的最主要的东西,就是幼儿园老师教给他们的礼仪规范。

2．努力学习,加强知识积累

交际礼仪的内涵丰富而深刻,和许多学科都有着密切的联系,一个人只有拥有广博的文化知识,才能深刻地理解交际礼仪的原则和规范。例如,学习民俗学可以使我们更好地了解一个民族的文化传统、风土人情;学习美学可以使我们更好地懂得什么是美,什么是丑,怎样才能做到内在美与外在美的和谐统一;学习心理学可以使我们更好地理解和尊重他人的人格和情感,提高自我控制能力;学习公共关系学可以使我们懂得协调沟通、塑造组织形象和个人形象的方法等。显然,注重文化知识的学习,对交际礼仪的修养来说是不可或缺的。

【小案例】

一次成功的销售

一天,一位中年日本游客在下榻宾馆的商场选购货品。她来到销售文房四宝的柜台,服务员小刘立刻上前用日语询问她有何需求。这位游客说:"我想买两方砚台送给我热爱书法的丈夫。"于是,他们来到销售砚台的柜台前,该游客指着两方刻有荷花的砚台对小刘说:"两方砚台大小正合适,可惜的是造型……"客人的话立刻使小刘想到,在日本荷花是用来祭奠死者的不吉之物,看来只有向她推荐其他造型的砚台。于是小刘说:"书画用砚台与鉴赏用砚台是不一样的,对石质和砚堂都十分讲究,一般以实用为主,您看,这方鱼子纹歙砚,造型朴实自然,保持着砚石自身所固有的特征,石质又极为细腻,比方荷花砚更好,而且砚堂平阔、没有雕饰,用这样的砚台书写研墨一定很得心应手,使用自如。"接着将清水滴在三方砚台上,请客人亲自体验这三方砚石在手感上的差异。最后,客人满意地买下了这方鱼子纹歙砚,之后又另外买了三方砚台带给他的亲人和朋友,并连声向小刘道谢,还拉着小刘的手说:"你将永久留在我的记忆中。"

3．陶冶情感,时刻尊重他人

在礼仪教育过程中,情感是由知到行的一个桥梁。陶冶情感就是要使受教育者产生一种尊重他人的真挚感情,能够时时处处替他人着想,对人始终抱有一种热情友好的态度。我们大约都有这样的体验:在交际活动中,如果遇到一个对人热情诚恳的人,那么就能很快与其建立起一种良好的关系;相反,如果碰到的是一个冷漠无情或虚情假意的人,则难以营造融洽交流的气氛。通常,一个人可以很快就了解一些礼仪方面的知识,但若缺少对人的情感,那么他就无法把这些礼仪形式完美地表现出来,这些形式也就成了没有灵魂的、僵死的躯壳。因此,我们可以看出,情感比认识具有更大的保守性,改变情感比改变认识要困难得多,陶冶情感是礼仪教育中更为艰巨的一项任务。

【小案例】

花3分钟感谢

一家大公司的公关部招聘一位职员,许多人参与了角逐。公司的面试和笔试十分烦琐,一轮轮淘汰下来,最后只剩下五个人。这五个人都很优秀,都有较好的外表条件和学识,都毕业于名牌大学。公司通知五个人,聘用谁得由经理层会议讨论通过才能决定。于是五个人安心地回家,等待公司最后的决定。

几天后,其中一个人的电子信箱里收到一封信,信是公司人事部发来的,内容是:"经过公司研究决定,您落聘了,但是我们欣赏您的学识、气质,因为名额所限,实是割爱之举。公司以后若有招聘名额,必会优先通知您。您所提交的材料录入计算机存档后,不日将邮寄返还于您。另外,为感谢您对本公司的信任,还随信寄上本公司产品的优惠券一份。祝您开心!"

她在收到电子邮件的一刻知道自己落聘了,十分伤心,但又为外资公司的诚意所感动。两天后,她收到了寄给她的材料和一份优惠券,另加一个电子信件中没有提及的带有公司标志的小饰物。她十分感动,顺手花了3分钟时间用电子邮件给那家公司发了一封简短的感谢信。

但两个星期后,她接到了那家大公司的电话,说经过经理层会议讨论,她已被正式录用为该公司职员。后来,她才明白这是公司的最后一道考题。公司给其他四个人也发了同样的电子信件,也送了优惠券和小饰物。但是回信感谢的人只有她一个。她能胜出,只不过因为多花了3分钟时间去感谢。

4．磨炼意志,养成礼仪习惯

要使礼仪规范变成自觉的行为,没有坚韧不拔的意志是办不到的。意志坚强的人,能有效地控制自己的言行,特别是在不顺利的情况下,也能不畏困难,始终如一地按照自己的信念待人处世。不该以"习惯成自然"为由,姑息迁就那些不合礼仪的坏习惯,而应把对礼仪原则和规范的遵从变成一种习惯性的行为,从大处着眼,小处着手,寓礼仪于细微之中,逐渐成习。

【小案例】

对方会看到你打电话的表情

日本有一个特别有名的销售员,有人结合他的经历写了一本书,叫《史上最伟大的推销员》。这个推销员的伟大之处在哪儿呢? 他的工作中又有哪些有趣的故事?

有一天晚上,他回到家后,比较累了,决定先睡一觉。但他定了一个闹钟,同时告诉他老婆,晚上十点的时候,一定要把他叫起来,因为他跟一个很重要的客户约好在十点半的时候打电话。

到十点的时候,不等他老婆催他,他听到闹钟铃声就醒了,然后去洗手间洗漱,接着又是刮胡子,又是穿衬衫,又是打领带,还穿上了西装和皮鞋。最后拿了个本子,在电话机旁正襟危坐,一到十点半就准时给对方打电话。

业务倒是谈得很顺利,十几分钟就搞定了。但是他这番怪举动让他老婆感到很奇怪:不就一个电话吗? 有必要搞得跟个神经病似的吗? 大半夜的还要起来精心打扮一通,好像现在不是晚上,而是星期一一大早。

你猜他是怎么解释的? 他跟他老婆说:"如果我很邋遢、很懒散,对方虽然看不到我的样子,但是我自己的精神面貌不好,而这会通过我的语气变化传达到对方那里。经过这么一番打扮,我看起来正式多了,人也精神多了。虽然看不见对方,我也要尊重对方,我相信,对方一定能感受得到!"

【课后练习】

1. 案例分析。

"我不愿意在礼貌上不如任何人"

《林肯传》中有这样一件事:一天,林肯总统与一位南方绅士乘坐马车外出,途遇一老年黑人深深地向他鞠躬,林肯点头微笑并也摘帽还礼,同行的绅士问道:"为什么你要向黑鬼摘帽?"林肯回答说:"因为我不愿意在礼貌上不如任何人。"可见,林肯深受美国人民的爱戴是有其原因的。1982年美国进行民意调查,要求人们在美国历届的40位总统中挑选一位"最佳总统",名列前茅的就是林肯。

思考题:

(1) 林肯向老年黑人脱帽致礼说明了什么?

(2) 本案例对你有哪些启示?

两元钱的"敲门砖"

一位刚毕业的女大学生到一家公司应聘财务会计岗位,面试时即遭拒绝,因为她太年轻,公司需要的是有丰富工作经验的资深会计人员。但是女大学生却没有气馁,一再坚持。她对主考官说:"请再给我一次机会,让我参加完笔试。"主考官拗不过她,答应了她的请求。结果,她通过了笔试,由人事经理亲自复试。

人事经理对这位女大学生颇有好感,因为她的笔试成绩最好。不过,女孩的话让经理有些失望,她说自己没工作过,唯一的经验是在学校掌管过学生会财务。找一个没有工作经验的人做财务会计,不是公司的预期,人事经理决定收兵:"今天就到这里吧,如有消息我会打电话通知你。"女孩从座位上站起来,向经理点点头,从口袋里掏出两元钱双手递给经理:"不管是否录取,请都给我打个电话。"经理从未见过这种情况,竟一下子呆住了,不过他很快回过神来问道:"你怎么知道我不给没有录用的人打电话?""您刚才说有消息就打,那言下之意就是没有录取就不打了。"

经理对这个年轻女孩产生了浓厚的兴趣,问道:"如果你没被录用,我打电话,你想知道些什么呢?""请告诉我在什么地方不能达到你们的要求,我在哪方面不够好,我好改进。""那两元钱……"女孩微笑道:"给没有被录用的人打电话不属于公司的正常开支,所以由我付电话费,请您一定打。"经理也微笑道:"请你把两元钱收回吧,我不会打电话了,我现在就通知你,你被录用了。"就这样,女孩用两元钱敲开了机遇大门。

思考题:

(1) 人事经理最后为什么录取了这位女大学生?

(2) 女大学生具有怎样的素质?

(3) 本案例对你有何启示?

令人尴尬的女经理

某省会城市一家三星级饭店的女总经理,衣着得体大方,语言热情适宜,正在宴请北京来的专家。席间,秘书突然过来说有急事,请她暂时离席去送外宾,可惜这位女经理迟迟未起身。原来双脚不堪忍受高跟鞋束缚,出来"解放"了一会儿,突然有了情况,一时找不到"归宿",令女经理好不难堪。

思考题:

(1) 造成女经理这种尴尬情况的原因是什么呢?

(2) 本案例对你有哪些启示?

华盛顿的小本子

两百多年前,当美国第一任总统乔治·华盛顿只有 15 岁时,他有一个小本子,上面有一些针对他自己用的社交礼仪,其中的建议很简单,却很实用,具有普遍意义。

比如说他告诉自己:不要批评别人;父母或老师有责任教育孩子;如果你看到一个长辈或比你重要的人从你身边走过,你应该表示尊重;如果你看到一个遭受不幸的人,即使他是你的敌人,你也要表示你的仁慈和善良;在公众场合不能大笑,过于张扬;在写信的时候或介绍自己的时候,要适当注意自己的姓名和抬头;要注意自己的名誉;宁可自己"孤家寡人",也不要做一个不受欢迎的参与者;做一个十分有趣的、健谈的人……

后来在弗吉尼亚州,一个很有钱的英国庄园主、爵士,就很看重乔治·华盛顿。他邀请乔治·华盛顿来参加家里所有的重要活动,因为华盛顿有很完美的礼貌和社交的技巧。这种道德基础对他后来成为军队的统帅及美国总统很有帮助。他自己定的这些规矩也造就了日后良好的礼貌、道德规范以及人生价值观等。

思考题:

(1) 华盛顿的小本子对华盛顿的礼仪修养发挥了怎样的作用?

(2) 你还有哪些礼仪修养的好方法?

2．讨论并分析大学生尤其是职业技术学院的学生掌握礼仪礼节的重要意义何在。

3．调查本校学生现代交际礼仪缺失的现状,分析原因并提出改善措施。

4．谈谈你准备怎样加强交际礼仪的修养。

5．请观看电影《公主日记》《窈窕绅士》,总结主人公从麻雀变凤凰中的诸多礼仪元素及其礼仪修养方法。

6．请指出以下五种情况中相关人员礼仪上存在的问题。

(1) 小王邋里邋遢站在总经理办公室门前,头发乱蓬蓬的,西装皱皱巴巴,刚一进门就被秘书小姐赶出了办公室。

(2) 小李坐在接待室等待顾客,不耐烦地走过来走过去,还不时地翻看接待室的物品。顾客一来他就迫不及待地开始推销产品,顾客没机会插上一句话。

(3) 拥挤的公共汽车上,小张因一点小事和一个乘客争吵起来。他气呼呼地赶到顾客那儿,发现顾客是和自己刚才在车上争吵过的那个人。

(4) 小刘是饭店前厅的接待小姐,客人登记住店时看了房价后无意中说了一句:"这么高的房价? 你们的房价为什么这么高呢?"小刘回答:"本来还要高,看你不是经商的,这不已经给你打了折了。"客人听后极为不悦,大步离开了店堂。

(5) 居民区苏小姐正在忙家务,门铃响了,她打开门,迎面而立的是一位戴墨镜的年轻男士。苏小姐问:"您是……"男士没有摘下墨镜,而是从口袋里摸出一张名片,"我是保险公司的。"苏小姐接过名片看了看,不错,他的确是保险公司的,但这位男士的形象让她反感,便说:"对不起,我们不打算买保险。"说着就要关门,而这位男士动作非常敏捷,已将一只脚迈进门内,挤了进来,一副极不礼貌的样子,在屋内打量,"你们家装修得这么漂亮,真令人羡慕。可天有不测风云,万一发生个火灾什么的,损失就大了,不如现在你就买份保险……"苏小姐越听越生气,光天化日之下,竟然有人闯进门来诅咒她的房子,于是,她把年轻男士轰了出去。[①]

7．刺猬效应:两只相爱的刺猬,由于寒冷而相拥在一起。长长的刺刺痛了彼此小小的身体,将双方刺得鲜血淋漓。无奈之下,它们只好保持足够的距离,默默地忍受着寒冷。可是天气越来越冷,两个小家伙谁都受不了刺骨的寒风,下意识地又凑到了一起。经过一番努力,它们终于找到了一个最合适的距离:既能获得对方的温暖,而又不至于刺痛彼此。

请结合交际礼仪的原则分析这则小寓言。

8．实训项目:日常礼仪行为养成。

实训目标:了解礼仪的基本知识和规范,遵循礼仪的基本原则,并在日常生活、学习、工作中培养良好的礼仪习惯。

实训课时:从开学第 1 周到第 15 周的课外时间,第 16 周全班总结,用 2 课时。

实训地点:教室、寝室、食堂、图书馆、社交生活等公共场所。

---

① 胡详鸿.礼仪:销售人员的第一课 [J].现代营销 (经营版),2010 (1):42-43.

>>>>>>>>>

　　实训内容：学习礼仪修养基本知识；学习礼仪修养基本规范；从第一节课后起，每天在教室、寝室、食堂、图书馆、社交生活等公共场所，把课堂所学礼仪知识在实践中运用，进行待人接物练习，培养礼仪习惯。

　　实训要求：把礼仪修养知识与规范融入日常生活、学习、工作及社交实践中；记录你每实践其中一条原则和规范的心得体会，每人不得少于 10 条；第 16 周每位同学上讲台向老师和同学们介绍一下：你已掌握了哪些人际交往的礼仪修养基本原则和规范，哪些是你认为较难做到的，有何感想，今后打算怎样应用这些礼仪基本原则和规范。最后教师总结。

　　训练手记：通过训练，我的收获是_____

第2章 当窗理云鬓 对镜贴花黄——仪容礼仪

人的一切都应该是美丽的：面貌、衣裳、心灵、思想。

——[俄]契诃夫 《契诃夫戏剧集》

美不在乎外表,而在乎内在的精神。

——郭沫若 《神明时代的展开》

【学习目标】

知识目标

- 进行仪容细节的修饰,做到仪容整洁卫生;
- 能够根据自身面容的特点进行化妆,展现出富有魅力的妆容;
- 做到发型美观。

能力目标

- 能根据不同场合有针对性地修饰和美化自己的仪容;
- 自主学习新知识,能够利用网络媒体资源查找与仪容礼仪相关的知识。

素质目标

- 具有良好的审美情趣;
- 努力提升个人整体形象。

【案例导入】

小丽的仪容

金常德教授曾讲过这样一个案例：小丽是个漂亮姑娘,打扮入时。这天,小丽的领导把小丽叫到办公室,说:"有客户反映你对客户不够尊重……"小丽知道,领导说的是上周二,那天自己原本是轮休,但是偏偏客户一早打来电话说有急事要谈,因而小丽还没梳洗完就马上跑了出去。不巧那天还下雨,结果头发乱糟糟,更要命的是睫毛膏竟然也褪了不少,而且印到了脸上,最让人沮丧的是这是后来办完事回到家才发现的。领导谈完话后,小丽更加注意自己的形象,在以后的工作中都非常顺利地完成了任务。

问题：为什么有客户反映小丽对他们不尊重?

仪容是指人的外表、外貌。在人际交往中,良好的仪容是个人形象的重要组成部分。一个人给他人的第一印象如何,仪容往往占据相当大的比重。你的个人卫生如何、你的面部修饰如何、你的发型如何、你的妆容是不是有品位等,这些仪容的构成要素,都是他人能否对你形成良好的第一印象的重要细节。因此,人际交往中一定要注意自己的仪容。

2.1　妆容的基本要求

【小故事】

林肯对长相的要求

一次林肯总统面试一位新员工,后来他没录取那位应征者。幕僚问他原因,他说:"我不喜欢他的长相!"幕僚不理解,又问:"难道一个人天生长得不好看,也是他的错吗?"林肯回答:"一个人40岁以前的脸是父母决定的,但40岁以后的脸应是自己决定的。一个人要为自己40岁以后的长相负责。"

妆容礼仪(或称仪容礼仪),在个人形象中有着非常重要的作用,我们应遵循美观、自然、协调等原则,掌握仪容修饰的技巧,使仪容礼仪在自己的仪表形象中真正起到美化形象、促进社交的作用。

1．整洁

(1) 保持面部干净。应当选择适宜自己肤质的洗面奶早晚洁面,去除面部的油脂和毛孔中的污垢。同时要注意眼部卫生,及时去除眼角不断产生的分泌物。若佩戴眼镜,要注意保持镜片洁净光亮。

【小贴士】

正确地洗脸

正确洗脸,保持皮肤清洁卫生是不可或缺的。正确的洗脸方法是:洗脸时水温不要太高,一般应低于35℃;洗脸应从下往上、从里向外洗,这样有助于皮肤血液循环;要使用温和的洗面奶,少用或不用香皂;洗脸的动作要轻柔。

(2) 保持手部卫生。人际交往中,经常要与人握手、用手传递东西、做手势等,因此要注重双手的保洁和养护。一是要勤洗手,保持双手洁净;二是要勤剪指甲,保持适当的长度。需要注意的是,女士不要涂颜色过于鲜亮的指甲油。

(3) 口腔保持清爽。要注意清洁牙齿,每天早晚刷牙。还要勤漱口,去除口腔异味。人际交往中,注意不要当众清理牙齿上的残留物,在与人会面之前不食用葱、蒜等有刺激性气味的食物。

【小贴士】

去除口腔异味的方法

去除口腔异味的方法有三种:一是每天早晚坚持用淡盐水漱口。二是嚼口香糖保持口气清新。但要注意,在人际交往中当着他人的面嚼口香糖既不文雅,也是失礼于人的。三是养成不吃生蒜、生葱和韭菜一类带刺激性气味蔬菜的良好习惯,免得在工作中担心自己说话"带味道",或是使接近自己的人感到不快。

(4)头发适时梳洗。头发要勤洗勤理。一般每周至少应当洗头2～3次,每月修剪1～2次。男士的头发要没有汗味,保持干净整洁,发型要大方得体、不怪异。女士的头发要有自然光泽,发型要端庄协调,刘海不要遮住眼睛和脸。

【小贴士】

洗发的注意事项

洗发时的水温过高或过低均对发质不利。专家证明,40℃左右的水温最适宜。洗发水的种类繁多,不宜跟风选择。应当根据自己发质的特点,有针对性地选择。电吹风对人体有辐射且高温易伤头发,应当不用或少用。如果使用,距头部应为15～20厘米。

要经常梳理头发。梳理头发是每天必做之事,而且应当不止一次。按照常规,在下述情况下皆应自觉梳理一下自己的头发:一是出门上班前;二是换装上岗前;三是摘下帽子时;四是下班回家时;五是其他必要时。

在梳理自己的头发时,还有三点应予注意:一是梳理头发不宜当众进行。作为私人事务,梳理头发时当然应该避开外人。二是梳理头发不宜直接下手,最好随身携带一把发梳,以便必要时使用。不到万不得已,千万不要以手指去代替发梳。三是断发头屑不宜随手乱扔。梳理头发时,难免会产生少许断发、头屑等,信手乱扔是缺乏教养的表现。

(5)保持脚部清洁。脚作为支撑人体的重要部位,每天要进行运动。它会分泌出大量汗液,恶化脚底环境,为真菌繁衍提供温床,如不及时改善,会导致各种脚部疾病,如脱皮,生脚癣,脚部溃烂等。所以,平时要注意洗脚,让其通气,擦些护脚霜,还要加以适当保健按摩,美化脚部肌肤。

(6)注意洗澡。洗澡可以除去身上的油垢和汗味,使人精神焕发。若有条件要常洗澡,至少也要坚持每星期洗1～2次,在参加重大礼仪活动之前还要加洗一次。

(7)保持衣裳整洁。要勤换内衣,外衣也要定期清洗、消毒。要勤换鞋袜,保持鞋袜舒适干净,不要在集会或演出等公众场合脱鞋。

整洁除了注意以上方面之外,还要注意经常修剪不雅的体毛。男士要每天刮脸,修剪胡须,还要及时修剪鼻毛;女士如果穿无袖的服装,要注意提前修剪腋毛,否则露出来,会给人不雅的感觉。

2.美观

漂亮、美丽、端庄的外观仪容是形成优美良好的交际形象的基本要素之一。人们都希望自己在社交场合中变得更美,这是无疑的。但事实上,有些人认为把发胶、摩丝喷在头上,把各种色彩涂抹在脸的相应部位就美了。因此,我们经常可以看到"横眉冷对""血盆大口""油头粉面",这不是美,而是丑了。

美观是指从效果来说的。要使仪容达到美观的效果,首先必须了解自己的脸型及脸

>>>>>>>>>

的各部位特点,孰优孰劣要心中有数;其次要清楚怎样化妆、美发和矫正才能使自己扬长避短,变拙陋为俏丽,使容貌更迷人。这些,是要在把握脸部个性特征的基础上和正确的审美观的指导下进行的。

【小案例】

李霞,你过得好吗

今天是李霞的大学毕业20周年聚会的日子。李霞在毕业后就没有见过任何一位同学。对于今天的同学聚会,李霞非常激动。平时不怎么化妆的她觉得应该把自己好好地打扮打扮。于是她涂上厚厚的白粉,抹上深紫色的口红和深蓝色的眼影,兴高采烈地来到聚会地点。当她出现在同学面前时,同学们都大吃一惊,有的同学还走过来关切地问她是否过得不如意,说她看起来脸色不好,充满了沧桑感。她的心情一下就降到了冰点,她纳闷同学们莫名的惊讶与关心,她觉得自己过得很好。

3.自然

自然是美化仪容的最高境界,它使人看起来真实而生动,而不是似乎戴着一张呆板、生硬的面具。失去自然的效果,那就是假,假的东西就无生命力和美了。

有位化妆师说过:"最高明的化妆术,是经过非常考究的化妆,让人家看起来好像没有化过妆一样,并且这化出来的妆与主人的身份匹配,能自然表现那个人的个性与气质。次级的化妆是把人突显出来,让她醒目,引起众人的注意。拙劣的化妆是一站出来别人就发现她化了很浓的妆,而这层妆是为了掩盖自己的缺点或年龄的。最坏的一种化妆,是化妆后扭曲了自己的个性,又失去了五官的协调,例如小眼睛的人竟化了浓眉,大脸蛋的人竟化了白脸,阔嘴的人竟化了红唇……"

可见化妆的最高境界是无妆、自然;因此美好仪容要依赖正确的技巧,合适的化妆品;要一丝不苟、井井有条;要讲究适度、体现层次;要点面到位、浓淡相宜。这样才能使人感到自然、真实的美。

4.协调

第一,妆面协调。指化妆部位色彩搭配、浓淡协调,所化的妆针对脸部个性特点,整体设计协调。

第二,全身协调。指脸部化妆、发型与服饰协调,力求取得完美的整体效果。

第三,角色协调。指针对自己在社交中扮演的不同角色,采用不同的化妆手法和化妆品。如作为职业人员,应注意化妆后体现端庄稳重的气质;如作为专门从事公关、礼仪、接待、服务等的人员,出头露面的机会多,要表现出一定的人际吸引魅力,就应浓淡相宜,青春妩媚,适合人们共同的爱美之心。

第四,场合协调。指化妆、发型要与所去的场合气氛要求一致。日常办公应略施淡妆;出入舞会、宴会,可化浓妆;参加追悼会应素衣淡妆。不同场合的不同化妆、发型,不仅会使化妆者内心保持平衡,也会使周围的人心理融洽。

2.2　美发

头发位于人体的"制高点"，俗话说"美丽从头开始"，发型构成了妆容美的重要内容。现代社会，发型的功能不仅是区分性别、美化容颜，更能反映一个人的道德修养、审美水平、知识层次。有时，人们可以通过一个人的发型准确地判断出他的职业、身份、受教育程度、生活状况和卫生习惯，更可感受出其是否身心健康以及对生活和事业的态度。美观的发型能给人一种整洁、庄重、洒脱、文雅、活泼的感觉。

美的发型，使人在社交中增强自我的自信心，陶冶人们的情操，领略对生活的热爱。不同的发型，能带给人整洁、庄重、洒脱、文雅、活泼的不同感觉。因而不同的气质、爱好、脸型、发质、年龄的人要针对自身情况，扬长避短，选择和修饰适合自己的发型。如图2-1所示，是深受世界人民喜爱的美国著名影星奥黛丽·赫本的经典发型。美发主要应注意以下几个方面。

图 2-1　影星奥黛丽·赫本的经典发型

1．美发的基础——护发

要想拥有健康秀丽的头发，就要靠平时的保养和护理。如果不保养和护理，头发就会受到损伤，影响头发的健康。有一头健康的头发，才能实现美发，健康是美的前提。

（1）发质。头发因不同种族、不同肤色、不同年龄、不同健康状况而有着不同的发质。健康的头发因其皮脂腺分泌量的不同而大体上可分为以下四种发质：中性发质、干性发质、油性发质和混合性发质。

① 中性发质。中性发质是一种健康的头发，头发有自然光泽、润滑、柔顺、有弹性、易梳理、不分叉、不打结、梳理时无静电，做好发型后不易变形。但中性发质如同中性皮肤一样，比较少见。

② 干性发质。干性发质因头皮缺少皮脂或因水分丧失过快而显得干燥、暗淡无光泽、脆弱、僵直，易有断裂、分叉、缠结等现象；还因为发干易卷曲，发梢易分叉，头发僵硬，弹性下降，没有柔滑感，做好发型后很容易变形。干性头发多是由于衰老或护理失误造成。

③ 油性发质。油性发质因头皮皮脂腺分泌旺盛，故头发油腻、易附着灰尘、易脏且易有头皮屑，造型难度大，常呈现平直软弱等特点。油性头发多与遗传有关，此外，也常与精神压力过大或性激素分泌旺盛有关。

④ 混合性发质。混合性发质处于头发多油和头发干燥的混合型状态,这种头发根部多油,发梢则易缺油脂而显干燥,行经期妇女和青春期少年多见。混合性头发因其头发生长处于最旺盛阶段,而体内的激素水平又不稳定,于是出现干燥与多油并存的状态。

【小故事】

气质魅力从头开始

华盛集团公司的卫董事长有一次要接受电视台的采访。为了郑重起见,事前卫董事长特意向公司为自己特聘的个人形象顾问咨询,有无特别需要注意的事项。对方专程赶来之后,仅仅向卫董事长提了一项建议:换一个较为儒雅而精神的发型,并且一定要剃去鬓角。对方的理由是:发型对一个人的上镜效果至关重要。果然,改换了发型之后的卫董事长在电视上亮相时,形象焕然一新。他的发型使他显得精明强干,他的谈吐使他显得深刻稳健,两者相辅相成,令电视观众纷纷为之倾倒。

(2) 护发用品。护发用品一般可分成以下三大类。

① 发乳。适用于一般头发,对发质较软者尤为适用。它能保护头发,使之不易断裂和脱落,保持自然光亮与润泽,还可随意梳理成自己需要的发型。发乳中的药性发乳则可以去屑、止痒、防脱发。

② 发蜡。又称头蜡,是以凡士林为原料制成的,所以黏度较高,适于头发较多或硬性头发的人使用。由于这类头发难以梳理成型,使用发蜡后再用电吹风吹发则易于梳理成型,保持头发整齐,同时还能减少水分对头发的软化作用,增加头发的光泽。

③ 喷雾发胶。一种使头发定型的用品。其使用方法是:在使用电吹风吹发后,将发胶均匀地喷在头发上,从而使发型固定,不怕风吹或震动,可较长时间地保持发型不变。

(3) 护发的方法。

① 焗油。焗油是最好的护发方法。有关专家研究发现,头发表层是由无数鳞片组成的,这种鳞状表层排斥头油、蛋白质、维生素、人参、当归等物质,只吸收与纤维质相关的特殊物质,而焗油膏中则含有这种头发易于吸收的营养物质。它们对于头发可以起到营养和修复作用,增加头发的弹性、柔软性和保湿性,使头发看起来光亮照人,如丝绸一般,并易于梳理。焗油一个月一次即可,可以自己焗,也可以到发廊焗。

② 养发。现代职业女性若想拥有一头秀发,还要注意养发,即在人体自身内部营养吸收及外部环境的适当调节上要做到以下四个注意。

一是保持饮食中的营养均衡,提高自身的健康素质。多吃含蛋白质、铁、钙、锌、镁的食物和鱼类、贝类、橄榄油、坚果类(核桃)等干果。

二是多参加运动,坚持锻炼。有规律的运动可消除工作、学习、生活紧张带来的压力。

三是掌握并运用正确的梳头和洗头方法,勿损伤头发;还要注意按摩和擦发,早晚用梳子梳发 3 分钟,约 100 次,这样既可以刺激头发的神经末梢,调节头部神经功能,促进内分泌和头发的新陈代谢,有利于头发的新生,还可以刺激头皮活力,防头屑和脱发。

四是防止和降低自然环境中损伤头发的因素,如注意防干燥、防曝晒、防潮湿、防寒冷。夏天游泳后要及时用清水将头发清洗干净,再让头发自然风干。夏天外出用遮阳伞,冬天外出戴防寒帽。

【小贴士】

发型的种类

1. 女士发型

(1)"马尾巴"。马尾巴是一种将头发一把扎在脑后而不编结成辫的发型。由于其简单易行,所以用途极广。这种发型会使女孩显得活泼可爱,但是,它会使背部不直的人看上去负荷过重。

(2)独辫子。独辫子是一种将长发在脑后编成一根辫子的发型,它给人以怀旧的情结。

(3)娃娃头。娃娃头又称童花头,它以齐眉的刘海和齐耳的短发塑造女孩乖巧可人的形象,可使女士看上去更年轻。

(4)直发。直发是一种将齐肩或披肩的长发拉直的发型,可使女孩变得青春靓丽。

(5)"大波浪"。大波浪是一种流行卷发发式,由于其发型纹理就像大海的波浪一样,故而得名。大波浪发型柔软又不失淑女形象,既有轻盈飘逸的发型轮廓,又有妩媚迷人的视觉冲击,是深得时尚女孩追捧的发型。

此外,还有高发髻、男士头等。

2. 男士发型

(1)西式发型。西式发型亦称西装头,泛指现代人三七分或四六分的一种露出后颈部的短发型,是正式场合最常采用的一种发型,给人以端庄和严谨的感觉。

(2)对分发型。对分发型是一种五五对开、额前头发比较长的发型。这种发型只适合前额宽大、脸呈"国"字形的人,反之是橄榄头型人的大忌。

(3)卷曲发型。给人以异国情调或自由浪漫的感觉。

(4)板寸头。板寸头俗称平头。脑袋四周基本无发,只是头顶留有 1～2 厘米的短发,而且顶部呈水平面。这种发型给人以刚毅和果敢的形象。

此外,还有刺猬发型、爆炸发型和光头等。但是对于男职员来说,此类发型不适宜。

2. 发型的选择

当我们对自身头发的发质、护发、保养有了一定的了解后,还要选择一个有魅力的,与自己性别、发质、服装、身材、脸型等相和谐一致的发型,从而表现出与众不同的良好仪容——发型美。

【小故事】

松下与理发师

日本著名跨国公司"松下电器"的创始人、被称为"经营之神"的松下幸之助,以前从不修边幅,企业也不注重形象,因此企业发展缓慢。一次他到银座的一家理发室去理发,理发师看到他的形象后,毫不客气地对他说:"你毫不重视自己的容貌修饰,就好像把产品弄脏一样,你作为公司代表都如此,产品还会有销路吗?"一句话将松下幸之助问得哑口无言。他将理发师的劝告牢记在心,此后对自己的外在形象十分重视,生意也随之兴旺起来。

现在,松下电器的产品享誉天下,与松下幸之助长期率先垂范,要求员工懂礼貌、讲礼节是分不开的。

（1）发型与性别。对于男士来讲,头发的具体长度,有着规定的上限和下限。所谓上限,是指头发最长的极限。按照常规,一般不允许男子在工作时长发披肩,或者梳起辫子,在修饰头发时要做到：前发不覆额,侧发不掩耳。男士头发长度的下限是不允许剃光头。

对于女士来讲,在工作岗位上头发长度的上限是：不宜长于肩部,不宜挡住眼睛。长发过肩的女子在上岗之前,可以采取一定的措施,如将超长的头发盘起来、束起来、编起来,不可以披头散发。女士头发长度的下限也是不允许剃光头。

【小贴士】

男士发型长度

男士的发型一般是以头发顶部至发际线处的长度为依据,分为短发型、中长发型、长发型和超长发型。短发型一般留发较短,发式轮廓线在两鬓角处,给人精干年轻、充满活力的印象。中长发型一般留发适中,发式轮廓线在耳轮以上,是大多数男性,特别是中年男性喜爱的发长。长发型留发较长多是一些从事艺术类工作的男士,其发式轮廓线在后发际线上下,颇有艺术家的风采。但打理不好,容易给人不修边幅的感觉。留超长发型的男性留发很长,其发式轮廓线超过发际线,是追逐时尚、标新立异一族喜爱的发式。男士发型长度确定的方法如下。

（1）左右梳理确定法。左右梳理确定法是将头顶区的头发先梳到一侧,按侧区标准长度修剪。然后将头顶区的头发梳至另一侧,按另一侧区标准长度修剪,最后再将顶区中心的头发垂直提起,将多余的长发剪去即可。这种方法适合于发丝后梳流向与旋转流向的男士发型长度定位。

（2）中心点定位设定法。中心点定位设定法是以中心点至肩尾的长度为基准建立设计线,按要求修剪顶区层次。这种方式适合一般按常规修剪的男士发型长度定位。

（3）分梳设定法。分梳设定法是以自然分界线为准,将头发自然梳至两个侧区,按侧区的标准长度进行修剪。此方法适合喜爱顶部留发较长或顶部头发较少的男士发型长度定位。

（2）发型与发质、服装。一般来说,直而硬的头发容易修剪得整齐,故设计发型时应尽量避免花样复杂,应以修剪技巧为主,做成简单而又高雅大方的发型。比如梳理成披肩长发,会给人一种飘逸秀美的悬垂美感；用大号发卷梳理成略带波浪的发型或梳成发髻等,会给人一种雍容、典雅的高贵气质。

细而柔软的头发,比较服贴,容易打理成型,可塑性强,适合做小卷曲的波浪式发型,显得蓬松自然；也可以梳成俏丽的短发,能充分体现一个人的个性美。

在现代美容中,一个人的发式与服装有着十分密切的关系。什么样的服装应当有什么样的发式相配,这样才显得协调大方。假如一个高贵典雅的发髻配上一套牛仔服系列就显得不伦不类。因此,只有和谐统一才能真正体现美。

【小贴士】

发型与季节的配合

一年四季,由于气候的变化,人们的着装随之变化,发型设计也应随着季节的变化而变化。

(1) 春季草木复苏,生机盎然,气候适宜,发型设计可根据自己的喜好加以选择,色彩可以丰富多彩,表现出积极进取、精力充沛的一面,长短、薄厚均可,不受限制。但发型一定要展示美的风范:流畅的线条、优美的造型。

(2) 夏季由于气候炎热,人们的穿着也很简单,一般的服装都是开领、短袖,并露出颈部,发型设计多用短发或超短发,给人以凉爽、整洁、利落的感觉;长发可以盘起或编起,尽量露出脖颈,也可采取束发措施。发式外轮廓呈圆形,前高后低,额前呈花瓣形,两侧及顶部头发呈直线状比较时尚。

(3) 秋季天气凉爽,草木枯黄,给人以萧条的感觉,人们着装也较随意,在发型上可以采用稳重、典雅的造型,也可以做出时尚前卫的造型。因为秋天也是个硕果累累、色彩斑斓的季节,因此色彩尽可以任意发挥。

(4) 冬季气候寒冷,穿着笨重,头上常常戴围巾、帽子,发型很难保持长久,所以,发型处理应尽量简洁、易梳理。发型设计要偏长、偏厚和蓬松些,给人以温暖的感觉。留发宜长但发式可以是大波浪、中波浪,也可以是长直发,发色偏暖为宜。

(3) 发型与身材。发型设计不应只是简单地增加或减少身高的作用。发型、脸型和身材应该是和谐一致的。有时单看某一款发型很漂亮,与脸型和肤色都配合得很好,可是站起来一看就感到美中不足了。原来是发型太短或太长,导致头长和身高比例失衡,或头宽与身宽比例不相宜。根据人体美学测量学的研究,头长和身高的比例应该为1:8 ~ 1:7.5。只有遵循形式美法则才能使发型设计具有增加体型美或修补体型缺陷的效果。顾筱君总结发型与体型的配合大致有下列几种情况。①

① 身材矮小者的发型。身材娇小、脸型圆润的人会给人小巧玲珑之感,发型设计不宜破坏这种感觉。发型应以秀气、精致为主,避免粗犷、蓬松,否则会使头部与整个形体的比例失调,给人以大头小身体的感觉。烫发时应将花式、块面做得小巧、精致一些。或者选用偏分的短发或中长发,短发显得轻快活泼,富有青春魅力。身材矮小者也不适宜留长发,因为长发会使头显得大,破坏人体比例的协调性。留中长发时,可将发梢自然向里弯曲,任秀发自然飘逸。高耸的盘发可以增加身高错觉,但要视脸型或头长而定。

② 身材矮胖者的发型。矮胖体型的人给人一种丰满健康、充满活力之感。发型要协调这种健康的美感,造成一种有生气的健康美,譬如选择运动式发型。此外应考虑弥补缺陷,胖人脖子短,不宜留披肩长发,不宜烫卷发,不宜让头发过于蓬松或过宽,尽可能让头发向高度发展,显露脖子以增加身体的视觉高度。也可以盘头,或选择让头发向上蓬松发

---

① 顾筱君.21世纪形象设计教程[M].北京:机械工业出版社,2012:45.

展的发型（也要视头长与身长比例而定）。

③ 身材高瘦者的发型。高瘦体型的人细长而单薄,头部显小。若要弥补这些不足,发型就要求生动饱满,避免将头发梳得紧贴头皮,或将头发搞得过分蓬松,造成头重脚轻的印象。一般来说,高瘦身材的人比较适宜留长发和直发。应避免将头发削剪得太短薄,或高盘于头顶上。头发长至下巴与锁骨之间较理想,且要使头发显得厚实、有分量。也可将长发盘起,梳理成高雅的发髻,优雅而别致。发型的轮廓宜保持圆形或烫出有波浪的卷曲状并层次分明,也可将头发后梳显露丰满的面庞。

④ 身材高胖者的发型。男人身材高胖是一种魁梧,给人一种力量美,但身材高胖对女子来说就会缺少苗条、纤细的美感。除了以服饰及化妆设计予以矫正外,发型设计也有一定的美化效果。为适当减弱这种身材高胖感,发式上应以大方、简洁为好。身材高胖女子的发型一般以直发为主,以长发或中长发、大波浪卷发为好,即使做卷发也应服帖、紧凑;也可以做盘发或简单的短发,发型应简洁明快、线条流畅、大方、奔放、洒脱,不要追求繁杂的花样,头发不要太蓬松。总的原则是简洁、明快,线条流畅。

另外,如果上身比下身长,或上下身等长,则发式可选择长发以遮盖其上身;如果肩宽臀窄,就应选择披肩发或下部头发蓬松的发式,以发盖肩,分散肩部宽大的视角;若颈部细长,可选择长发的发式,不适宜采用短发式,以免使脖颈显得更长;若颈部短粗,则适宜选择中长发式或短发式,以分散颈粗的感觉。

总之,进行发式选择时,必须根据自己的身材,选择一个与之相称的发型。

【小贴士】

发型与职业

根据职业的需要,设计一个很理想的发型对每个人都非常重要。以下是几种常见职业的发型。

(1) 教师或机关人员的发型选择。发型要简洁、大方、朴素、明快,最好是剪成短发或烫后稍加修理。若是留成中长发,则可在自然蓬松的基础上以适宜的发卡装饰,给人以淡雅、端庄的感觉。

(2) 公务人员或秘书的发型选择。由于社会活动较多,头发最好留得长一些,以便能经常变换发型。一般可以将头发烫成波浪或剪成披肩直发,这些发型稍加修饰或变动,即可适应多种场合。

(3) 运动员或学生的发型选择。根据这类人员的职业特点,发型可以做成轻松活泼的短发,若留长发则扎成马尾状,看起来十分可爱、阳光,又易于梳理。

由于社会分工的不同,因而出现了各种不同的职业,所以设计出能衬托整体又能表现个性的发型,才能和谐统一。

(4) 发型与脸型。发型与脸型的配合要点（见表2-1）,主要是突出优点和遮盖缺点,达到美化面容的目的。

表 2-1　脸型与发型适配一览表

脸　型	主要不足	适合发型	效　果
梨形	面颊与额较前额宽	短发,头发尽量梳高,并覆盖前额和太阳穴,紧贴双耳	使额与前额平衡,夸张前额
圆形	苹果般面孔和丰腴下巴	避免从中间分开头发,把头发都梳到一边,并盖住耳朵	由于头发不对称,脸看起来长些
方形	太显刚毅	头发不宜中间分开,特别是刘海可向侧吹起一个高坡,向后平掠,贴着耳朵	脸的轮廓变得柔和
瓜子脸	下巴显尖削	额前覆盖些头发,头发可在耳后散下	下巴丰润些

【小贴士】

如何利用发带改变发型

改变发型不一定大动干戈,一条或多条搭配的纤细发带,就可以让人眼前一亮、令人惊艳。

要领之一,根据发色来挑选发带的颜色。自然黑发的人不应该选墨绿、金棕、红色等比较暗调的颜色,这样会使发色更加暗淡,应挑选浅绿、米金、粉色系;而染了发色的人可以考虑暗调明调两色搭配:如墨绿搭配米白、深棕搭配米金,一明一暗,能显示出发型的层次感,让发质看起来更柔亮。

要领之二,根据头型确定戴发带的位置。头型浑圆且长的话可以将发带戴得倾斜一些,即从头顶向后脑勺倾斜,头型就不会显长;头型偏扁且短的人就不能自爆其短,应贴近额头的发际线和耳朵戴发带,位置靠前的戴法显得可爱些。

【小贴士】

用发型矫正面部缺陷的方法

(1) 遮盖法。以头发组成适当的线条或块面来改变脸型的不足,主要是在视觉上把原来比较突出而不够完美的部分遮盖掉,冲淡突出的部分。

(2) 衬托法。主要将顶部和两侧的部分头发梳得蓬松或紧贴,以增加或减少某部分的块面,改变其轮廓。如圆形脸顶发向上梳得高而挺,下颌两侧紧缩些,脸型即有拉长感。脸型平扁时,发型的起伏要大,以增加脸型的立体感等。

(3) 填补法。利用头发或饰物来填补不足的部位。例如,头部有瘪塌部分,可用结扎蝴蝶结、发夹、插花或假发填补。

(4) 增美法。脸型肤色都很美时,则要求发型不能破坏自然美,而应该衬托或者增加自然美。

3．美发的方法

【小案例】

毁了生意的"鸡窝头"

一个周五的晚上,几个好朋友为了给曹蒙庆祝生日,特意拉着他到理发店烫了个时髦的

"鸡窝头",然后又拉着他去一家知名的摇滚酒吧吃喝玩乐,直到凌晨四点,这帮朋友才各自回家睡觉。

第二天早上八点的时候,电话响了,一接,是单位经理的电话,因为经理临时有事,让曹蒙代他去和一个重要客户签合同,时间安排在上午九点。从曹蒙家到客户那里至少要40分钟的路程,要是堵车就可能迟到。曹蒙不敢怠慢,赶紧起床,穿上一套西装就出了门。

果然,曹蒙在去的路上遇上了堵车,还好他在最后几分钟顺利赶到了客户那里。一见到曹蒙,客户的眼里闪过耐人寻味的神色,他先让曹蒙坐下,然后就去了隔壁房间。过了一会儿,客户对曹蒙说:"我看今天这个合同就暂时别签了,咱们以后再约时间,好吧? 这样,麻烦你跑了一趟,还请你先回去吧!"

曹蒙觉得莫名其妙,却又不便深问,只得快快地回去了。随后,曹蒙接到了经理的电话,问他搞什么鬼,顶着一个鸡窝头就去了,客户还以为他是个小混混呢,把客户吓了一跳,合同的事情也就暂缓了。

爱美之心人皆有之。礼仪专家金正昆认为现代职业女性可采用以下四种方法来美发,使自己的发式亦庄亦雅、亦美亦潮而不落俗套。

(1)烫发。现代人运用物理的方法或化学的方法,将头发做成各式各样的符合个人要求的形状的方法叫做烫发。现在各种五花八门的烫发术语使人眼花缭乱,所以我们在烫发前,首先要将本人的年龄、职业、脸型、发质等因素做综合的分析判断后,再做出是否烫发和烫何种式样的发型的选择,切勿盲从。

(2)做发。人们用发油、发乳、发胶、摩丝等美发用品,将头发塑造成各种形状,以达到显示个性化目的的方法叫做发。现代职业女性发型不宜做得太夸张,应注重塑造端庄、稳重的良好职业形象。

(3)染发。现代人比较崇尚潮流,往往通过染发将自己的头发染成各种色彩,以突出个人的兴趣爱好和个性特点。现代职业女性染黑发无可厚非,除此之外,一般不适宜将头发染得太夸张。如果年轻的职业女性需要染其他色彩的头发,可选择栗色、酒红色、咖啡色等颜色,这样,既可显示活泼和有个性,又不失大方高雅的气质。

(4)假发。如果头发有先天或者后天缺陷的人,可选择戴假发来弥补缺陷。选择假发也要考虑个人的年龄、职业、身材、肤色等因素,既不能过分夸张,也不要过分俗气。使用假发要注意选择仿真度较高的、质量较好的,切不可为了贪图便宜而使用那些太假、太俗气的假发。

总之,人的脑袋是一个人的制高点,是人们产生第一印象的第一道风景线,我们只有"从头做起",才能真正地通过发型向他人传递性格爱好、文化修养等信息,也才能使自己的职业形象从头开始达到自然、和谐。

2.3 护肤

护肤即皮肤护理,它是指对皮肤,尤其是面部皮肤的长期护理和保养,这是实现妆容美的首要前提。正常健康的人皮肤具有光泽,且柔软、细腻洁净、富有弹性;而当人处于病态或衰老的时候,其皮肤就会失去光泽、弹性,出现皱纹或色斑。对皮肤进行经常性的护理和保养,有助于保持皮肤的青春活力。

【小贴士】

男女皮肤的差异

皮肤是男性和女性的"第二性征"。男性与女性的皮肤肌理有着明显的不同特点。

第一,厚度的差异。一般男性皮肤比女性皮肤厚24%。随着年龄的增长,男性皮肤变薄的速度比女性快得多,而且皮肤厚度不受身材及种族的影响。

第二,弹性的差异。弹性可使肌肤呈现年轻健康的外表,是皮肤最珍贵的特性。一般男性皮肤比女性皮肤的弹性好,但随着年龄的增长,男性皮肤弹性降低的速度比女性快得多。

第三,皮脂状况的差异。从整体的平均数值来看,男性的皮脂分泌比女性旺盛,皮肤表面油性比女性强。

第四,封闭性的差异。皮肤的封闭性受皮肤厚度及弹性的影响而有所不同。男性皮肤的封闭性,约在30岁以前呈现良好的状态,30岁以后情况便急速变化,到50岁以后又恢复稳定,不再发生重大变化。而女性的封闭性变化是逐渐发生的,不像男性那样突然。

第五,老化现象的差异。男性和女性皮肤老化的过程不一样。男性皮肤老化是突然形成的。男性可在短时间内脸上就布满皱纹,再加上天生皮肤较厚,使皱纹更明显。皮肤封闭性的突然丧失,也使松弛现象更严重。而女性皮肤的这些现象都是逐渐发生的。

1. 皮肤类型

皮肤一般分为干性皮肤、中性皮肤、油性皮肤、敏感性皮肤。对于不同类型的皮肤需用不同的方法加以护理和保养。

(1) 干性皮肤。干性皮肤红白细嫩,油脂分泌较少,经不起风吹日晒,对外界的刺激十分敏感,极易出现色素沉着和皱纹。有些干性皮肤的人苦于自己的皮肤少了一份"亮光",使劲往脸上涂抹"增亮"的油脂。殊不知,此举减少了皮肤的透气性。其实对于这种皮肤,每天在洗脸的时候,可以在水中加入少许蜂蜜,湿润整个面部,用手拍干。坚持一段时间,就能改善面部肌肤,使其光滑细腻。

(2) 中性皮肤。中性皮肤比较润泽细嫩,对外界的刺激不太敏感。这种皮肤比较易于护理,可以在晚上用水洗脸后,再用热水捂脸片刻,然后轻轻抹干。

(3) 油性皮肤。油性皮肤肤色较深,毛孔粗大,油光满面,易生痤疮等皮脂性皮肤病,但适应性强,不易显皱。对于这种皮肤,洗脸时可在热水中加入少许白醋,以便有效地去除皮肤上过多的皮脂、皮屑和尘埃,使皮肤富有光泽和弹性。

(4) 敏感性皮肤。敏感性皮肤表皮较薄,毛细血管明显,使用保养品时很容易过敏,出现发炎、泛红、起斑疹、瘙痒等症状。

>>>>>>>>>

【小贴士】

确定皮肤类型的简单方法

　　在早晨起床前,准备三张干纸片,分别贴在额头、鼻子、面颊上。两分钟后揭下,放在亮处观察,就可判断自己的皮肤类型。如果满纸油迹即为油性皮肤,极少油迹即为干性皮肤;如果额头、鼻子上有油迹,脸颊上几乎没有即为中性皮肤;额头、鼻子上有较多油迹,脸颊上没有为混合性皮肤。

　　2．护肤的方法

　　(1) 合理的饮食。合理的饮食是美容保健的根本。人体需要多种养分,有了养分,皮肤才有自然健康的美。因此,我们在日常生活中应注意饮食上的多种多样,多吃富含维生素的食物,少吃刺激性食物,保持吸收、消化系统的畅通。一项研究表明:美好容颜的养成,内在营养占80%,外在营养占20%。

　　(2) 保证良好的睡眠。保持卧室的良好环境,对卧室的温度、床垫和枕头的软硬,都要适合自己入睡的要求。如有可能,特别是北方的冬季,可在室内装置加湿器,防止皮肤干裂。良好的睡眠使皮肤可以获得更多的氧气,满足代谢的需要。

　　(3) 保持皮肤适度的水分。皮肤的弹性和光泽是由含水量决定的。要使皮肤滋润,每天要保证喝水2000毫升。每天晚上睡前饮一杯凉开水,睡眠时,水分会融入细胞,为细胞所吸收。早晨起床后,也要饮一杯凉开水,使胃肠畅通,使水随血液循环分布全身,滋润皮肤。皮肤角质层的水分也可以从体外吸收,保持环境湿度、在化妆品中配上保湿剂,都是保持皮肤水分的好方法。坚持每天用冷水浸脸一次,约两分钟,坚持必有成效。

　　(4) 避免不良刺激。紫外线对皮肤有破坏作用,过度暴晒会使皮肤变黑、粗糙并出现皱纹。因此阳光太强的天气,要注意防晒。应化淡妆,不要浓妆艳抹,以减轻对皮肤的刺激。不要使用伪劣化妆品。

　　(5) 按摩皮肤。具体方法是:两手掌相互摩擦发热,然后两手掌由前额顺着脸的两旁轻轻向下擦,擦至下巴时,再上擦至前额。如此一上一下将脸的各处擦周到,上下共36次,每天早晚洗脸后进行。在按摩时手法要轻柔,不可过分用力。

　　总之,只有自觉地、习惯地在日常生活和工作中保养皮肤,坚持皮肤"锻炼",才能使皮肤细腻、光泽、柔嫩、红润,富有弹性,青春永驻。

【实训项目】化妆

　　1．实训要求

　　本训练为"面部化妆训练",目的是让学生掌握化妆的基本操作规程。训练地点最好安排在实训室进行。训练前应准备好化妆盒、棉球、粉底霜、胭脂、眼影、眉笔、唇彩、香水等。具体训练方法是:教师按照化妆的一般方法为一名学生操作示范,然后由学生分别操作,教师重点指导;教师针对该训练进行分析总结。

2．实训内容

【小贴士】

妆 型 分 析

关洁在其《个人形象设计》（中国戏剧出版社，2011年版）中就妆型分析如下。

（1）生活妆。生活妆是应用最广泛的妆型，是人们日常生活、休闲娱乐、居家、旅游时应用的妆型，适合不同年龄、类型的人群。

① 特点。妆面干净、自然，尽量隐藏化妆的痕迹，不过分强调轮廓，用色明亮、清淡，线条柔和，适当地修饰掩盖一些缺点，强调优点，调整面部凹凸结构，使人看上去自然、清新、淡雅，与整体形象和谐。

② 色彩。用色柔和，粉底与原有的肤色接近，不要采用与肤色相距甚远的色彩，加强眼影的色彩变化效果，采用与肤色、服饰相协调的色彩，唇色可以适当采用亮丽的色彩。

（2）职业妆。职业妆是应用较广泛的妆型，是人们日常工作时应用的妆型，适合不同职业、年龄、类型的人群。

① 特点。五官轮廓勾画清晰，用色沉稳，给人以干练、信任的印象。

② 色彩。化妆基本程序类同生活妆，用色沉稳，眼影以对比色系为主。

（3）晚宴妆。随着人们社会活动的增加，参加各种社交活动、晚宴的机会也逐渐增多，优雅华丽的环境、恰到好处的化妆成为人们展示自我个性风采的方式。

① 特点。由于晚间社交活动一般都在灯光下进行，且灯光多柔和、朦胧，不易暴露出化妆痕迹，因此，晚妆应化得浓艳些，眼影色彩尽可能丰富漂亮，眉毛、眼形、唇形也可做些适当的矫正，使其更显得光彩迷人。化晚宴妆时可在不超越所允许的范围内，充分发挥自己的想象力，把自己打扮得更加漂亮，更具魅力，更引人注目。

② 色彩。晚宴妆应化得浓艳些，妆面要比白天清晰、明亮些，否则就达不到化妆的效果。

（4）时尚化妆。具有较强的时代感和自由性，表现效果强烈，具有时尚的风格，是青年人喜欢的风格。

① 特点。强调前卫的时尚的特点，造型夸张不脱离美感，表现风格自由，富有个性，总体结构符合自然规律。

② 色彩。用色具有超前的流行性，在美的基础上大胆用色，色调多为引人注目的色彩，显示流行与活力，具有个性特色色调。

此外，妆型还有电视化妆、电影角色妆、舞台演艺妆和传统戏曲剧妆等。

1）化妆色彩的运用

（1）光对妆面效果的影响。物体本身的色彩会随着光源色的变化而变化。光源色是构成一切物体色彩的决定因素，因此在形象设计中，化妆色彩也会在一定光源照射下显现明显效果。化妆的色彩效果都是妆色与光色的融合，所以光色是直接影响化妆色彩的重要因素。

在化妆中，要注意光色对妆色的影响，只有光色与妆色的密切配合，才能使化妆效果

>>>>>>>>>>

趋于理想。妆色中的黑色、灰色与棕色几乎在任何光线下都不会改变颜色。

（2）不同光色下的化妆方法。

① 红色光可以使妆面颜色变浅，立体结构不突出。所以在化妆时，要强调刻画五官的立体结构，利用阴影色使轮廓突出，这样处理，面部不会显得过于平淡。

② 蓝色光可以使红色妆面变暗而成为紫色。因此，化妆时用色要浅，口红使用偏冷的颜色。

③ 黄色光可以使妆色变浅，化妆时用色可以浓艳。

④ 强光的照射会使一切妆色变浅且显得苍白，化妆时要刻意强调五官的清晰度。

⑤ 弱光的照射会使妆面显得模糊，所以要强调面部线条与轮廓的清晰。

（3）妆色与肤色搭配的技巧。

① 肤色偏白女性的妆色与肤色搭配。此类型女性的化妆可选择多种色系，视具体情况而定。例如，脸色白里偏粉红色，基础底色可选用略带淡粉色和乳白色，眼影、腮红、口红可选用粉红色系，如粉红色、粉紫色、淡玫瑰色等；肤色白里偏黄的女性可选择象牙色、米色作底色，眼影、腮红、口红可选择桃红、浅西洋红色等。

② 肤色偏黄女性的妆色与肤色搭配。此类型女性的化妆可选择黄色的对比色，即用紫色作为妆前抑制色。可以使用淡紫色的粉底露或粉底霜矫正肤色后，再使用适合黄肤色的正常基础底色，使偏黄的肤色得以矫正。

③ 肤色偏暗、偏深的女性妆色与肤色的搭配。此类型女性的化妆可选用小麦色、暖象牙色或浅暖褐色的基础底色，以用其"同类色并列起柔和作用"的色彩原理，选择能增加皮肤光洁度及透明度的色彩。这类皮肤忌用偏冷、偏白的粉红、粉白色系列。

④ 两颊有红晕的女性妆色与肤色的搭配。这些女性可选用淡绿色的粉底霜做局部抑制，再使用正常的基础底色，使皮肤具有透明洁净的感觉。此种选色主要是利用色彩的互补色原理先行矫正肤色。

（4）妆色与脸型搭配的技巧。

① 脸型偏小女性的妆色选择。此类女性应选用浅色系、明亮色作为基础底色，可使脸型产生扩大、明朗的感觉。

② 眼睑肥厚女性的妆色选择。此类女性可选用深褐色、驼色、烟蓝色、褐紫色准确地表现出上眼睑沟的位置所在，使眼部结构明显，同时应用略带光亮的浅白色将眉骨部分提亮，以利用色彩的明暗原理起到消除眼部肿胀感的效果。

（5）妆色与年龄、性别、季节、个性的配合技巧。

① 妆色应与年龄相吻合。例如，儿童与青少年性格活泼、开朗，大都喜欢红色、淡蓝、绿色等鲜明色彩，所以可尽量运用浅色系，如金黄色系等，口红可用粉红色系，如粉红、粉铜色等；中年人性格开始趋于成熟，可用较深较雅致的色彩，给人以醒目、成熟、秀丽、端庄、自信的感觉；而年长者一般喜欢灰蓝、灰黑、棕褐色、暗红、暗紫色，给人以成熟、庄重、稳健的感觉，一般妆色不宜过分鲜嫩。

② 妆色与性别的协调。女性的心理特征一般属于情感型特质，具有美感直觉性，即当美的事物出现时，可以立即得到美的感受，一般事前并不经过一定的思考和推敲，可以在

瞬间产生美的感受。这是由女性性格——温柔、典雅、浪漫、重直觉所决定的,因此其妆色应以明快、艳丽或柔美的色调为主。而男性大多属理性思维,应当给人以沉着、稳健、智慧、阳刚或儒雅的感觉,因此,其妆色应选择稍稳重的暗色系或中间色系,妆色不宜太明快,以充分展示男性稳健或安全感的阳刚魅力。

③ 妆色与季节协调。不言而喻,倘若严寒中着冷色调妆色,将使人感到更加寒冷,所以一般春天应以浅黄、粉红色系为主,象征明快、活力、青春、充满勃勃生机;夏天应以黄色、青色、绿色、蓝色、象牙色为主基调,较为清新凉爽;秋天则以橙色、金色为主妆色,与自然环境遥相呼应;冬天则应以暖色调为主,可以给人温暖的感觉。

④ 妆色应与个人的内在气质相适应。清纯可爱的个性可选用粉色系,忌浓妆和对比强烈的色彩;高雅、秀丽、温柔的个性可选择玫瑰或紫红色的色彩,眼影尽量不用对比强烈的颜色,以咖啡色、深灰色适宜;华丽、娇媚的个性可以选用大红色,眼影可采用强烈对比色,如用深绿色或蓝色作为眼部化妆的强调色[①]。

【小故事】

尼克松因何败北

1960 年 9 月,尼克松和肯尼迪在全美的电视观众面前,举行他们竞选总统的第一次辩论。当时,这两个人的名望和才能大体相当,棋逢对手。但大多数评论员预料,尼克松素以经验丰富的"电视演员"著称,可以击败比他缺乏电视演讲经验的肯尼迪。但事实并非如此,为什么呢? 肯尼迪事先进行了练习和彩排,还专门跑到海滩晒太阳,养精蓄锐,结果他在屏幕上出现时,精神焕发,满面红光,挥洒自如。而尼克松没听从电视导演的规劝,加之那一阵十分劳累,更失策的是面部化妆用了深色的粉,因而在屏幕上显得精神疲惫,表情痛苦,声嘶力竭。正如一位历史学家所形容:"他让全世界看来,好像是一个不爱刮胡子和出汗过多的人,带着忧郁感等待着电视广告告诉他怎么不要失礼。"正是妆容仪表上的差异和对比,帮助肯尼迪取胜,使竞选的结果出人意料。

2) 化妆的准备

(1) 化妆工具的准备。

① 化妆纸。一般是购买专用的化妆纸(棉),或用质地柔软的纸巾,用于吸汗、吸油、净手、卸妆等。

② 棉签。可购买或自制。用于细小化妆部位的清理,如涂唇膏、描眉、染睫毛等。

③ 海绵。用于上底色、拍涂胭脂和定妆。

④ 胭脂刷。用于化妆时涂抹胭脂(腮红)和定妆,可准备两个以上,便于涂抹不同色彩时使用。

⑤ 眼影刷。涂抹眼影时使用。因为眼妆的色彩分为主色和副色,为了在使用不同颜色的眼影时颜色之间不相互影响,所以要多备几个刷子。

---

① 顾筱君.21 世纪形象设计教程 [M].北京:机械工业出版社,2012:110.

>>>>>>>>>

此外,还须备有睫毛夹、眉笔、眉刷、美容剪等。

(2)化妆品的准备。化妆时,必须准备化妆品。国际上,根据不同功能,化妆品一般分为两大类:一类是调整肌肤、使之润滑的基础化妆品,如爽肤水、面霜、润肤乳等;另一类是美容化妆品,又称"彩妆",如眉笔、唇膏、胭脂(腮红)、粉饼(底)等。我国的美容化妆界又根据国民的皮肤构造和消费水平,将化妆品分为六大类,分别如下。

① 护肤类化妆品:爽肤水、面霜、润肤乳、润唇膏等。

② 清洁类化妆品:洁肤皂、洗面奶、沐浴液等。

③ 修饰类化妆品:粉底液、唇膏、唇彩、腮红等。

④ 美发类化妆品:洗发水、护发素、发乳、发蜡、发胶等。

⑤ 芳香类化妆品:香水、香精等。

⑥ 营养类化妆品:人参霜、珍珠霜、粉刺(雀斑)霜等。

现代职业女性化妆要准备的必需品有粉饼、粉底、腮红、眼影、眉笔、眼线笔、唇膏、睫毛液、妆前霜、爽肤水、卸妆油等。

(3)洁面。化妆前要彻底清洁皮肤,可用洗面奶、香皂等洁面,并用清水洗净,以除去皮肤表面的老化上皮细胞、皮脂、汗液、尘埃、细菌等,否则不仅会使皮肤受到损害,同时妆面也易脱落,不易持久。

(4)保湿。上化妆水、保湿性面霜、隔离霜等进行保湿,一定要充分、足量,这样可以避免皮肤干燥。必要时可以上2~3遍保湿面霜,使面部皮肤充分保湿,不至于定妆时出现脱皮现象。

【小贴士】

化妆水介绍

化妆水是爽肤水、紧肤水、调理水、柔肤水和洁肤水的统称。

(1)爽肤水。涂抹的感觉比较清爽,能补充肌肤的水分。

(2)紧肤水,也称收敛水。其最大的功效在于细致毛孔,有效平衡油脂分泌。特别针对需要收敛毛孔的油性皮肤或缓和性肌肤的T字部位所设计,其他肌肤并不适合使用,因为它通常含有酒精成分。

(3)调理水。其作用是调整肌肤的酸碱值,肌肤在正常状态下是呈弱酸性,洗完脸后,用调理爽肤水将肌肤恢复到弱酸性。

(4)柔肤水。与其他化妆水相比,它比较滋润,给予肌肤细致的呵护,可以软化角质层,增强肌肤吸收滋润护肤品的能力。

(5)洁肤水。除了洗脸可以清洁肌肤之外,有一些"水",还能再次清洁脸部的残余污垢,等于是洁肤的保障。

购买的时候可以这样区分:油性皮肤使用紧肤水,健康皮肤使用爽肤水,干性皮肤使用柔肤水。对于混合皮肤来说,T字部位使用紧肤水,其他部位使用柔肤水和爽肤水皆可。敏感皮肤则可以选用敏感水或修复水,而要想美白,就可以选用美白化妆水。

3）化妆的基本步骤

【小故事】

百 变 公 主

小李是一名刚刚走上工作岗位的大学毕业生，对新的职场生活充满了憧憬与期待。为了尽快地融入职场，她在家人的支持下添置了不少行头，有职业装、化妆品、配饰等，可以说应有尽有。可是每天早上上班前的化妆是她最痛苦的事情，一是花费时间多；二是她根本不知道自己适合化什么样的妆，每次都弄得很花，有时自己感觉很尴尬。有一次她还被一名男同事笑话是百变公主。还有一次她使用了咖啡色的眼影，吓坏了同事们。她自己也很苦恼，本来想用深色眼影让自己的脸看起来立体感强一些，为什么却适得其反了呢？

化妆前要认真掌握化妆的方法。化妆大体上应分为打粉底、画眼线、施眼影、描眉形、上腮红、涂唇彩、喷香水等步骤。每个步骤均有一定之法，必须认真遵守。

（1）打粉底。打粉底又称敷底粉或打底。它是以调整面部皮肤颜色为目的的一种基础化妆。在打粉底时，有四点应予特别注意。一是事先要清洗好面部，并且拍上适量的化妆水、乳液。二是选择粉底霜时要选择好它的色彩。通常，不同的肤色应选用不同的粉底霜。选用的粉底霜最好与自己的肤色相接近，而不宜使二者反差过大，看起来失真。三是打粉底时一定要借助于海绵，而且要做到取用适量、涂抹细致、薄厚均匀。四是切勿忘记脖颈部位，在那里打上一点儿粉底，才不会使自己的面部与颈部"泾渭分明"。

【小贴士】

粉底的种类

（1）湿粉。湿粉为一种半液体状霜类粉底乳，因其基本不含油分，使用时粉底海绵不宜过湿，可用略湿的海绵轻轻按压，但按压时间不宜太长，否则很容易被擦掉。它是一种很薄的粉底，遮盖力不强，所以斑点、疤痕无法遮掩，只适合皮肤白净细腻的女性化淡妆时使用，尤其是夏季使用不油腻，妆容效果会更好。若要化浓妆，需轻轻薄涂 2～3 次再行定妆。

（2）粉底霜。粉底霜的遮盖力比较强，油分和蜡分都很适度，亲水性和亲油性都很好，不油腻，能持久，可保持 6～8 小时不脱妆，并且透明感较强，妆容轻薄润泽。粉底霜内含高岭土，可以吸收油脂，较适合皮肤健康、弹性较好、色泽明亮、光滑润泽的皮肤四季使用，浓妆、淡妆总相宜。使用时用湿海绵以按压的方式涂抹均匀即可。

（3）粉底膏。粉底膏是一种固体膏状粉底，大多为盒装，亮度较好，有遮盖效果，油脂含量高，不适合油性皮肤使用，尤其夏天更不可使用。使用时用取物棒或直接用中等湿度的化妆海绵取出，均匀按压在脸部各处，仔细拍匀即可。

（4）条状粉底。条状粉底由植物油脂、动物油脂及矿物油脂等原料合成，具有很强的遮盖力，并能持久不脱妆，但透气性差，油分较丰富，适于干性肌肤、寒冷的冬季或隆重场合的浓妆使用。使用时，先将粉条在脸上轻点几点，如额、两颊、鼻头、下颌等处，再以湿润的海绵轻轻推抹均匀。粉底上得要薄，切忌太厚，否则就会失去透明感。

（5）遮瑕膏。遮瑕膏又称盖斑膏，其附着力强，掩饰缺陷力大，不易脱妆，适用于问题性皮肤或在肤色不佳时使用,也是舞台、电视、结婚、宴会、摄影等场合美容化妆师的专用粉底。使用时,注意均匀着色,按压密度和力度要轻,否则容易脱妆。

(2) 画眼线。从外眼角向内眼角方向沿着睫毛根部描画眼线,上眼睑一般画 2/3 长,下眼睑一般画 1/3 长,颜色外重里淡且细即可。眼线可增加眼睛的神采与魅力,使眼睛显得深邃、水灵动人。下眼线的描画可实可虚,写真的描画基本合乎原眼形,或稍加修饰晕染;夸张手法强调勾画眼形效果,局部可高出或长于原眼形,甚至可以向外斜上飞扬,从而获得一种夸张的装饰效果。画眼线一般有以下两种方法。

一是眼线笔描画。应当注意选用软芯防水、容易下色的眼线笔,可以把笔尖削成扁平的鸭嘴式样,这样描画起来可粗可细,比较方便。若不下色,可以用笔尖蘸少许油膏或面霜滋润笔芯再描画。眼线笔用色柔和自然,适合于生活妆。

二是眼线粉描画。可以用眼线刷蘸少许水再蘸眼线粉 (也有不蘸水直接刷上眼线粉的)。描画时手要稳,下笔用力要均匀。眼线粉色彩艳丽强烈,适合于晚宴妆或表演性质的浓妆。

不论用哪种方法画眼线,建议再用眉粉或眼影粉轻轻走一遍,这样不仅可以起到定妆作用 (见泪水或汗渍不易晕开),还会使眼线更加柔和亮丽。在韩式化妆法中,就是常常先用眼线笔画好眼线,然后用眉粉或眼线粉定妆。

自己学画眼线时,可将臂肘部支撑在台面上起稳定作用,小手指支于面颊,执笔的手稳定就能画出光洁平直的线条。

【小贴士】

假睫毛、美目贴的使用方法

(1) 假睫毛。假睫毛有两种,一种是整排的,一种是一根一根的,大都是用真毛或人工毛发制成的。使用假睫毛时要保持假睫毛的清洁和眼睛的卫生。

买回来的假睫毛需在其纵向用剪刀剪掉一些,这样既可增加毛隙宽度,也避免因太整齐而显得不自然。睫毛稍短或纤细的人粘贴假睫毛时不必从眼头一直贴到眼尾,应在内眼角处留空一点,即从眼尾一侧量 2/3 眼长,剪掉其余,这样可使睫毛给人"假"的印象偏淡。假睫毛可使睫毛加长、加粗、浓密,更增添美感。

注意:①初次使用假睫毛时,不要涂胶水,先反复试贴,达到理想效果后再涂胶水,这样可以避免眼皮反复拉扯;②尽量不要贴到外眼角处,因为假睫毛粘到外眼角处,会使眼睛看起来下垂,造成"八字眼"效果,严重影响眼部美感。

(2) 美目贴。很多人都希望自己是双眼皮,除进行美容手术外,美目贴可以帮您拥有双眼皮,尤其对眼皮内双或褶痕小的人效果更好。完全单眼皮的人效果可能会不够理想。两眼大小不同的人,只要贴在褶痕小的一侧上就可以了。选择美目贴应以稍薄、有弹性、能透气且透明者为佳,但不要有亮度,以免过分明显反而有失真实。

现在市场上流行一种"双眼皮成形液",利用特定稀释的胶水,将上眼睑部分用胶水粘贴,便可造成一种"双眼皮"效果。此种方法使用简便、易行,只是在使用时应将胶水涂得适量,否则容易穿帮。

（3）施眼影。施眼影的主要目的是强化面部的立体感，以凹眼反衬隆鼻，并且使化妆者的双眼显得更为明亮传神。施眼影时，有两大问题应予注意。一是要选对眼影的颜色。过分鲜艳的眼影，一般仅适用于晚妆，而不适用于工作妆。对中国人来说，化工作妆时选用浅咖啡色的眼影，往往收效较好。二是要施出眼影的层次感。施眼影时，最忌没有厚薄深浅之分。若注意使之由浅而深，层次分明，将有助于强化化妆者眼部的轮廓。

【小贴士】

眼影的水平修饰法

水平修饰法有强调双眼皮的效果，可使脸型缩短，但眼影色彩单调，变化较小。一般采用以下两种单色彩晕染描画手法。具体做法可分为以下两种。

（1）下浅上深的水平平画修饰法。这种方法一般用于单眼皮的修饰。先用较淡的底色涂在整个眼皮上，并在近睫毛处画上细细的眼线，再用深色眼影粉沿眼皮做水平描画。眉骨下方涂上亮色，向下晕染，亮度由强变弱，渐渐与眼影色衔接。单眼皮眼尾处颜色要加深一些，再刷上睫毛膏。若喜欢将上眼皮眼线画翘上去，在涂眼线时不要顺着眼皮弧度向下，而是在上眼尾处保持水平画出去，睁开眼就会有眼线翘起来的感觉。此种画法可突出局部结构，并使眼睛显得大而有神，造成"假双"效果。

（2）下深上浅的水平平画修饰法。沿睫毛根部用深色眼影粉描画，并向上晕染。色彩由深至浅渐渐淡化，并在下眼睑睫毛根部自外眼角至内眼角的1/3处描画下眼线，同时用画上眼影的剩余色彩少量晕染下眼线。此种画法可使眼睛显得生动而明亮。

（4）描眉形。一个人眉毛的浓淡与形状，对其容貌发挥着重要的烘托作用。任何有经验的化妆者，都会将描眉视为其化妆时的重中之重。在描眉时，有四点需要注意。一是先要进行修眉，用专用的修眉刀刮除那些杂乱无序的眉毛。二是所要描出的整个眉形，必须兼顾本人的性别、年龄与脸型。三是在具体描眉形时，要对逐根眉毛进行细描，而忌讳一画而过。四是描眉之后应使眉形具有立体感，所以在描眉时通常都要在具体手法上注意两头淡，中间浓，上边浅，下边深。

【小贴士】

重要眉形的画法

（1）一字眉（水平眉）。眉形平直粗短，整条眉毛基本处于同一水平面上，给人以淳朴、可爱、老实、自然的感觉，可使长脸变得短一些，窄额显得宽一些。

画法：在内眼角的正上方即眉头的起始位置，用眉笔或眉粉轻轻扫出一条平直眉形，注意眉尾的长度比外眼角略长，眉峰的高度及转角不宜太明显，整条眉毛可适当粗些。色彩为中间深两边浅，过渡衔接自然。

（2）标准眉。从眉头到眉梢呈一条优美的弧线，使眉毛中后部拱起，眉峰在眉头至眉尾的2/3处，使整个面部显得柔润，可拉长脸型，适合脸型较胖的新娘妆或日常妆。

画法：在内眼角的正上方即眉头起始位置，用眉笔或眉粉轻轻扫出一条半圆弧线的眉形。注意眉尾应在外眼角与鼻翼的延长线上，整条眉毛的弯曲如柳叶般自然，不可过于圆

>>>>>>>>>

润、弯曲,眉峰不可出现明显的尖度。色彩为中间深两边浅,过渡衔接自然。

(3)上挑眉(上扬眉)。整条眉毛有挺拔上扬的倾斜度,眉峰棱角较为明显,给人以英俊刚毅的感觉。

画法:在内眼角正上方即眉头起始位置,用眉笔或眉粉轻轻扫出一条半圆弧形的眉形,注意眉尾的长度比外眼角略长,可稍微上扬,整条眉毛上扬的倾斜度不宜过高,否则会给人过度夸张的感觉。色彩为眉峰略浓,眉头略淡,整体色彩过渡自然。

(4)欧式眉。眉形上扬挑起,幅度比上扬眉更甚,且眉梢不回落至眉头的水平处,给人以张扬凌厉的感觉。

画法:在内眼角正上方即眉头起始位置,用眉笔或眉粉轻轻扫出一条半圆弧形的眉形,注意眉尾的长度比外眼角略短,可上扬,整条眉毛上扬的倾斜度可以在20°～30°。色彩为眉头略深,眉峰略淡,整体色彩过渡自然。

(5)蹙烟眉。1987版电视连续剧《红楼梦》可谓家喻户晓,其中林黛玉那"两弯似蹙非蹙罥烟眉,一双似喜非喜含露目"给观众留下了深刻印象。

画法:在内眼角正上方即眉头起始位置,用眉笔或眉粉轻轻扫出一条半圆弧形的眉形,注意眉头要稍微弯曲,眉尾的长度比外眼角略长,稍下垂,给人蹙目含悲的感觉。色彩为眉头略深,眉峰略淡,整体色彩过渡自然。

(5)上腮红。上腮红是化妆时在面颊处涂上适量的胭脂。在化工作妆时上腮红,需要注意四条:一是要选择优质的腮红,若其质地不佳,便难有良好的化妆效果。二是要使腮红与唇膏或眼影属于同一色系,以体现妆面的和谐之美。三是要使腮红与面部肤色过渡自然。正确的做法应是,以小刷蘸取腮红,先在上颧骨下方,即高不及眼睛、低不过嘴角、长不到眼长的1/2处,然后才略做延展晕染。四是要扑粉进行定妆。在上好腮红后,即应以定妆粉定妆,以便吸收汗、皮脂,并避免脱妆。扑粉时不要用量过多,并且不要忘记在颈部也要扑上一些。

腮红除了能提升气色、和谐妆容,还可以修饰脸型。腮红修饰脸型的要领如表2-2所示。

表2-2　腮红修饰脸型要领一览表

脸　型	特　　点	修饰要点
方形脸	上下额角都比较宽,线条过于硬朗,比较男性化	使用深色系腮红,在笑肌处以打圈方式涂刷腮红
圆形脸	脂肪丰厚,线条柔和,呈圆形,易给人胖嘟嘟、可爱之感	从笑肌下方到太阳穴处用深色腮红以打圈方式涂刷,多刷几遍,可使脸部视觉变瘦,减少圆润感,使脸型变小,更有立体感
长形脸	双颊脂肪不够丰满,脸部瘦而长,一般下巴部位过长	适合横向腮红,用暖色调腮红,平行扫在笑肌、发际线和下巴位置,可增加脸型的立体感

(6)涂唇彩。化妆时,唇部的地位仅次于眼部。涂唇膏,既可改变不理想的唇形,又可使双唇更加娇媚迷人。涂唇膏时的主要注意事项有三点:一是要先以唇线笔描好唇线,确定好理想的唇形。唇线笔的颜色要略深于唇膏的颜色。描唇形时,嘴应自然放松张开,

先描上唇,后描下唇。在描唇形时,应从左右两侧分别沿着唇部的轮廓线向中间画。上唇嘴角要描细,下唇嘴角则要略粗。二是要涂好唇膏,以唇线笔描好唇形后,才能涂唇膏。选择唇膏时,既可以选彩色的,也可以选无色的,但要求其安全无害,并要避免选用鲜艳古怪之色。女性一般宜选红色、橙色或粉色,男性则宜选无色唇膏。涂唇膏时,应从两侧涂向中间,并要使之均匀而又不超出早先以唇线笔画定的唇形。三是要仔细检查,涂毕唇膏后,要用纸巾吸去多余的唇膏,并细心检查一下牙齿上有无唇膏的痕迹。

【小贴士】

唇部化妆的协调

口唇是整体的部分,唇的化妆不仅与面容而且应该与全身整体协调,唇膏的选择需考虑多方面因素。

(1) 与皮肤颜色相协调。

① 肤色白的人适合任何颜色的唇膏,但以明亮色彩为宜。

② 肤色黑的人适合朱红、暗红等明亮度低的色彩。

③ 肤色黄的人,应尽量避免使用黄色系唇膏,多选带红色的玫瑰色系,以增加唇的明亮感。

④ 颈部有色素斑或者其他斑点者,除了可以用遮瑕笔遮盖以外,还应选色彩强烈的红色系来强化唇部,吸引别人的视线注意唇部而忽略其他部位。

(2) 与年龄相适合。例如,橙色特别适用于年轻活泼的女孩子,因为橙色有红色的热情和黄色的明亮,年轻女孩涂上橙色唇膏可给人以时髦、大方、活泼之感。粉红色给人以年轻、温柔、甜美的感觉,会给年轻人带来青春健康的气息。褐红色系是一种接近咖啡的颜色,这种唇膏给人成熟优雅、端庄大方的感觉,自然更适合中老年人使用。

(3) 与服饰相配合。唇部色彩原则上要与服饰的色彩相协调。例如,粉红色唇膏若配上相同颜色的服饰,更能展现年轻人青春和健康的气息。

(4) 与场合相适宜。唇膏应与环境场合相适宜。一般生活环境不宜选择十分鲜艳的唇膏及深色唇膏,而应选择与天然唇色相近的,以能表现出嘴唇柔软、湿润、鲜嫩感觉的唇膏为宜。但若在舞会、宴会或一些灯光强的装饰性场合,运用色彩强烈的唇膏则非常必要,是和环境相协调的正确选择。

(5) 与其他因素和谐。唇膏的色彩应与眼影、腮红是同一色系,并与个性协调。外向活泼型者,宜选用红色、玫瑰红及其他更艳丽之色彩;内向沉稳型者,宜选用茶红、棕红等色彩。

(7) 喷香水。

① 香水的使用技巧。香水浓度越低,涂抹的范围越广。一般来说,浓香水应以点搽式或小范围喷洒式用于脉搏跳动处,如耳后、手腕内侧、膝后。香水、香露、古龙水、淡香水因为香精浓度不是很高,不会破坏衣服纤维,所以可以自由地喷洒及使用。例如,脉搏跳动处、衣服内里、头发上或空气中。

在体温高的部位涂抹香水的效果比较好。要注意身体内侧比外侧的体温高。另外,香气向上升,涂抹在下半身比涂抹在上半身更能获得理想的效果。

不要在阳光照射到的地方涂抹香水,因为酒精在阳光的暴晒下会在肌肤上留下斑点。此外,紫外线也会使香水中的有机成分发生化学反应,引起皮肤过敏。

香水可以喷洒在干净或刚洗好的头发上。若头发上有尘垢或者油脂,则会令香水变质。同时不应将香水喷洒在干枯和脆弱的头发上,避免对发质造成伤害。

香料为有机成分,易与金、银、珍珠反应使之褪色、受损,因此香水不能直接喷洒于首饰上,可先喷洒香水后戴首饰。

切忌不要将香水喷洒在皮毛上,这样不但损害皮毛,也会使皮毛的颜色发生改变。香水喷洒在羊毛、尼龙的衣料上不容易留下斑点,不过香味留在纯毛衣料上会较难消散。

【小故事】

香水的使用

冯磊现在只有一个想法:见了同事吴云就躲开,因为吴云身上的味道实在让他忍受不了。你要问吴云身上有什么味儿,让冯磊这样排斥?冯磊会告诉你"怪味儿!我曾经用另一种方式问过她:'吴云,你怎么能让自己身上的味道这么持久呢?'她很兴奋地告诉我:'我用了香水呀。我现在越来越迷恋香水了,每天都在研究。有时候一天会换几种不同的香味试试,而且为了香味持久,我随身带着。你看!'然后我便看到她的包里有四个香水瓶子。我当时真是不知道该说什么了。她,现在身上并不是香水的香味,而是一种让人无法忍受的怪味!"

② 香水的用法。香水的用法主要有两种,一是涂抹。即将香水涂抹在手腕、颈部、耳后、臂弯里等有脉搏跳动的部位,这样香味可随着脉搏跳动、肢体转动而飘溢散发;也可将香水涂抹于腰部、髋关节,这是为了让余香更持久;脚踝处也可涂抹香水,这样可使香味飘散得更自然。二是喷洒。香水还可以喷洒在衣服上,一般多是喷洒于内衣、外衣内侧、裙下摆以及衣领后面;还可以把香水向空中轻轻喷洒几下,在头顶形成一片香雾,随后立于香雾中,让香气轻轻撒落在身上,散发出怡人的气息。

【小贴士】

香水使用"七点法"

首先将香水分别喷于左右手腕静脉处,双手中指及无名指轻触对应手腕静脉处,随后轻触双耳后侧、后颈部;轻拢头发,并于发尾处停留稍久;双手手腕轻触相对应的手肘内侧;使用喷雾器将香水喷于腰部左右两侧;左右手指分别轻触腰部喷香水处,然后用沾有香水的手指轻触左右腿膝盖内侧、脚踝内侧,"七点法"到此结束。注意所有轻触动作都不应有摩擦,否则香料中的有机成分可能发生化学反应,破坏香水的原味。

(8) 化妆的注意事项。

① 进行妆后检查。完成上述化妆过程后要进行妆后检查,主要可从以下四方面着手:一是检查左右是否对称。眼、眉、腮、唇、鼻侧等,两边形状、长短、大小、弧度是否对称,色彩浓淡是否一致。二是检查过渡是否自然。脸与脖子、鼻梁与鼻侧、腮红与脸色、眼影、

阴影层次等过渡是否自然。三是检查整体与局部是否协调。各局部是否缺漏、碰坏,要符合整体要求,该浓该淡是否达到应有效果,整个妆面是否协调统一。四是检查整体是否完美。化妆要忌"手镜效果",即把镜子贴近脸部检查。虽然这样会看清细小的部分,但一般人是在 1 米之外的距离与你面谈或招呼。所以要在镜前 50 厘米处审视自己,对脸部整体的平衡做出正确的判断。

【小贴士】

如 何 卸 妆

(1) 卸除睫毛膏。首先将假睫毛取下,如果你戴了假睫毛或隐形眼镜的话,一定要首先将其取下。将化妆棉用眼部专用卸妆液沾湿后对折。闭上双眼,两手各用两根手指将化妆棉上下压住眼睫毛,夹紧包住,注意,睫毛根处也不要忽略。等待 3 ~ 5 秒后,让化妆棉上的眼部专用卸妆液将睫毛上的睫毛膏完全溶解。然后轻轻地将化妆棉往前拉出,以便顺势将溶解的睫毛膏拭去。通常睫毛膏无法一次完全去除,你可以更新化妆棉将上面的步骤再重复一次,直至完全清除为止。

(2) 卸除眼影及眼线。取一片化妆棉,同样以眼部专用卸妆液将其沾湿。闭上眼,将化妆棉用食指、中指与无名指夹紧,覆盖于眼皮上两三秒。然后将化妆棉轻轻地往眼尾拉,以顺势拭去眼皮上的眼影。如果因为使用了防水眼线而没有去除干净,可再重复一次。

(3) 卸除不沾杯唇膏。用面纸按压嘴唇,吸掉唇膏里的油分。将两片蘸满卸妆液的棉片轻敷嘴唇,微笑使唇纹舒展。由外围向唇部中心垂直卸除,不要来回搓。打开嘴角,将棉片对折,清理容易遗落的残妆。

(4) 卸除面部妆容。将卸妆产品适量涂抹于脸上,用指腹轻轻按摩脸部,让卸妆产品将脸上的彩妆充分溶解。注意细小的地方,如鼻梁两侧、嘴角、发际等处也要彻底卸除。用面纸将脸上所有的东西拭去,如果一次不干净,同样的步骤可再来一次。

② 不忽视颈部的修饰。做了发型和面部化妆后,要使面部色彩和身体的色彩很好地衔接,使化妆风格与服饰设计协调一致,还要考虑到脖颈的可见部分要和面部的妆色相和谐,所以脖颈部分也必须进行修饰。颈部修饰可用比基础底色深一度的粉底轻轻涂抹在衣领以上的暴露部位,再用定妆粉定妆即可。中老年人颈部多皱纹,化妆前应充分保湿,尽量不用定妆粉定妆,直接用餐巾纸吸干即可。当皱纹太多需要遮盖时,需先粘贴一层薄化妆纱(牵引纱)将皱纹遮盖后再上粉底。

③ 化妆中应力求柔和协调。为了达到自然美的目的,化妆中应尽量做到柔和协调,并做到"细施轻匀",既要有形与色的渲染,又要富于自然气息,使他人难以看出明显的涂抹痕迹和晕染界线。特别是眼影、腮红部位的晕染更要注意这一点。

④ 要讲究色调的统一和颜色的适中。化妆基础底色的色彩要与肤色相似,要讲究色调的统一和颜色的适中。例如,肤色白的人应选用比肤色略深一号的粉底,腮红和口红也应选用浅色;较深肤色的人,应选用玫瑰色蜜粉或较其原来肤色略深一号的蜜粉,采用深色的腮红和口红等,与肤色的反差不能太大。化生活妆切忌颜色的堆砌,要是在脸上厚厚

白白地涂上一层基础底色,看上去像戴着假面具,当然也就没有美感可言了。因此切忌在原有化妆的基础上再涂抹化妆品,否则会显得不干净或不伦不类。

⑤ 化妆的浓淡视实际场合而定。白天是人们工作的时间,宜化淡妆,轻点朱唇淡扫眉,妆色健康、明朗、端庄。工作场合对女性的化妆要求是:化妆上岗、淡妆上岗。在国外,正式场合不化妆会被认为对对方不尊重,是不礼貌的行为。晚宴妆、舞会妆宜化得浓艳些。外出旅游或参加剧烈运动时,最好不要化浓妆,否则自然光下会显得很不自然。

【小贴士】

古诗欣赏

饮湖上初晴后雨

苏 轼

水光潋滟晴方好,山色空蒙雨亦奇;
欲把西湖比西子,淡妆浓抹总相宜。

⑥ 化妆色彩要与季节、场合相适宜。不同的季节和时间应选用不同的色彩。譬如在炎夏酷暑时应采用冷色系的化妆品,化妆后让人产生清新、凉快之感;冬天气候寒冷,宜采用鲜明色彩的暖色调化妆品,鲜艳的色彩会使人感到温暖;晚妆要浓而艳丽,色彩丰富,强调立体感,使妆容显得明艳且轮廓分明。

【小故事】

补妆与化妆

一家公司最近来了一个秘书小王,她在工作方面没有什么问题,人也非常勤快,可就是给人不太得体的感觉。一天,快到中午时,小王气喘吁吁地从外面办事回到公司,满头大汗。她像个假小子一样只拿手擦了擦汗就开始给客户打电话。同事见她还有些头发沾在眼角边,便对她说:"小王,看你出了那么多的汗,去补个妆吧。"小王说:"没什么。"她没在意,继续埋头干活。过了不久,小王又以一副新面孔展现在同事们的面前——她脸上的粉搽得那么厚,整个人看起来如戏台上的媒婆,吓了同事一跳。

⑦ 化妆要因人而异。这是指化妆要充分重视个体性别、年龄、职业情况,尤其重视个性特点及其社会角色因素。化妆的目的是美化个体,化妆得当可以魔术般地增加个人魅力。将目前最流行的化妆方法应用到肤色完美、相貌出色的模特身上可以产生最迷人的效果,而把同样的化妆品及化妆方法应用在一般人身上可能会产生不伦不类的效果。完美的化妆应该是配合个体自身的条件,而创造出属于自身独特风格的美,让个体建立起对自己容貌的信心,让塑造出的美丽成为个体自身的美,这样的化妆才不会显得矫揉造作。

【小故事】

化妆风景线

阿美和阿娟是一所美容学校的学生,初学化妆非常感兴趣,走在大街上,总爱观察别人的妆容,因此发现了一道道奇特的风景线。

一位中年妇女没有做其他化妆,光涂了一个嘴唇,而且是那种很红很艳的唇膏,只突出了一张嘴。一位女士的妆容看起来真的很漂亮,只可惜脸上精彩纷呈,脖子却粗糙马虎,在脸庞轮廓上有明显的分界线,像戴了面具一样。再看,还有的女士用粗的黑色眼线将眼睛轮廓包围起来,像个"大括号",看上去那么生硬、不自然。一位很漂亮的女士,身穿蓝色调的时装,却画着橘红色的唇膏……

⑧ 化妆要扬长避短。每个人都要了解自己的短处,但又不能总盯在自己面部的不足之处,应当以化妆来弥补这些不足,还要注意突出自己的优点,采取扬长避短的方法效果往往更好。

⑨ 化妆还要注意与服饰相配合。尤其是化妆色彩要与肤色、服装、饰物等处于同一个中心要素之中,当然还要考虑到质感、厚感、光感、线感等诸多方面的协调性,充分强调化妆的整体协调效果。

【小贴士】

化妆的禁忌

化妆有很多禁忌,很多都是日常生活中我们不经意的化妆习惯,千万别小看这些小习惯,如果不注意,会有损形象。

(1) 切忌在公共场合化妆。在众目睽睽之下化妆是非常失礼的,这样做有碍于别人,也不尊重自己。

(2) 女士不能当着男士化妆。如何让自己更加妩媚,应是每个女性的私人问题,即便是丈夫或男朋友,这点距离也是要有的,从某种意义上来说"距离"就是美。

(3) 不能非议他人的化妆。由于个人文化修养、皮肤及种族的差异,每个人对化妆的要求及审美观是不一样的。不要总认为只有自己的化妆才是最好的。在和他人交往的过程中,即便是好朋友,也不要主动去为别人化妆、改妆及修饰,这样做就是强人所难和热情过度。

(4) 不要借用别人的化妆品。如确实忘了带化妆盒而又需要化妆,在这种情况下除非别人主动给你提供方便,否则千万不要用人家的化妆品,因为这是极不卫生的,也是很不礼貌的。

(5) 男士使用化妆品不宜过多。目前,男士化妆品越来越多,但男女有别。男士不能使用过多的化妆品,否则会给人带来不良的印象,不要让人感到你化妆后有"男扮女装"的感觉。

4) 不同脸型的化妆

靳羽西说:"世界上没有难看的人,只有不懂如何把自己打扮得体的人。"脸部化妆一方面要突出面部五官最美的部分,使其更加美丽;另一方面要掩盖或矫正缺陷或不足的部分。经过化妆品修饰的美有两种:一种是趋于自然的美,另一种是艳丽的美。前者是通过恰当的淡妆来实现的,它给人以大方、悦目、清新的感觉,最适合在家或平时上班时使用。后者是通过浓妆来实现的,它给人以庄重高贵的印象,可出现在晚宴、演出等特殊的社交场合。无论是淡妆还是浓妆,都要利用各种技术,恰当使用化妆品,通过一定的艺术处理,来达到美化形象的目的。

（1）椭圆形脸化妆。椭圆形脸可谓公认的理想脸型,化妆时宜注意保持其自然形状,突出其可爱之处,不必通过化妆去改变脸型。

涂胭脂:应涂在颊部颧骨的最高处,再向上向外揉化开去。

涂唇膏:除嘴唇唇形有缺陷外,尽量按自然唇形涂抹。

修眉毛:可顺着眼睛的轮廓修成弧形,眉头应与内眼角齐,眉尾可稍长于外眼角。

正因为椭圆形脸无须太多的掩饰,所以化妆时一定要找出脸部最动人、最美丽的部位,而后使之突出,以免给人平平淡淡、毫无特点的印象。

（2）长形脸化妆。长形脸的人,在化妆时力求达到的效果应是:增加面部的宽度。

涂胭脂:应注意离鼻子稍远些,以在视觉上拉宽面部。抹时,可沿颧骨的最高处与太阳穴下方所构成的曲线部位,向外、向上抹开去。

施粉底:若双颊下陷或者额部窄小,应在双颊和额部涂以浅色调的粉底,造成光影,使之变得丰满一些。

修眉毛:应令其成弧形,切不可有棱有角的。眉毛的位置不宜太高,眉毛尾部切忌高翘。

（3）圆形脸化妆。圆形脸予人可爱、玲珑之感,若要修正为椭圆形并不十分困难。

涂胭脂:可从颧骨起始涂至下颌部,注意不能简单地在颧骨凸出部位涂成圆形。

涂唇膏:可在上嘴唇涂成浅浅的弓形,不能涂成圆形的小嘴状,以免有圆上加圆之感。

施粉底:可用来在两颊造阴影,使圆形脸瘦削一点。选用暗色调粉底,沿额头靠近发际处起向下窄窄地涂抹,至颧骨下可加宽涂抹的面积,造成脸部亮度自颧骨以下逐步集中于鼻子、嘴唇、下巴附近部位。

修眉毛:可修成自然的弧形,可做少许弯曲,不可太平直或有棱角,也不可过于弯曲。

（4）方形脸化妆。方形脸的人以双颊骨突出为特点,因而在化妆时,要设法加以掩蔽,增加柔和感。

涂胭脂:宜涂抹得与眼部平行,切忌涂在颧骨最突出处。可抹在颧骨稍下处并往外揉开。

施粉底:可用暗色调在颧骨最宽处造成阴影,令其方正感减弱。下颌部宜用大面积的暗色调粉底造阴影,以改变面部轮廓。

涂唇膏:可涂丰满一些,强调柔和感。

修眉毛:应修得稍宽一些,眉形可稍带弯曲,不宜有角。

（5）三角形脸化妆。三角形脸的特点是额部较窄而两腮较阔,整个脸部呈上小下宽状。化妆时应将下部宽角"削"去,把脸部变为椭圆形。

涂胭脂:可由外眼角处起始,向下抹涂,令脸部上半部分拉宽一些。

施粉底:可用较深色调的粉底在两腮部位涂抹、掩饰。

修眉毛:宜保持自然状态,不可太平直或太弯曲。

（6）倒三角形脸化妆。倒三角形脸的特点是额部较宽大而两腮较窄小,呈上阔下窄状。人们常说的"瓜子脸""心形脸",即这种脸型。化妆时,掌握的诀窍恰恰与三角形脸相似,需要修饰部分则正好相反。

涂胭脂:应涂在颧骨最突出处,而后向上、向外揉开。

施粉底:可用较深色调的粉底涂在过宽的额头两侧,而用较浅的粉底涂抹在两腮及下巴处,造成掩饰上部、突出下部的效果。

涂唇膏:宜用稍亮些的唇膏以加强柔和感,唇形宜稍宽厚些。

修眉毛:应顺着眼部轮廓修成自然的眉形,眉尾不可上翘,描时从眉心到眉尾宜由深渐浅。

【小故事】

换　　妆

吴菲,某高校文秘专业高才生,毕业后就职于一家公司做文员。为适应工作需要,上班时,她毅然放弃了"清纯少女妆",化起了整洁、漂亮、端庄的"白领丽人妆":不脱色粉底液,修饰自然、稍带棱角的眉毛,与服装色系搭配的偏浅色的眼影,紧贴上睫毛根部描画的灰棕色眼线,黑色自然型睫毛,再加上自然的唇形和略显浓艳的唇色。虽化了妆,却好似没有化妆,整个妆容清爽自然,尽显自信、成熟、干练的气质。但在公休日,她又给自己来了一个大变脸,化起了久违的"清纯少女妆":粉蓝或粉绿、粉红、粉黄、粉白等颜色的眼影,彩色系列的睫毛膏和眼线,粉红或粉橘的腮红,自然系的唇彩或唇油,看上去娇嫩欲滴,鲜亮淡雅,整个身心都倍感轻松。

心情好,自然工作效率就高。一年来,吴菲以自己得体的外在形象、勤奋的工作态度和骄人的业绩,赢得了公司同人的好评。

点评:有人说"化妆不只是技术,还是一门艺术、一种生活。"这句话一点也不错,吴菲的两种妆容正是其集中的体现,得体的妆容给她带来美丽、带来风采、带来自信。

3．训练自查

仪容自查见表2-3。

表2-3　仪容自查

序号	自查项目	不足和缺陷	改进措施
1	化妆工具的准备		
2	化妆品的准备		
3	洁面		
4	保湿		
5	打粉底		
6	画眼线		
7	施眼影		
8	描眉形		
9	上腮红		
10	涂唇彩		
11	喷香水		

续表

序号	自查项目	不足和缺陷	改进措施
12	化妆的色彩运用		
13	化妆的注意事项		

训练总结：_____

【课后练习】

1．案例分析。

美 中 不 足

一天，黄先生与两位好友来到某知名酒店小聚，接待他们的是一位五官清秀的服务员，接待服务工作做得很好，但是显得无精打采。黄先生一看到她就觉得心情欠佳，仔细留意才发现，这位服务员没有化工作淡妆，在餐厅昏黄的灯光下显得病态十足。上菜时，黄先生又突然看到传菜员涂的指甲油缺了一块儿，他的第一个反应就是"不知是不是掉到我的菜里了"。但为了不惊扰其他客人用餐，黄先生没有将他的怀疑说出来。用餐结束后，黄先生唤柜台内的服务员结账，但服务员却一直对着反光玻璃墙面修饰自己的妆容，丝毫没注意到客人的需要。自此以后，黄先生再也没有去过这家酒店。

思考题：

(1) 请指出案例中服务员在仪容方面存在的问题。

(2) 本案例对你有哪些启示？

小王的发型

小王接到一个单位的面试通知，岗位是人事专员。想着能从事自己本专业的工作，她就兴奋不已。为了慎重对待这次面试机会，她特地让理发师给她设计了一个看起来成熟一点的卷发，还把头发染成了板栗色，这让她看起来十分漂亮，她自己也很满意，于是信心十足地去参加了面试。面试后她却没有被录取，她不甘心，追问面试官原因，面试官说了一句话："这位同学，你的发型应该去参加时尚 Party！"

思考题：

(1) 小王的发型存在什么问题？

(2) 发型的选择应该注意哪些问题？

2．作为女士，请用 5 分钟时间给自己化一个漂亮的工作妆。如果结果不令你满意，要继续实践，反复练习，直到取得满意效果为止。

3．作为男士该如何保持仪容整洁？请每天早晨上班前对着镜子检查一下，看在个人卫生方面还有哪些地方需要改进。

4．根据自己的脸型、头型、身材及性格等设计一款适合自己的发型。

5．根据自己的脸型、五官特征和皮肤状态，找到自己化妆时必须掩盖和修饰的部分及相应的解决方法。

6．有人说："化妆不只是技术，还是一门艺术，一种生活。"请谈谈你对这句话的理解。

第3章 佛要金装 人要衣装——服饰礼仪

衣冠不正,则宾者不肃。

—— 《管子·形势》

千万不要华丽而低俗,因为从衣服往往可以看出一个人。

—— [英]莎士比亚 《哈姆雷特》

【学习目标】

知识目标

• 熟悉服装穿着的原则,掌握在不同场合选取搭配服装的技巧;
• 了解职业着装饰物佩戴的原则和佩戴技巧;
• 明确服装与整体形象的关系。

能力目标

• 能根据不同场合有针对性地进行服饰打扮;
• 自主学习新知识,能够利用网络媒体资源查找与服饰礼仪相关的知识。

素质目标

• 具有良好的审美情趣;
• 努力提升个人整体形象。

【案例导入】

不伦不类的着装

从事了十年旅游管理工作的王经理到某省会城市出差。十分注意着装的他总是西装革履,穿戴整齐。他推门走进一家酒店的大厅,只见三男三女六位服务人员正或坐或走忙于工作。A男,西装配布鞋;B男,花T恤。A女,着无袖超低胸上装;B女,透视装。C男,短裤;C女,紧身装。王经理见此情景,不禁愕然,又退出门外,他看了看门外的招牌,自言自语:"这是一家正规的酒店吗?怎么人人穿着打扮都不伦不类呢?"

问题: 王经理产生疑问的原因是什么?我们应该掌握哪些穿着得体的基本技巧呢?

着装是一种无声的语言,它能透露出一个人的个性、身份、涵养、经济状况、审美水平及其心理状态等多种信息。在人际交往中,着装直接影响到别人对你的第一印象,关系到对你个人形象的评价。因此,所谓三秒定乾坤的说法也不无道理。得体规范的服饰,可以更好地表现出对交际对象的尊重,它反映了自身良好的素质和修养,进而展示出企业良好的精神面貌和管理水平。

3.1　着装的个性协调

所谓穿着的个性协调,是指一个人的穿着要与他的年龄、体型、职业等吻合,表现出一种和谐,这种和谐能给人以美感。

1．穿着要和年龄相协调

在穿着上要注意你的年龄,与年龄相协调,不管青年人还是老年人,都有权利打扮自己,但是在打扮时要注意,不同年龄的人有不同的穿着要求。年轻人应穿着鲜艳、活泼、随意一些,这样可以充分体现出青年人的朝气和蓬勃向上的青春之美。而中、老年人的着装则要注意庄重、雅致、整洁,体现出成熟和稳重,透出那种年轻人所没有的成熟美。因此,无论你是青年、中年、还是老年,只要你的穿着与年龄相协调,都会使你显出独特的美来。

【小贴士】

服装款式与年龄

少女应尽量避免穿着过于艳丽豪华的衣服,如闪光面料制作的、豪华或开放的款式,或缀有很多装饰物的衣裙。过分的衣着装扮常常掩盖她们天然的清纯气质,青春少女的服装款式应以突出自然美为主。世上没有什么事物比人体更美的了,那是一种完全和谐的自然美,而人们的一切形象设计都在于修饰或装扮人体的自然美,并努力突出和赋予其更旺盛的生命活力和蓬勃朝气,渲染年轻人特有的热情和个性气质。少女的服装款式若选择短裙、素雅的上衣及运动装、休闲装,并在颜色上体现少女纯真浪漫、活泼可爱的个性的色彩,就会起到很好的效果。

二十五六岁的黄金时代,正是"兰幽趣雅痴寻梦,梅馥枝横淡淡霜"的年龄,风华正茂的她们刚刚摆脱少女的稚气,走向生命的全盛时期,一切正在开始。这个时期的形象是最美好的,她们穿任何衣服,都会显得美丽或时尚、或典雅、或张扬、或含蓄,一切尽在一念之中。

三四十岁的女性,从身体到个性都已趋于成熟,她们中大多数都是职业女性,她们更追求自身的成熟魅力,以及端庄秀丽和恬静大方的风格。此年龄段的着装范围的灵活性比较大,但若选择整体性呈静态而不流动的套装,也许更宜于她们展示自己成熟端庄的魅力和高雅气质。

中老年女性更希望通过自己的服饰体现出雍容、华贵、高雅、深沉的气质,除在服装色彩上加以选择推敲外,在款式上也应该注意,一般以简洁端庄为佳,而不要追求线条复杂的式样。由于体态的改变,体型已不如年轻时婀娜美妙,因此不要选择紧箍在身上的服装,要求有适当的宽松度,当然也不宜选过于肥大的款式,应趋向于含蓄、高雅、比较挺括的式样。

2．穿着要与体型相协调

关于人体美的标准,古今中外众说纷纭。有关专家综合我国人口的健美标准,提出两性不同的体型标准。女性的标准体型是：骨骼匀称、适度。具体表现为：站立时头颈、躯干和脚的纵轴在同一垂直线上。肩稍宽，四肢比例以及头、颈、胸的比例，以肚脐为界，上下身的比例符合"黄金分割"的1.618∶1。若身高160厘米，则其较为理想的体重是50~55千克，肩宽是36~38厘米，胸围是84~86厘米，腰围是60~62厘米，臀围是86~88厘米；男性的标准体型应基本遵循两臂侧平举等于身高的原则，若身高是167~170厘米，则其较为理想的体重是68~70千克，胸围是95~98厘米，腰围是75~78厘米，颈围是30~40厘米，上臂围是32~33厘米，大腿围是55~56厘米，小腿围是37~38厘米。然而，在现实生活中，并非每个人的体型都十分理想，人们或多或少地存在着形体上的不完美或欠缺，或高或矮，或胖或瘦。若能根据自己的体型挑选合适的服装，扬长避短，则能实现服装美和人体美的和谐、统一。

所以，把握自己的体型特点，扬长避短，会让服饰弥补缺憾。具体应注意以下几点。

（1）体型较胖的人，应该用冷色调的、小花型的、质地较软的面料。因为粗呢、厚毛料、宽条绒等会造成面积增加的效果，使胖人看起来更胖，给人一种笨重感。大花型面料有扩张效果，暖色、明亮的颜色也有扩张感，这都是体型较胖者所不宜选取的。

【小案例】

不要做肉粽

谢婷婷是某公司的总经理助理，平日里喜欢追赶潮流。她体态丰满，但喜欢穿紧窄的衣服，总是把自己穿得像个鼓鼓囊囊的肉粽子一般。总经理多次旁敲侧击地劝她衣服穿宽松一点，可谢婷婷装聋作哑，依旧我行我素。鉴于她出色的工作能力，总经理也没有再追究下去。

一次，总经理让谢婷婷代他前去接待一位重要的女客户，为此，总经理特别嘱咐谢婷婷选一身合身的正式服装。谢婷婷倒是挑选了一身白色的简单款套装穿上，可衣服穿在她身上明显小了一号，腰部被勒得死死的，反而衬托出丰满的胸部，还是一如既往的"肉粽子"形象。总经理本想叫谢婷婷回去换一套衣服，可一看时间来不及了，只得作罢。

到了约定地点，女客户一看到谢婷婷的打扮，眼里就闪过一丝惊讶的神色。在随后的谈话中，女客户总是顾左右而言他，明显带着轻视的神色。谢婷婷怒火中烧，却又不便发作。

事后，总经理对谢婷婷的着装大肆批评了一番，责令她立即改正，否则就辞职。谢婷婷委屈不已，她不明白："我不就是穿得紧身了一点嘛，至于这么小题大做吗？"

（2）身材矮小的人，宜穿一色服装，最好鞋袜也同色。如爱穿花布，可选择清雅小型花纹为宜，衣领式样可取方领、V字领。裤子宜选用式样简单的传统式西裤，令腿显长。女士穿高跟鞋与颜色略深的丝袜，也能使双腿看上去较长，但不宜穿下摆有花纹的裙子。

（3）腰粗的人，可选择剪裁自然、曲线不明显的款式，或选肩部较宽的衣服。不宜穿紧腰式的裤子，或是把上衣掖在里面，避免使人特别注意你的腰部。不要穿松紧带裙子，以免看起来更胖。

（4）腿型不佳的人，可选择裙装与宽松的裤子。腿胖的女士可选有蓬松感的裙子和宽大的裤子，不宜穿对褶裙，以免更显腿粗；腿短的女士，穿裙装时选高腰设计加宽腰带，长裤则与上装同色。"O"形腿的人,应避免紧身裤,可穿质地优良的长裤或八分裤。裙长保持膝盖以下。

【小案例】

利用服饰巧妙地修饰形体缺陷

沈秋月是一家公司的经理助理,因为工作的关系,她非常注重自己的穿着。可她有一个烦恼,那就是她的胸部过于丰满。如果穿职业装,势必将胸部衬托得鼓鼓囊囊,不但有失美观,还时不时会惹来男性异样的目光。很快她就对自己的服装进行了调整,她改穿背心式的长洋装,这样里面不但可以搭配不同颜色的上衣,而且能造成前胸的视觉分割,使得胸部看起来更顺畅;同时,极力修饰自己修长的美腿,选择深色调的长筒袜。这样搭配之后,无论她走到哪里,都会引来欣赏和赞美的目光,瞬间提升了自己的职场气质指数。

张明朗是客服经理,每天要跟形形色色的顾客打交道,除了能说会道外,她也不忘让自己的衣服替自己说话。用她自己的话来说,她长得哪儿都不对,比如大腿胖、小腿粗、有小肚子、臀部还宽,那些具有修身效果的紧身衣服她连试都不敢试。后来经高人指点,她开始关注时髦的宽长裙,这样不但可以对她的粗腿和小肚子加以修饰,还可以将臀部巧妙地隐藏起来。当她和客户沟通时,不但显得气质优雅,还体现出非凡的身份,用一句流行的话来形容就是:很有范儿!

陈菊英是一位中学教师,为人师表自然要格外注意穿衣。学校规定老师必须穿西装,可她又矮又胖,腰还比较粗,穿上西装整个人似乎成了一个滚筒,这身打扮背地里不知道引来同事和学生多少笑话。自从她升任教导主任后,第一件事情就是换衣服。她听从服装店店员的建议,给自己选择了伞状上衣,腰部以下有蓬松的下摆,恰到好处地遮挡了粗壮的腰部,并且使得她的个子显得不那么矮小。

3. 穿着要和职业相协调

穿着除了要和身材、体型协调之外,还要与你的职业相协调,这一点非常重要,不同的职业有不同的穿着要求。例如,教师、干部一般要穿着的庄重一些,不要打扮妖艳,衣着款式也不要过于怪异,这样可以给人留下一个良好的印象;医生穿着要力求显得稳重和富有经验,一般不宜穿着过于时髦给人以轻浮的感觉,这样不利于对病人进行治疗;青少年学生穿着要朴实、大方、整洁,不要过于成人化;而演员、艺术家则可以根据他们的职业特点,穿着时尚一些。

3.2　着装的色彩搭配

古话说"远看色,近看花",这句话无疑和"首因效应"相呼应。人通过视觉对对象形成了第一印象,而对视觉影响最大的则是色彩,色彩搭配的和谐程度直接决定了个人形象的视觉效果,从而起到形象视觉传达的重要作用。色彩作为一种设计语言,早在原始社会图腾、文身、岩画上就起着很强的装饰效果。然而其真正在人类历史长河中科学的使用还是源于一次偶然的实验,牛顿发现了照在地下室棱镜片上的太阳光,投射出我们现在所熟知的红、橙、黄、绿、青、蓝、紫七色光谱,于是色彩才真正以科学的姿态迈入我们的生活。

色彩,是服装留给人们记忆深刻的印象之一,而且在很大程度上也是服装穿着成败的关键所在。色彩对他人的刺激最快速、最强烈、最深刻,所以被称为"服装之第一可视物"。

一般来讲,不同色彩的服饰在不同的场合所产生的效果是不同的。为此,我们需要对色彩的象征性有一定的了解。

【小贴士】

服装色彩及其象征意义

服装色彩及其象征意义如表 3-1 所示。

表 3-1　服装色彩及其象征意义一览表

色彩类型	色彩名称	象征意义
暖色调	大红	活力、热情、活泼、兴奋、激情、奔放、喜庆、福禄、爱情、革命
	粉红	柔和、温馨、温情
	黄色	明快、鼓舞、希望、炽热、光明、庄严、明丽、希望、高贵、权威、富有朝气
	橙色	开朗、欣喜、活跃
冷色调	黑色	沉稳、庄重、冷漠、悲哀、静寂、死亡,或者刚强、坚定、冷峻,富有神秘感
	浅蓝	纯洁、清爽、文静、梦幻
	深蓝	自信、沉静、平静、深邃、安详
中间色	黄绿色	安详、活泼、幼嫩
	灰色	中立、和气、文雅
	红紫色	明艳、夺目
	紫色	华丽、高贵、谦和、平静、沉稳、亲切
过渡色	粉色	活泼、年轻、明丽、娇美
	白色	朴素、高雅、明亮、纯洁、神圣、恬淡,或者空虚、无望
	淡绿色	生命、鲜嫩、愉快、青春、自然、朝气

人们在穿着服装时,在色彩的选择上既要考虑个性、爱好、季节,又要兼顾他人的观感和所处的场合。对一般人而言,在服装的色彩上要想获得成功,最重要的是掌握色彩的特性、色彩的搭配以及正装色彩的选择。

1．色彩的特性

色彩具有冷暖、轻重、缩扩等特性。

(1) 色彩的冷暖。使人产生温暖、热烈、兴奋之感的色彩为暖色,如红色、黄色;使人有寒冷、抑制、平静之感的色彩为冷色,如蓝色、黑色、绿色。

(2) 色彩的轻重。色彩的明暗变化程度被称为明度。不同明度的色彩往往给人以轻重不同的感觉。色彩越浅,明度越强,它使人有上升之感、轻感。色彩越重,明度越弱,它

>>>>>>>>>

使人有下垂之感、重感。人们平日的着装,通常讲究上浅下深。

（3）色彩的缩扩。色彩的波长不同给人收缩或扩张的感觉有所不同。一般来讲,冷色、深色属收缩色,暖色、浅色则为扩张色。运用到服装上,前者使人苗条,后者使人丰满。二者皆可使人在形体方面避短扬长,运用不当则会在形体上出丑露怯。

2. 服饰色彩的搭配

有时,单看某件服饰色彩是很难判断它的设计成败的,不起眼的服饰色彩会因与其他着装色彩因素搭配而左右逢源,达到意想不到的效果,而看似漂亮艳丽的服饰有时却左穿右戴都不顺眼。因此,服饰色彩必须经搭配组合后构成一个有机的整体美,才是着装色彩形象最后取胜的关键。对于着装色彩美的配套组合,设计专家关洁总结了以下几种具体方法。

（1）统一法。此方法在一种色调的着装色彩中,有时会出现意想不到的效果。具体操作有两种方法。

① 可由色量大者（面积色）着手,然后以此为基调色,依照顺序,由大至小一一配色。如先决定服装色,再决定采用的帽色、鞋色、袜色、提包色等。

② 可从局部色、色量小的色着手,然后以其为基础色,再研究整体的色的搭配。这种从局部入手的搭配,一定要有整体统一的观念。着装色彩设计中的统一法,对小面积的饰物色彩也极为重视。表面上看,饰物色彩本是"身外之物",与着装无直接关系,但由于是日常"随身之物",故与着装形象可构成统一的服饰艺术形象整体。像雨伞、背包、发饰、手帕等饰物,似乎可有可无,但当单独摆在那里,即脱离开着装以后,也可以有独立的形象价值。如果是高水平的穿着搭配,整体考虑服饰与饰物组合后的色彩统一性,必会出现预想不到的整体美。

（2）衬托法。此方法在着装色彩设计中,主要是要达到主题突出、宾主分明、层次丰富的艺术效果。具体而言,它有点、线、面的衬托,长短、大小的衬托,结构分割的衬托,冷暖、明暗的衬托,边缘主次的衬托,动与静的衬托,简与繁的衬托,内衣浅、外衣深的衬托,上身浅、下身深的衬托等。例如,以上衣为有色纹饰、下装为单色,或下装为有色纹饰、上装为单色的衬托运用,会在艳丽、繁复与素雅、单纯的对比组合之中显示出秩序与节奏,从而起到以色彩的衬托来美化着装形象的作用。

（3）呼应法。此方法也是着装色彩设计配套中能起到较好艺术效果的一种方法。着装色彩中有上下呼应,也有内外呼应。任何色彩在整体着装设计上最好不要孤立出现,需要有同种色或同类色块与其呼应。比如,服饰为玫红色,发结也可选用此色,以一点与一片呼应;裙子确定为藏蓝色,项链坠和耳饰可以用蓝宝石,以数点与一片呼应;项链、手表、戒指、腰带、发卡和鞋饰都用金色,可形成数点之间彼此呼应;领带与西服外衣都是深灰色的,以小面与大面形成呼应。总之使对比各方面在呼应后,得以紧密结合成统一的整体。

（4）点缀法。着装色彩设计中的色彩点缀至关重要,往往起着画龙点睛的作用。比如,在素净的冷色调中点缀暖色调,使色彩显得高雅而有生机;穿蓝底黑花上衣和裙子,深蓝色内衣,配上蓝色帽子,帽边镶黑色,仅以金色项链和朱红鸡心宝石来点缀,显得格外高雅大方。一般来说,点缀之色,面积不大,但与大面积色调往往是对比之色,起到一种强调与点睛之笔的效果。

(5) 协调法。协调方法可以使对比的色彩或强烈的色彩柔和、协调起来,起着微妙的联结作用。如穿红衣裙和红皮鞋,套上白色抽纱外衣,外面配上白色绢花,戴上白色耳环,手提白色皮包,以白色来缓冲红色,使红色因淡化而柔和一些,显得艳而不俗、动中有静、典雅大方。在色彩对比与和谐关系上,色彩与色彩之间缓冲过渡与衔接非常重要。七色顺序排列衔接,既鲜明生动又和谐。如果上衣大红色,裙子是绿色,就有不协调、不衔接之感,但若腰上扎上一条黑色宽腰带、肩上背个黑书包,就会使强烈的红绿对比协调起来。

3. 正装的色彩

非正式场合所穿的便装,色彩上要求不高,往往可以听任自便,而正式场合穿的服装,其色彩却要多加注意。总体上要求正装色彩应当以少为宜,最好将其控制在三种色彩之内。这样有助于保持正装保守的总体风格,显得简洁、和谐。正装若超过三种色彩,则给人以繁杂、低俗之感。正装色彩,一般应为单色、深色并且无图案。最标准的正装色彩是蓝色、灰色、棕色和黑色。衬衣的色彩最佳为白色,皮鞋、袜子、公文包的色彩宜为深色(黑色最为常见)。

【小贴士】

上装和下装色相的和谐搭配

服装色彩主要由上装和下装的色相搭配而成。其搭配原则可有以下几种方式。

(1) 服装同一色相搭配。服装同一色相搭配即上、下装采用同一色相配色。其特点是不但使服色显得柔和优雅,而且使人产生心理平稳感,服装也具有活力,是服色中最常见的搭配方式。一般用于职业装、宴会装、套装和套裙等。

(2) 类似色相搭配。类似色相配色和同一色相的搭配有殊途同归的效果。但因其色相略有变化,除具备同一色相配色的优点外,还兼有调和和愉快的感觉。此类搭配方式一般在休闲服装类比较多见。

(3) 同一色调搭配。同一色调中有活泼色调、浅灰色调、灰色调、浅色调和深色调等。一般来说,活泼色调的上、下装会使人充满青春气息,显得绚丽夺目,尤为广大青春少女所喜爱;精干简洁的灰色调搭配具有淡雅祥和的特点;浅色调搭配具有高雅、清爽的特点;深色调则显得庄重得体。这几种色调的搭配均是中老年职业女性最常见的搭配方法,可以根据个人兴趣爱好及穿着场合具体确定。

(4) 类似色调的配色。服装类似色调的配色较多,可有活泼色调或暗色调与灰色调或浅色调的搭配、活泼色调与暗色调的搭配、亮色调和活泼色调的搭配、纯色调和暗色调的搭配、灰色调和纯色调的搭配等;另外,还有活泼、暗和灰三色调的搭配等。由于活泼色调具有活泼、欢快、热情、蓬勃的特征,因此一年四季均为广大青春少女所喜爱。色调的标准搭配常具有优雅、纯真、活泼、欢畅的特点,也是服色搭配中最常见的方式。

(5) 对比色调的配色。由于对比色调都具有强烈的、令人难忘的视觉冲击力,所以生活中不太常见,多用于舞台装、宴会装的色彩搭配。

4．肤色与着装的色彩

服装色彩的选择应注意与肤色的协调、和谐，尤其要注意服色与肤色相互作用所产生的美学效果。既要使肤色增加服色的艳丽和庄重，也要注意服色对肤色的美化提升作用。适宜的搭配会使皮肤变得鲜嫩、白皙，使人显得精神焕发，不适当的搭配可起相反的效果。例如，肤色黑红者要避免粉绿色或浅粉色服装；肤色红艳者要避免选择浅绿色或蓝绿色服装，否则在强烈的色彩对比下会使肤色更红而发紫；肤色偏黄者不宜选择宽度大的色彩；肤色暗的人则应避免深色服装。

【小贴士】

肤色与服色的忌配

（1）肤色略黄。肤色略黄的人不宜穿紫色服装。因为紫色与黄色是对比强烈的互补色，在大面积紫色衬托下，皮肤的黄色会更明显。

（2）肤色黄里透白。肤色黄里透白的人不宜穿雪白服装，否则会给人一种面色苍白的印象。宜多选择暖色系列作为主色调。

（3）肤色黄中偏红。肤色黄中偏红的人不宜选择带鲜艳绿色的服装及蓝色、紫色的冷色服装。因为红色与蓝色、紫色是互补色，在这种强烈对比下，红色倾向会更趋明显突出。宜选择灰棕、藏青等作为主色调。

（4）肤色黄中带绿。肤色黄中带绿的人不宜穿晦暗色调的服装，如暗绿色、冷紫色、烟蓝色等，否则会给人以憔悴的病态印象。宜选择玫瑰红、粉红色、灰棕色、象牙色、黑色、炭色等作为主色调。

（5）肤色偏黑。肤色偏黑的人忌穿纯白色、粉红色和奶黄色等色彩鲜艳的服装。因为鲜艳的色彩会使脸色偏黑的人显得更加黑和暗。

5．体型与着装色彩

要使着装的色彩更配自己的体型，首先必须了解自己属于什么体型，可利用服装色彩掩饰其缺陷或改变体型。就女性而言，一般主张分四种体型进行服色搭配。

（1）圆形体型。此类女性略显肥胖，着装应避免雪白、米黄、橙色等高明度色彩的衣服及浅色服装。比较明智的选择是：因为深色可以使人苗条，可选择深而有光泽的墨绿、咖啡、藏青、深黑等服装。矮胖者上、下身的着装不宜使用强烈的对比色，但若上半身较瘦而下半身太胖时，上身可采用稍浅色，下身可着深色、直条纹或花纹单纯的裙或裤等。

（2）运动体型。一般胸部丰满度中等，臀部稍有曲线变化，较瘦者宜穿具有夸张感的服装，略增加一些胖的感觉，服色以红、黄、橙、白等色为宜。而身材健硕者可穿对比色和浅色的服装，花纹也可丰富一些。太高者可利用间色穿法，即上、下部分用不同色调，腰部再用一条对比色调的腰带分割颜色，使之不致过高。

（3）正三角形体型。正三角形体型肩狭窄，上身细长，胸部小，臀部丰满。此类女性上身和下身服色不宜相差太小，如上黑下灰，浑然一体，会显得更加矮小。但可用统一色调来加强其高度，避免用对比色或过宽的腰带，也不要用虚线条纹的图案，务必强调连贯性。

（4）一般体型。胸部不丰满，腰部、臀部也比较均匀，服色应选择偏浅偏淡的颜色，它能使你显得丰满些。只要感觉身体哪部分稍瘦，就可以用浅色来修正它。

【小贴士】

职业与服装色彩

形象设计专家顾筱君认为：不同的职业，应选择与它相适应的不同服装。不同的服装，可以显示着装者的身份和工作性质，不同的服装色彩可以时时向着装者提示他们的身份，以激发其责任感、使命感，促进他们忠于本职工作，并促使其产生崇高的信念。例如，医生和护士所从事的是一种纯洁高尚的职业，选用洁净淳朴的白色来做其职业服装，不仅给人以清洁、卫生的感觉，还能使患者在心理上感觉到尊重、庄严，从而增加对医生的信任感；工人的服装结实、耐脏，不仅体现工人体格强健，还挥洒出劳动者的质朴气质；学生装要求款式活泼，色彩简单明快，既体现青少年活泼好动的性格，也给人整齐、蓬勃向上的感觉，有利于学生集中精力学习；军人的服装以黄绿色为主，既是野外作战的保护色，也耐脏，战时还体现出军人的威严和英勇；展览馆、博物馆工作人员的服装色彩，既要求与展品的色彩、展厅的氛围相协调，又要给人以舒适雅致的感觉。

职业服装色彩设计不仅应具备实用性、象征性、审美性特点，还应给人清新感、时代感及责任感。

6．季节与服装色彩

我国大部分地区处于地球北半球的温带，一年四季分明，因而在不同的季节，需要以不同的基调来处理服饰色彩。而在这一点上，又与人体肤色有着密切关系。由于人生活在自然界，形成了自然界四季色彩对人的肤色的影响，因此，人的肤色也不是凝固不变的，而是随着四季的变化而变化。例如：

春天阳光明媚，在暖融融的季节里，人的肤色相应地呈现出粉黄色，就像盛开的鲜花，故春装的色彩应以清淡的杏黄色为基调，如金褐色、桃红色、桃色、淡蓝色、金黄色等，使之与春天的气候相协调。

夏季天空晴朗、树木苍绿，人们的肤色呈现出米黄色，故夏装的色彩应选择浅淡色为基调，如白色、浅蓝色、淡粉色、玫瑰色、灰色、淡紫色等，使之与夏季的气候相协调。

秋天天高气爽，是丰收的季节，到处五彩缤纷、异彩纷呈，这时人的肤色因人而异。白肤色的人以象牙色为主，黑黄肤色的人以古铜色居多，故秋装的色彩应选择金黄色为基调，如深褐色、米色、明黄色、深黄色等，使之与秋季的气候相协调。

冬天万物萧瑟，大自然是一片冷色调，这时人们的肤色多为灰褐色或米色，故冬装的色彩应以深色为基调，如蓝色、灰色、黑色、藏青色等，使之与冬季的气候相协调。

3.3　着装的场合选择

要根据场合的不同选择着装，通过适宜的穿着、打扮给他人留下美好的印象，以便于活动的顺利展开。

1. 正式场合

正式场合是指商务谈判、重要的商务会议、求职面试等正规、严肃的场合。男士在正式场合通常穿严肃的西服套装（上下装面料相同、颜色相同）。纯黑色西服在西方通常用于婚礼、葬礼及其他极为隆重的场合，而正式的商务场合最常使用的西服套装颜色为深蓝色和深灰色，深蓝色或深灰色西装搭配白衬衫，是商务场合男士的必备服装。女士在正式的商务场合中，与男士西装相对应的是女士西服套裙或套裤（上衣领子与男士西装领子相似），而西服套裙又比西服套裤更正式。

【小案例】

面试因何失败

南山宾馆根据收到的求职材料约见小赵作为预选对象。面试时，小赵涂着鲜艳的口红，烫着时髦的发式，穿着低领紧身的吊带，首饰华丽而夸张，给人一种轻佻的感觉。第一轮面试小赵就落选了。事后一位人事总监对她说："我认为你不可能仅仅由于化了美丽的妆而取得一个职位，但是我可以肯定你穿错了衣服就会使你失去一个职位。"

2. 半正式场合

半正式场合是指无重大活动、无重要严肃事务的商务场合。需要注意的是，有些着装要求非常严格的公司只有周末允许穿半职业装。

男士在半正式场合，不用系领带，可以选择不太正式的西服上衣，比如亲切感更强的咖啡色西服，以及其他权威感较弱的明快的颜色。面料可以选择更随意舒适的粗花呢等。上装和长裤采用不一样的面料和不一样的颜色，看上去更加轻松。搭配的时候要注意颜色与面料上下的平衡感。男士半职业装可以搭配高品质的针织衬衫以及时尚感、休闲感较强的衬衫，衬衫的领型可有较多变化。长裤的面料和颜色可以更加自然随意。需要注意的是，长裤的款式还是以西裤款式为主，不可出现宽松裤、萝卜裤、牛仔裤等休闲时尚裤型。

女士的半职业装款式变化与组合非常丰富，可以将正装的西服套裙与套裤分开来穿，搭配经典款式的连衣裙、针织衫、短裙、衬衫。各个款式的细节处理可以更加富有创意，颜色可以更加明亮丰富，但仍然要保持躯干线条的清晰干练。

3. 休闲场合

所谓"休闲"，指的是"停止工作或学习，处于闲暇轻松状态"。在这种休闲状态下，服装应当舒适、轻松、愉快，因此在款式上，男士和女士都宜采用宽松的款式，比如夹克衫、T恤衫、棉质休闲裤、牛仔装等。服装颜色可以选择鲜艳新奇的色彩。女士连衣裙、短裙或衬衫的款式细节、图案和色彩都可以更大胆、更丰富。

【小案例】

小李的尴尬

小李和几个外国朋友相约周末一起聚会娱乐，为了表示对朋友的尊重，星期天一大早，小李就西装革履地打扮好,对照镜子摆正漂亮的领结前去赴约。北京8月份的天气酷热,他们来到一家酒店就餐,边吃边聊,大家好不开心快乐!可是不一会儿,小李已是汗流浃背,不住地用手帕擦汗。饭后,大家到娱乐厅打保龄球,在球场上,小李不断为朋友鼓掌叫好。在朋友的强烈要求下,小李勉强站起来整理好服装,拿起球做好投球准备,当他摆好姿势用力把球投出去时,只听到"嚓"的一声,上衣的袖子扯开了一个大口子,弄得小李十分尴尬。

4. 商务酒会场合

西方男士在特殊场合的礼服分为晨礼服、晚礼服等,但近年来有逐渐简化的趋势。国内一般公司的小型商务酒会、聚会,男士穿深色西装即可,但是领带的图案和颜色都需要更华丽一些。女士的服装尽量以小礼服风格的款式为主,但不宜过于暴露肌肤,领、袖、肩既不可过于裸露,又不可过于严实,千万不要过于隆重、夸张,裙长在膝盖上下比较妥当。布料可以选用带丝缎短裙、纱裙等,也可用无领无袖单色连衣裙搭配亮丽的首饰、富有质感的毛皮围巾、丝巾等增强闪光点和华丽感。酒会穿的鞋可以选择丝缎面料、露趾的晚装鞋,提包换成小巧一些的晚装包。

5. 晚宴场合

国际商务场合隆重晚宴需要晚礼服。晚礼服是晚上八点以后穿用的正式礼服,是礼服中档次最高、最具特色、最能充分展示个性的礼服样式。

女士的晚礼服常与披肩、外套、斗篷等相搭配,与华美的装饰手套等共同构成整体装束效果。

西方传统晚礼服款式强调女性窈窕的腰肢,夸张臀部以下裙子的重量感,肩、胸、臂的充分展露为华丽的首饰留下表现空间。面料通常选用闪光缎、丝光面料,充分展现华丽、高贵感。多配高跟细袢的凉鞋或修饰性强、与礼服相宜的高跟鞋。

中国女性的身材和西方女性有所不同,因此可以选用面料华丽、制作精美的旗袍式晚礼服,同样能够产生惊艳的效果。

男士参加晚宴的时候,可以根据自身的喜好选择正式的晚礼服或黑色西装,但一定注意细节处理要恰到好处。

6. 运动场合

商务人员会经常参加公司组织的体育比赛或观看体育比赛,参加此类活动应当穿运动装。运动装与休闲装都具有宽松、舒适的特点,但是运动装比休闲装更适宜人体运动。不同的体育比赛有不同的运动装款式,参加活动之前应当准备好相应的服装。

7. 家居场合

下班回家之后通常应当换上家居服。家居服也有晨衣、睡衣等诸多款式,但其一致的特点是非常舒适、宽松、随意。因此,需要提醒商务人员注意的是,假如有客人来访,只要不是非常熟悉的人,就一定要换上休闲服或半职业装会见客人。即使是在家里,穿着睡衣之类的家居服见同事或客户也是非常不礼貌的。有些家居服的款式是会客时穿的,但也只适用于见很熟的私人朋友或邻居等。最后要提醒大家的是,家居服绝不可以穿到自家大门以外,哪怕你只是去楼下小卖店买瓶酱油,穿着睡衣也是非常失礼的。

【小案例】

银行职员如何着装

英国阿比银行实行了全周休闲服制。开始时,人们感到突然地解放了,再也不用每日熨衬衣,打领带,擦皮鞋,职员们开始穿着舒适的衣服上班。一天,实在找不出得体的搭配服装,印度职员纳师就穿着黑色牛仔裤来上班。

部门经理把他叫到办公室:"我们公司虽然实行休闲服制度,但并不意味着什么都可以穿到公司。前几天,你穿着民族特色的衬衣,考虑到你的民族文化,我没有干涉。但是,牛仔裤是不利于我们公司形象的服装,公司明文规定不能穿牛仔裤上班。请不要让我再看到你穿着它上班。"纳师听从了经理的告诫,从此把牛仔裤留到了周末。

几天之后,纳师穿着短袖保罗T恤衫上班,他又被叫到了经理室:"我希望你在着装上注意,T恤衫和露出肌肤的衣服不符合我们公司的穿衣原则,请你不要再穿着它上班了。"纳师百般不解地抱怨道:"什么才是真正的休闲服?休闲服不是为了解放我们的压力,让我们自由地选择吗?现在,休闲服制度带给我这么多的'不允许',让我并不休闲!这么多禁忌,我真不知道还会触犯哪条规定!穿西服的日子远比现在的所谓休闲服的日子好过得多。现在,每天晚上,我不得不为第二天的穿着而伤脑筋。"

3.4　着装整体和谐

服饰的穿着与搭配要考虑整体协调性。具体要注意以下几点。

1．忌撞色

配色时要么用柔性搭配,运用同色系或类似色表现稳重;要么用暗性配色,以对比组合表现个性。如果在正式服装中选用了撞击的颜色,如蓝西服、黄衬衫、红领带,会显得滑稽可笑。

2．忌服装线条不配衬

例如,穿有直条外衣,搭配衬衫,再配斜条领带,形象就十分不佳。

3．忌质感冲突

如厚重质料的上衣配厚重质料的衬衣,或毛呢上衣配一轻柔的裙子则不协调。

4．忌款式配合不当

例如,外衣是传统的,领带却是很新潮的,会让人觉得不伦不类。

可见,着装只有把握自我特点,适应不同环境,并且保持整体的协调一致,才能穿出风采与神韵,显示个性与风格。

【小案例】

你代表不了公司

一个炎热的下午,一位销售钢材的专业推销员走进了一家制造公司的总经理办公室。

这个推销员身上穿着一件有泥点的衬衫和一条皱巴巴的裤子。他嘴角叼着雪茄,含糊不清地说:"早上好,先生,我代表森筑钢铁公司。"

"你也早上好! 你代表什么?"这位总经理问,"你代表森筑公司,听着,年轻人,我认识森筑公司的高层领导,你不能代表他们——你的形象和外貌代表不了他们。"

【小贴士】

服装选配小常识

服饰选配请见表 3-2[①]。

表 3-2　服饰选配

类　　别	男	女	男女适用
西服套装	普通蓝、蓝色带细暗纹	黑、灰色	深蓝、深灰、灰
长袖衬衫	细条纹 5 ~ 8 件衬衫	浅粉 5 件衬衫	白、浅蓝(纯白)
裤子	藏青色	哔叽色	黑灰、深灰
西服、外套、上衣	深蓝	黑	—
鞋	深棕	蓝	黑色,与裙子、裤子同色或类似
腰带	黑	蓝	黑,与皮鞋同色
皮箱、手提文件箱	—	—	深棕或黑
领带	绛红色、蓝、深蓝、深灰,可带白、黄、银黄等简单花纹或者纯色	—	—
手表	不宜磨损钨金	镶钻超薄	表盘薄、皮带或银白、金色金属带
风衣、大衣	—	—	哔叽、布或毛与化纤合成

3.5　饰物的佩戴

饰物的佩戴古已有之,早在原始社会,我们的祖先以打猎为生,以打得多,打的野兽大为荣,故当时的装饰品是兽皮。后来配饰慢慢变到如今就种类繁多了。佩戴饰物对打造良好的个人形象至关重要。那么,究竟怎样得体地佩戴饰物呢?

1.饰物佩戴的原则

(1) 符合身份。俗话说:做什么要有做什么的样。如果你在做着售货员的工作,却用饰物将自己打扮成珠光宝气,你认为合适吗? 所以佩戴饰物时,一定要使之符合自己的身份。

(2) 搭配得宜。穿着工作装的最好饰物是金银饰物,一般不戴珠宝饰物。而且饰物最好能与服装搭配和谐,从颜色、样式、整体效果上,都应该仔细协调,尽量让其浑然天成。另外,男士应该审慎选择饰物,尽量不要赶时髦。比如戴着耳环就不太适合。

---

① 卢如华,韩开绯. 社交礼仪 [M]. 大连: 大连理工大学出版社,2008: 49.

>>>>>>>>

（3）以少为好。有些人总是爱显示自己的优越性，好像自己佩戴了什么，就比别人高一等一样，于是将身上能戴上饰物的地方全部武装起来。其实这样完全是大可不必。即使你有这样的心态，也不一定非要在数量上与他人一决高下，品质不是更能显示出气质吗？何必非要把自己打扮成一个珠宝推销员一样？一般而言，正确的佩戴原则，以不超过两种为限，另外，同样的品种也不能超过两个。

【小案例】

饰 品 佩 戴

小刘大学毕业不久，在一家公司担任销售代表，平时就很讲究衣着打扮。一次，她去本市一家大型国有企业洽谈业务。这个业务对公司非常重要，为了给对方留下好印象，她做了精心的打扮：穿了一套流行的韩国服装，左右手各戴着一只造型独特的戒指，右手腕上戴着一只时尚的手镯，脖子上戴着一条亮闪闪的白金项链，耳朵上戴着一副新潮的耳坠，随着她的走动，耳坠还发出清脆悦耳的声音。接待她的是一位50岁左右的中年人和一位20多岁的小伙子。在洽谈过程中，年轻人不时盯着她看，使她很不好意思，当她站起来将有关材料递给对方时，耳坠又不小心勾住了中年人的衣袖，使得双方都很尴尬。结果在谈判中，小刘频频出错，谈判结果很不理想。

2．常见饰物的佩戴

各类饰物的佩戴有具体的要求，在社交中应该区别对待，使饰物发挥出其自身特有的作用。

（1）丝巾的选择和佩戴。丝巾是女士的钟爱。确实，不管什么场合，利用飘逸柔美的丝巾稍作点缀，一下就能让你的穿着更有味道。挑选丝巾重点是丝巾的颜色、图案、质地和垂坠感。可以用丝巾调节脸部气息，如红色系可映得面颊红润；或是突出整体打扮，如衣深巾浅、衣冷色巾暖色、衣素巾艳。但佩戴丝巾要注意：如果脸色偏黄，不宜选用深红、绿、蓝、黄色丝巾；脸色偏黑，不宜选用白色、有鲜艳大红图案的丝巾。不要将丝巾放到洗衣机里洗，也不要用力揉搓和拧干，只要放入稀释的清洁剂中浸泡一两分钟，轻轻拧出多余水分再晾干就行了。

【小贴士】

丝巾的常用系法

① 巴黎结。利用重复对折将方巾折成领带型，绕在颈上打个活结，将上端遮盖住结眼，并将丝巾调整至适当位置，如图3-1所示。

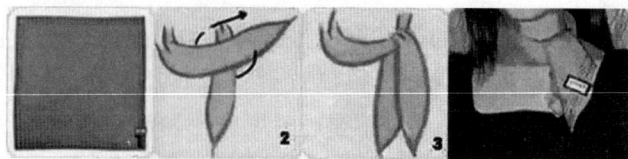

图3-1　巴黎结的系法和搭配

② 领带结。将丝巾对折再对折成领带型，较长的 a 端绕过较短的 b 端，穿过领巾内侧向上拉出，穿过结眼由下拉出，并调整成领带型，如图 3-2 所示。

领带结可搭配衬衫，产生简单的中性美感，如图 3-3 左图所示。还可搭配洋装，优雅出色，如图 3-3 右图所示。

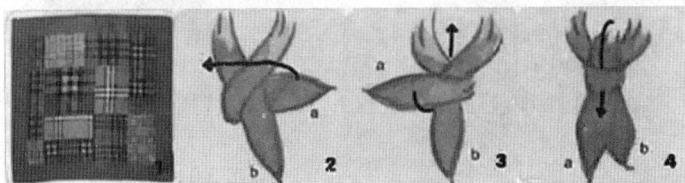

图 3-2　领带结的系法　　　　　　　　　图 3-3　领带结的搭配

③ 西班牙结。将丝巾对折再对折成三角形，三角形垂悬面在前方，两端绕至颈后打结固定，调整正面折纹层次就完成了西班牙结，如图 3-4 所示。宽松帅气的西班牙结，主要搭配在衬衫外面，如图 3-5 所示。

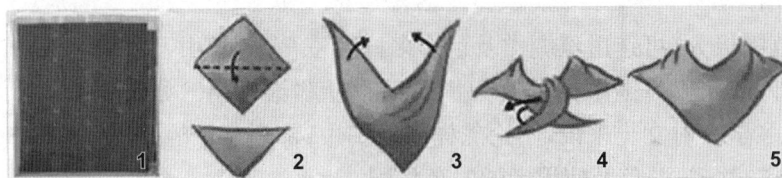

图 3-4　西班牙结的系法　　　　　　　　图 3-5　西班牙结的搭配

④ 海芋结。将方巾重复对折，稍微扭转后绕在颈上，重复打两个平结，并让两端保持等长，将两端分别置于胸前及肩后，如图 3-6 所示。柔美简单的海芋结，既保暖又具时尚感，如图 3-7 所示。

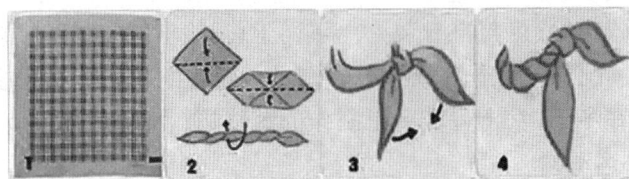

图 3-6　海芋结的系法　　　　　　　　　图 3-7　海芋结的搭配

⑤ 竹叶结。将方巾重复对折成领带型，绕在脖子上，较长的 a 端绕过 b 端穿过颈部内侧，再由结眼拉出，将 a 端拉出后，拉紧固定，调整尾端与结的位置，如图 3-8 所示。随着服饰调整竹叶结两端，轻松典雅，很舒适，如图 3-9 所示。

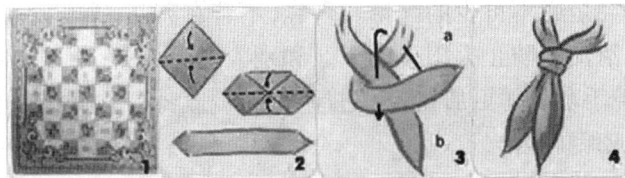

图 3-8　竹叶结的系法　　　　　　　　　图 3-9　竹叶结的搭配

>>>>>>>>>

⑥ 凤蝶结。折出斜角口长带后，将 a 端拉长套在颈上，打个结，将长的 a 端打个圈，短的 b 端绕过圈，打出单边蝴蝶结，将单边蝴蝶拉好，结眼移到侧边，调整形状，如图 3-10 所示。柔美的凤蝶结，很适合上班或正式的聚会，如图 3-11 所示。

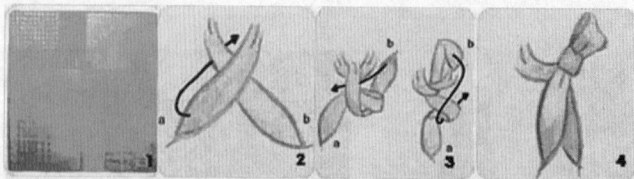

图 3-10　凤蝶结的系法

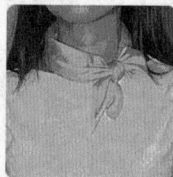

图 3-11　凤蝶结的搭配

（2）围巾、帽子、手套。围巾的花色品种很多，它起到御寒保暖和美观的作用。巧妙地选戴围巾，效果远远超过不断地更新衣服。围巾的面料有纯毛、纯棉、人造毛织物、真丝绸、涤丝绸等。围巾的色彩及图案也名目繁多。

男士一般应选用纯毛、人造毛织物制作的围巾，色彩应选用灰色、棕色、深酱色或海军蓝，不能选用丝绸类的围巾。

女士对围巾的选择范围极大，可选用丝绸类及色彩多样的三角巾、长巾及方巾等。除可用来围在脖子上取暖外，还可以将围巾扎在头发上、围在腰上做装饰品。如果配上丝巾扣，围巾围、戴，变化就更多了。对女士来说，不论怎样选戴围巾，都要与年龄、身份和环境相协调，与所穿衣服的面料、款式、颜色及使用者的肤色相配。

围巾一般在春冬季节使用得比较多。它的搭配要和衣服、季节协调。厚重的衣服可以搭配轻柔的围巾，但轻柔的衣服却绝不能搭配厚重的围巾。围巾和大衣一般都适合室外或部分公共场所穿着，到了房间里面就要及时摘掉，不然会让人感到压抑。

帽子是由头巾演变来的。在当代生活中，帽子不仅有御寒遮阳的作用，还具有装饰功能。在男女衣着中，帽子也占据着举足轻重的地位。

戴帽子时，一定要注意帽子的式样、颜色与自身装束、年龄、工作、脸型、肤色相协调。一般来说，圆脸适合戴宽边顶高的帽子，窄脸适合戴窄边的帽子。女士的帽子种类繁多，不同季节造型和花色不同。例如，在冬天，女士可戴手工制作的绒线帽；地位较高的女士可选择小呢帽；年轻姑娘可选择小运动帽。

戴帽子的方法也很多，例如，帽子戴得端端正正显得很正派，稍往前倾一些显得很时髦。另外，戴眼镜的女士不适宜戴有花饰的帽子；身材矮小者，应戴顶稍高的帽子。

戴帽子应注意的一般礼仪是：戴法要规范，该正的不能歪，该偏前的不能偏后；男性在社交场合可以采用脱帽方式向对方表示致意；在庄重和悲伤的场合，除军人行注目礼外，其余的人应一律脱帽。

在西方的传统服饰中，手套曾经是必不可少的配饰。现在，不管在哪儿，手套除了御寒以外，无非就是为了保持手臂的清洁和防止太阳暴晒了。和别人握手，不管冬夏，都要摘掉手套；女士握手，有时不用摘掉手套显得更加礼貌；进屋以后，一般要马上摘下手套；吃饭的时候，必须摘下手套。手套应保持整洁。

【小故事】

查尔斯王子的婚典

英国查尔斯王子举行结婚典礼时,在圣保罗大教堂内,成千客人,男宾个个免冠,女客则无一不戴帽子。女子戴帽子不仅是礼节上的要求,也是身份的象征。而且这种帽子不像男帽一样千篇一律,而是配合五光十色的衣服,交换着花样。它们用毛皮、绒缎、皮革等制成,有的上饰羽毛、花朵、珍珠等,争奇斗艳。

(3) 腰带。腰带更重要的是装饰作用。男士的腰带一般比较单一,质地大多是皮革的,没有太多的装饰。穿西服时,都要扎腰带;而其他的服装（如运动、休闲服装）可以不扎。夏季只穿衬衫并把衬衫扎到裤子里去的时候,也要系上腰带。女士的腰带很丰富,质地有皮革的、编织物的、其他纺织品的,纯装饰性的场合更多,款式也多种多样。女士使用腰带要注意这样几个问题。

一是要和服装的协调搭配,包括款式和颜色。比如穿西服套裙一般选择皮革或纺织的、花样较少的腰带,以便和服装的端庄风格搭配,要是穿着连衣轻柔织物裙装时,腰带的选择余地大一些;暗色的服装不要配用浅色的腰带,除非出于修正形体的需要。

二是要和体型搭配。比如个子过于瘦高,可以用较显眼的腰带形成横线,分隔一下,增加横向宽度;如果上身长下身短,可以适当提高腰带到比较合适的上下身比例线上,形成比较好的视觉效果;如果身体过于矮胖,就要避免使用大的、花样多的腰带扣（结）,也不要用宽腰带。

三是要和社交场合协调。职业场合不要用装饰太多的腰带,而要显得干净利落一些;参加晚宴、舞会时,腰带可以花哨些。

无论男女,扎腰带一定要注意:出门前看看你的腰带扎得是否合适,腰带有没有"异常",在公共场合或别人面前动腰带是不合适的;在进餐的时候,更不要当众松紧腰带,这样既不礼貌,也不雅观。如果必要,可以起身到洗手间去整理。经常注意检查自己的腰带是不是有损坏,以提早替换,避免发生"意外"。

(4) 皮包。皮包具有使用及装饰作用,在现代服饰中起着画龙点睛的作用。皮包的种类千变万化,有肩挂式、手提式、手拿式及双肩背式等。

在选购时要考虑它的适用范围。正式场合应选用质地较好、做工精细、外观华丽,体积不宜大,横长形的皮包;平时上班和日常外出使用的皮包不必太华丽,以实用性和耐用性为主;使用皮包要考虑其颜色与季节和着装是否相一致。

皮包与使用人的体型也有很大关系,例如,体型小巧的人不能选用太大的皮包;体型矮胖的人不要选用太秀气的皮包;瘦高的人虽有较大的选择余地,但也不能选用太大或太小的皮包。

在参加公务活动时应携带公文包。

(5) 丝袜与鞋。丝袜,在服装整体搭配中起着举足轻重的作用。在国外,正式场合中如果女性不穿丝袜,就如同不穿内衣一样十分不雅。丝袜不仅能保护腿、足部的皮肤,掩盖皮肤上的瑕疵,还能与衣服相搭配,使女性更添魅力。

在工作场合穿着裙装及皮鞋时,一定要穿丝袜,而且必须是连裤丝袜,这样既可以避免丝袜因质量问题掉落,也不会将袜口露在外面。有的人因为怕热而穿中长袜或短丝袜,是不职业的做法。而平时穿连衣裙及凉鞋时,就不要再穿丝袜了,因为凉鞋本来就是为了凉快的,再穿袜子就显得多此一举了。不过现在有一种前后包脚的凉鞋,是属于较为正式的款式,就必须穿袜子了。

丝袜的选穿不能敷衍了事,但要根据自身特点和着装风格做到合理选穿,也不是一件容易的事,最好知道选穿袜子的窍门。以下是一些可参考的经验:

对于日常忙于上班的职业女性,不妨选一些净色的丝袜,只要记住深色服装配深色丝袜,浅色服装配浅色丝袜这一基本方法就可以了。

丝袜和鞋的颜色一定要相衬,而且丝袜的颜色应略浅于皮鞋的颜色(白皮鞋除外)。

颜色或款式很独特的袜子对腿型要求很高,对自己腿型没有自信的女孩不可轻易尝试。品质良好的裤袜要比长筒丝袜令你更有安全感,能够避免袜头松落。

白丝袜很容易令人看上去又胖又矮,应该避免。上班族更不要穿着彩色丝袜,它会令人感到轻浮,缺乏稳重感。

参加盛会穿晚装时,配一双背部起骨的丝袜可使高雅大方的格调分外突出。但穿此类丝袜时,切记注意别将背骨线扭歪,否则极其失仪。

"鞋袜半身衣"。鞋子和袜子被称作"脚部时装"和"腿部时装"。鞋子在整体着装中具有重要地位。一双得体的鞋子能为全身的服装添色增辉,它不仅能映衬出服装的整体美,还能增加人体本身的挺拔俊美。

在正式或非正式场合,男性一般脚蹬没有花纹的黑色平跟皮鞋,女性一般脚蹬黑色半高跟鞋。露脚趾的皮凉鞋是绝对禁止在礼仪场合穿着的。旅游鞋、布鞋、各式时装鞋与西装都是不相配的。在欧美国家,正规场合是不允许穿凉鞋的,否则会被认为是缺乏教养与不懂礼貌。

在正式场合,女性皮鞋的颜色、款式应与衣服、手包相配套。一般来说,鞋的颜色应与衣裙的下摆一致或更深一些。衣裙从下摆开始到鞋的颜色一致,可以使大多数人显得高一些。

【小故事】

总统夫人的着装

1984年春,里根总统夫人访华时,挑选面料做旗袍。她先看中一种金色的织锦缎,但考虑到没有带金色的皮鞋与之配套,便改选一种以深红色为底色的中国织锦缎做旗袍。在里根总统的告别招待会上,她穿上这件深红底色的中国织锦缎旗袍,配上一双深色的高跟鞋,显得特别雍容华贵,无懈可击。

(6)戒指。在西方,戒指是无声的语言。一般来说,将戒指戴在左手各手指上有不同的含义:戴在食指上表示未婚或求婚;戴在中指上表示正在热恋中;戴在无名指上表示已订婚或结婚;戴在小指上则表明"我是独身者"。右手戴戒指纯粹是一种装饰,没什么特别的意义。中国人也戴戒指,但一定不能乱戴。一般情况下,一只手上只戴一枚戒指,戴两枚或两枚以上的戒指是不适宜的。参加较正规的外事活动,最好佩戴古典式样的戒指。

【小案例】

小芳的戒指

小芳毕业后到一家公司做文秘工作不久,一次在接待客户时,领导让她照顾一位华侨女士。临别时,华侨对小芳的热情和周到的服务非常满意,留下名片,并认真地说:"谢谢! 欢迎你到我公司来作客,请代我向你的先生问好。"小芳愣住了,因为她根本没有男朋友,何谈"先生"呢。可是,那位华侨也没有错,她之所以这么说,是因为看见小芳的左手无名指上戴有一枚戒指。

(7) 项链。项链的粗细应与脖子的粗细成正比,与脖子的长短成反比。从长度上分,项链可分为四种:短项链约 40 厘米,适合搭配低领上衣;中长项链约 50 厘米,可广泛使用;长项链约 60 厘米,适合在社交场合使用;特长项链约 70 厘米,适用于隆重的社交场合。

(8) 耳饰。耳饰有耳环、耳链、耳钉、耳坠等款式,仅限女性所用,并且讲究成对使用,也就是说每只耳朵上均佩戴一只。工作场合,不要一只耳朵上戴多只耳环。另外佩戴耳环,应兼顾脸型,不要选择和脸型相似形状的耳环,使脸型的短处被强调夸大。耳饰中的耳钉小巧而含蓄。

【小贴士】

生辰石的寓意

镶嵌宝石的饰品,因宝石成色不同,其寓意也各异。1952 年美国宝石学会对生日宝石的象征意义做出了统一规定,被许多国家采用。表 3-3 列出了常用的一些生辰石的名称、颜色及其寓意。

表 3-3 生辰石的寓意

月 份	宝石名称	颜 色	寓 意
1	石榴石	绿、红、橘红	永久
2	紫水晶	紫、红、黄、茶色	快乐
3	橄榄石	黄中带绿	自由
4	金刚石	透明晶莹	威严坚定
5	绿宝石	绿、青	希望
6	珍珠	白、淡红	纯洁
7	红宝石	红	爱情
8	珊瑚石	象牙色	理想
9	蓝白石	蓝、蓝绿	成功
10	蛋白石	游离色	前程远大
11	黄玉石	黄、黄中泛红	友谊
12	松石	蓝、黑、绿	幸福

（9）首饰。

① 手镯。有雕塑感的木质阔手镯带有中性色彩,金属宽手镯就显得很酷。而另一种风格的宽手镯——用人造宝石镶上图案,必将制造出一种目不暇接的华丽氛围。它主要强调手腕和手臂的美丽。可以只戴一只,通常应在左手;也可以同时戴两只,一只手戴一个,也可以都戴在左手。

② 手链。男女都可以佩戴手链,但一只手上只能戴一条,而且应戴在左手上。它可以和手镯同时佩戴。在一些国家,佩戴手链、手镯的数量、位置,可以表示婚姻状况。手链不要和手表同时戴在一只手上。

③ 手表。在社交场合,佩戴手表,通常意味着时间观念强、作风严谨。在正规的社交场合,手表往往被看作首饰,它也是一个人地位、身份、财富状况的体现。所以男士的手表,往往引人瞩目。在正式场合佩戴的手表,在造型上要庄重、保守,避免怪异、新潮,尤其是尊者、年长者更要注意。一般正圆形、正方形、长方形、椭圆形和菱形手表适用范围极广,也适合在正式场合佩戴,而那些新奇、花哨的手表造型,仅适合少女和儿童,而且适合选择单色或双色手表,色彩要清晰、高雅。黑色的手表最理想。除数字、商标、厂名、品牌外,手表没必要再出现其他无意义的图案。像广告表、卡通表等不宜出现在工作人员的手腕上。另外,在交际场合,特别是和别人交谈时,不要有意无意地看表,否则对方会认为你对交谈心不在焉、不耐烦,想结束谈话。

（10）胸花。胸花,也叫胸针,是为女性特别设计的,专门用于装饰女性的胸、肩、腰、头、领口等部位。胸花有鲜花和人造花两种。相比之下,鲜花佩戴起来更显高雅,但不能持久。选择胸花时,一定要考虑服装的类型、颜色、面料,要考虑所出席的社交活动的层次,要考虑自身的体型和脸型条件。例如,个子矮小的女士适合小一点的胸花,佩戴时部位可稍高一些;个子高大的女士可选择大一点的胸花,佩戴时位置可低一些。佩戴胸花时要注意别的部位,穿西服应别在左侧领上,穿无领上衣时应别在左侧胸前。发型偏左时胸针应当居右,发型偏右时胸针应当偏左,其高度应在从上往下数第一粒和第二粒纽扣之间。

【小案例】

一枚胸针,毁了一桩生意

方小姐作为一家公司的英文翻译,经常需要和经理去见客户。方小姐本人对穿衣戴帽也很在行,她知道见什么样的客户该穿什么样的衣服。

一次,方小姐和经理去跟一个外商谈业务。方小姐选择了一件浅白色的碎花短旗袍,下面搭配了一双白色高跟皮鞋,中国情调十足。正好前段时间方小姐过生日,好友赠送了一个夸张的骷髅头胸针,款式十分别致,方小姐特别喜欢,这段时间天天都戴着。这次的旗袍打扮,方小姐也没忘记别上这枚骷髅头胸针。方小姐和经理此次前去拜访的外商是英国人,他们刚一见面,方小姐的衣着就引起了英国商人的注意。他刚想夸方小姐会穿衣服时,却一眼看到了那枚夸张的骷髅头胸针,欲言又止,原本欣喜的神色顿时黯淡下来。

在接下来的谈判中,那位英国商人的情绪不高,多少显得有些敷衍。最后,双方未能达成协议。经理大为不解:原来还谈得好好的,英国商人兴趣很高,怎么这次见面他的态度这么冷淡?

事后经理从那位英国商人的中国翻译那儿得知,原来那位英国商人极其注重服装礼仪,那天方小姐在极具中国风情的旗袍上点缀了那么夸张的一个骷髅头胸针,显得十分突兀,甚至有些不伦不类,十分碍眼,当时就让英国商人倒了胃口,失去了谈判的兴致。方小姐怎么也想不到,她的一枚胸针,毁了一桩生意。

【实训项目】西装与套裙的穿着

1．实训要求

男士进行西装穿着训练,女士进行套裙穿着训练。训练目的是掌握男士西装和女士套裙的穿着要求和搭配方法,最好在电教室进行。训练需要准备西装、套裙、领带、衬衫、鞋袜、饰物、数码摄像机或照相机等物品和设备。训练方法是:每5个男生一组,分别上台展示西装、衬衫、裤子、鞋袜的搭配,说明这样搭配的理由,然后表演系领带;用数码摄像机(或数码照相机)记录整个过程,然后大屏幕回放,学生自我评价,授课教师总结点评学生存在的个性和共性问题,最后评选出若干名"最佳服饰先生"。同样,每5个女生一组,分别上台展示其套裙、衬衫、鞋袜、饰物的搭配,说明搭配的理由,用数码摄像机记录整个过程,然后大屏幕回放,学生自我评价,授课教师总结点评学生存在的个性和共性问题,最后评选出若干名"最佳服饰女士"。

2．实训内容

1)男士西装的选择

(1)选择合适的款式。西装的款式可分为英国、美国和欧洲三大流派。尽管西装在款式上有流派之分,但是各流派之间的差异并不很大,只是在后开衩的部位、扣子的排数、领子的宽窄等方面有所不同。不过,在胸围、腰围的胖瘦,肩的宽窄上还是有所变化的。因此,我们在选择西装时,要充分考虑到自己的身高、体型,如身材较胖的人最好不要选择瘦型短西装;而身材较矮者也最好不要穿上衣较长、肩较宽的双排扣西装。

(2)选择合适的面料和颜色。西装的面料要挺括一些。正式礼服的西装可采用深色(如黑色、深蓝、深灰等)的全毛面料制作。日常穿的西装颜色可以有所变化,面料也可以不必讲究,但必须熨烫挺括。如果穿着皱巴巴的西装,是会损坏自己的交际形象的。

(3)选择合适的衬衣。穿着西装时,一定要穿带领的衬衣。花衬衣配单色的西装效果比较好,单色的衬衣配条纹或带格西装比较合适;方格衬衣不应配条纹西装,条纹衬衣也不要配方格西装。

(4)选择合适的领带。在交际场合穿西装必须打领带,领带的颜色、花纹和款式要与所穿的西装相协调。领带的面料以真丝为最优。

【小贴士】

领带的来历

领带起源于英国男子衣领下的专供男子擦嘴的布。工业革命前,英国也是个落后国家,人们吃肉时用手抓,然后大块大块地捧到嘴边去啃,成年男子又流行络腮胡子,大块肉一啃就把胡子弄油腻了,男人们就用袖子去擦。为了对付男人这种不爱干净的行为,妇女们在男

>>>>>>>>>

人的衣领下挂了一块布专供他们擦嘴用,久而久之,衣领下面的这块布就成了英国男式上衣传统的附属物。工业革命后,英国发展成为一个发达的资本主义国家,人们对衣食住行都很讲究,挂在衣领下的布就演变成了领带。

2)男士西装的穿着训练

(1)合体的上衣与衬衣。合体的西装上衣应长过臀部,四周下垂平衡,手臂伸直时上衣的袖子恰好过腕部,领子应紧贴后颈部。

穿西装时必须穿长袖衬衣,衬衣最好不要过旧,领子一定要硬扎、挺括,外露的部分一定要平整干净。衬衣下摆要掖在裤子里,领子不要翻在西装外,衬衣袖子应长于西装袖子。衬衫领子稍露出外衣领。衬衫的袖口也应长出外衣袖口1～2厘米。

(2)注意内衣不可过多。穿西装时切忌穿过多的内衣。衬衣内除了背心之外,最好不要再穿其他内衣。如果确实需要穿内衣,内衣的领圈和袖口也一定不要露出来。如果天气较冷,衬衣外面还可以穿上一件毛衣或毛背心,但毛衣一定要紧身,不要过于宽松,以免穿上显得臃肿,影响穿西装的效果。

(3)打好领带。正式场合的领带以深色为宜,非正式场合的领带以浅色、艳丽为好。领带的颜色一般不宜与服装颜色完全一样(参加凭吊活动穿黑西装系黑领带除外),以免给人以呆板的感觉。具体做法:一是领带底色可与西装同色系或邻近色,但二者色彩的深浅明暗不同,如米色西装配咖啡色领带;二是领带与西装同是暗色,但色彩形成对比,如黑西装配暗红色领带;三是一色的西装配花领带,花领带上的一种颜色尽可能与西装的颜色相呼应。

领带主要有五种打法,如图 3-12～图 3-16 所示。[1]

① 平结。平结为男士选用最多的领结打法之一,几乎适用于各种材质的领带。要诀:领结下方所形成的凹洞,需让两边均匀且对称。

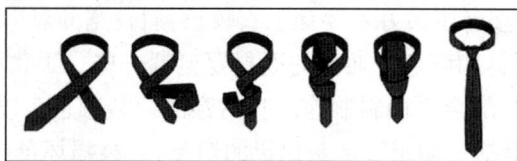

图 3-12　平结

② 交叉结。这是适合单色素雅、质料较薄的领带选用的领结。对于喜欢展现流行感的男士不妨多加使用。

图 3-13　交叉结

---

① 佚名. 领带打法 [EB/OL].[2015-01-14]. https://www.sohu.com/a/679572_112839.

③ 双环结。双环结能营造时尚感,适合年轻的上班族选用。完成后的特色就是第一圈稍露出第二圈之外,可别刻意给盖住了。

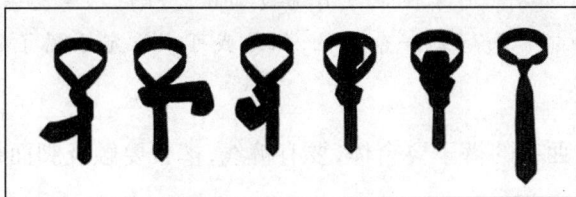

图 3-14　双环结

④ 温莎结。温莎结适用于宽领的衬衫。该领结应多往横向发展,应避免材质过厚的领带,领结也勿打得过大。

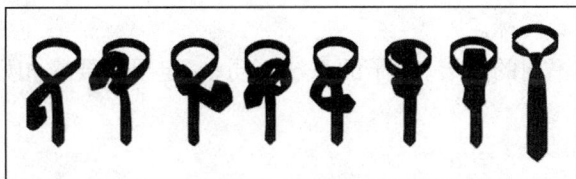

图 3-15　温莎结

⑤ 双交叉结。这样的领结很容易给人一种高雅且隆重的感觉,适合正式活动场合选用。应多运用在素色且丝质领带上,若搭配大翻领的衬衫,不但适合,而且有种尊贵感。

图 3-16　双交叉结

领带结需靠在衣领上,但不能勒住脖子,也不能太往下,显得松松垮垮、不精神。领带系好后,垂下的长度应触及腰带,超过腰带或不及腰带都不符合要求。领带应用领带夹固定。单排扣的西装在穿着时,由于不扣纽扣的时间较多,人在做动作的时候容易使领带飘起来,因此,穿单排扣的西装可以夹领带夹。领带夹应当夹在衬衣纽扣数下来第四五粒处。别针可以夹在西装左衣领上,约与第三粒衬衣纽扣齐平。如领带夹要与别针一起使用,应选用同款、同色为宜。

【小故事】

细节决定胜负

某家大型企业面向北京各高校发出了招聘业务员的启事,希望能招到具有专业知识的有志青年,充实企业的第一线。根据收到的求职材料,企业招聘人员约见了一位经济管理专业的男生面试。这位男生身材微胖,个头不高。面试时,他面容修饰一新,衣着也十分正式,穿西装,系领带,但可能是为了舒服,他的领带松松垮垮地挂在脖子上,衬衣最上面一粒扣子也解开着。正是因为这一形象使他没有通过面试。一位人事总监说:"我认为你不可能仅仅由于系了一条领带而得到一个职位,但是我可以肯定系错了领带会使你失去一个职位。"

(4)裤子合体。西装的裤子要合体,要有裤线,裤长要触及脚面余1~2厘米。西装裤兜内不宜放沉东西。

(5)鞋袜整齐。穿西装一定要穿皮鞋,而不能穿布鞋或旅游鞋。皮鞋的颜色要与西装相协调。皮鞋还应擦亮,不要蒙满灰尘。穿皮鞋还要配上合适的袜子,袜子的颜色应与西装颜色相同或者相近,切忌选配浅色的袜子。搭配正装的袜子应选用与西装外套同色系的深色棉袜,以干净、完整、合脚为宜。男士为避免在坐下时露出腿毛,应当选穿黑色或者深蓝色的不透明中长筒袜。

(6)扣好扣子。不同的西装,扣子的系法不同,一定要按要求扣好扣子。

【小贴士】

西装纽扣的系法

如果穿单排一粒扣西装,扣与不扣均可。如果是单排两粒扣西装,扣子全部不扣表示随意、轻松;扣上面一粒,表示庄重,而全扣就不合适了。如果是单排三粒扣西装,扣子全部不扣表示随意、轻松;只扣中间一粒表示正统;扣上面两粒,表示庄重,全扣也是不对的。如果是双排扣西装,可全部扣,也可只扣上面一粒,表示轻松、时髦,但不可不扣。如果穿三件套西装,则应扣好马甲上所有的扣子,外套的扣子不扣。

关于男士西装扣子的扣法还有"站时系扣,坐时解扣"的说法。男士在站立的时候,把西装扣好,这样在讲话、做手势的时候,西装才不会随着肢体乱跑,整体线条看起来更显干净利落。在坐着的时候,男士必须解开西装扣,如此西装才能随着身体的弧度,自然服帖地顺势而下,线条看起来比较流畅,也不会有束缚的感觉,才能舒适自在地坐在位子上。

在日常工作及非正式场合的社交活动中,男士可穿西服便装。西服便装上下装不要求严格配套一致。颜色可上浅下深,面料也可以上柔下挺。可以衬衫、领带配西裤,也可以不扎领带、不穿衬衫,而穿套头衫或毛衣。

标准的男士西装穿着如图3-17所示。

【小贴士】

男士穿西装高水准三要求

(1)三色原则:全身不要超过三个色系,尽量少,但别完全一样。

(2)三一定律:鞋子、腰带、公文包一个颜色。最好皮鞋是黑色,代表庄重。

图3-17 标准的男士西装穿着

（3）三大禁忌：男士有两种袜子不能穿——尼龙袜和白色袜子；穿夹克打领带等同外国的裤衩背心；左边袖子上的商标不拆代表未启封。

【小案例】

毁了一桩大生意的着装

某公司的老总到国外宣传推广自己的企业，来宾都是国际著名投资公司的管理人员，场面很正式。但听众们发现台上的老总虽然西装革履，裤脚下却露出一截"棉毛裤的边"，而且老总的黑皮鞋里是一双白色袜子。来宾们因此产生了疑问：这样一个公司老总能管好他的企业吗？这个公司的品质能保证吗？后来合作也就不了了之。

【问题】你能回答来宾们的疑问吗？

3）女士西服套裙的穿着训练

【小故事】

女王的着装

1986年英国女王伊丽莎白二世访问我国，走出机舱门第一个亮相，穿的是正黄色西服套裙，戴正黄色帽子，在阳光下显得非常绚丽、典雅。女王本人喜欢红色和天蓝色，很少穿黄衣服。但在中国，几千年的历史上黄色是皇帝的专用色。女王来中国访问穿正黄色裙装，既体现了自己高贵的气质，也显示了她作为一国君主的尊严与威仪，还表现出尊重中国传统文化习俗的友好姿态。

女士服装应讲究配套，款式较简洁，色彩较单纯，以充分表现出女士的精明强干，落落大方。

（1）选择合适的套裙。

面料：最好是纯天然质地，又是质量上乘的面料。上衣、裙子及背心等应选用同一种面料。在外观上，套裙所用的面料，讲究的是匀称、平整、滑润、光洁，不仅有弹性、手感好，而且应当不起皱、不起毛、不起球。

色彩：应当以冷色调为主，借以体现出着装者的典雅、端庄与稳重。一套套裙的全部色彩不要超过两种，不然就会显得杂乱无章。

图案：按照常规，商界女士在正式场合穿着的套裙，可以不带任何图案。

点缀：不宜添加过多的点缀。一般而言，以贴布、绣花、花边、金线、彩条、亮片、珍珠、皮革等点缀或装饰的套裙都不适宜商界女士穿着。

尺寸：上衣不宜过长，下裙不宜过短。裙子下摆恰好达小腿最丰满处，乃是最为标准、最为理想的裙长。紧身式上衣显得较为正统，松身式上衣看起来则更加时髦一些。

造型："H"形上衣较为宽松，裙子多为简式；"X"形上衣多为紧身式，裙子大多为喇叭式；"A"形上衣为紧身式，裙子则为宽松式；"Y"形上衣为松身式，裙子多为紧身式，并以简式为主。

>>>>>>>>>

【小贴士】

套裙的款式

"H"形套裙的主要特点是：上衣较为宽松，裙子多为筒式。这样上衣与下裙便给人以直上直下、浑然一体之感。它既可以让着装者显得优雅、含蓄和帅气，也可以为身材肥胖者遮掩缺陷。

"X"形套裙的主要特点是：上衣多为宽肩紧腰式，裙子则大都是喇叭式。实际上，它是以上宽与下松的造型来有意识地突出着装者腰部的纤细。此种造型的套裙轮廓清晰而生动，可以令着装者看上去婀娜多姿、楚楚动人。

"A"形套裙的主要特点是：上衣为紧身式，裙子则为宽松式。此种上紧下松的造型，既能体现着装者上半身的身材优势，又能适当地遮掩其下半身的身材劣势。不仅如此，它还在总体造型上显得松紧有致、富于变化和动感。

"Y"形套裙的主要特点是：上衣为松身式，裙子多为紧身式，并且以筒式为主。它的基本造型，实际上就走上松下紧的方式。一般来说，它意在遮掩着装者上半身的短处，同时体现出下半身的长处。此种造型的套裙往往会令着装者看上去亭亭玉立、端庄大方。

款式：套裙款式的变化主要体现在上衣和裙子方面。上衣的变化主要体现在衣领方面，除常见的平驳领、驳领、一字领、圆领之外，青果领、披肩领、燕翼领等并不罕见。裙子的式样常见的有西装裙、一步裙、筒式裙等，款式端庄、线条优美；百褶裙、旗袍裙、"A"形裙等，飘逸洒脱、高雅漂亮。

（2）选择与套裙配套的衬衫。与套裙配套穿着的衬衫，有不少的讲究。从面料上讲，主要要求轻薄而柔软，比如真丝、麻纱、府绸、罗布、涤绵等，都可以用作其面料。从色彩上讲，则要求雅致而端庄，不失女性的妩媚。除了作为"基本型"的白色外，其他各式各样的色彩，包括流行的在内，只要不是过于鲜艳，并且与所穿套裙的色彩不相互排斥（要么外深内浅，要么外浅内深，形成两者的深浅对比），均可选用。不过，还是以单色为最佳之选。

（3）选择与套裙配套的内衣。一套内衣往往由胸罩、内裤以及腹带、吊袜带、连体衣等构成。它应当柔软贴身，并且起着支撑和烘托女性线条的作用。有鉴于此，选择内衣时，最关键的是要使之大小合适。

内衣所用的面料，以纯棉、真丝等面料为佳。它的色彩可以是常规的白色、肉色，也可以是粉色、红色、紫色、棕色、蓝色、黑色。不过，一套内衣最好同为一色，而且其各个组成部分宜为单色。就图案而论，着装者完全可以根据个人爱好加以选择。

内衣的具体款式甚多。在进行选择时，特别应当关注的是，穿上内衣之后，不应当使它的轮廓一目了然地在套裙之外展现出来。

（4）选择合适的鞋袜。选择鞋袜时，首先要注意其面料。女士所穿的与套裙配套的鞋子，宜为皮鞋，并且以牛皮鞋为上品。同时所穿的袜子，则可以是尼龙丝袜或羊毛袜。

鞋袜的色彩有许多特殊的要求。与套裙配套的皮鞋，以黑色最为正统。此外，与套裙色彩一致的皮鞋也可选择。但是鲜红、明黄、艳绿、浅紫的鞋子，则最好莫试。穿着裙装时所穿的袜子，可有肉色、黑色、浅灰、浅棕等几种常规选择，只是它们宜为单色。多色袜、彩色袜,以及白色、红色、蓝色、绿色、紫色等色彩的袜子,都是不适宜的。

鞋袜在与套裙搭配穿着时,要注意其款式。与套裙配套的鞋子,宜为高跟、半高跟的船式皮鞋或盖式皮鞋。系带式皮鞋、丁字式皮鞋、皮靴、皮凉鞋等,都不宜采用。高筒袜与连裤袜,则是与套裙的标准搭配。中筒袜、低筒袜,绝对不宜与套裙同时穿着。

标准的女士套裙穿着如图 3-18 所示。

图 3-18 标准的女士套裙穿着

【小故事】

裙裤的麻烦

郑小姐在一家国内的公司里工作。有一天,上级派她代表公司前往南方某城市去参加一个大型的外贸商品洽谈会。为了给外商留下良好的印象,郑小姐在洽谈会上专门穿了一件粉色的上衣和一条蓝色的裙裤。然而,正是她新置的这身服装,使不少外商对她敬而远之,甚至连跟她正面接触一下都很不情愿。

原来,国外商界人士一向崇尚传统,讲究男女着装有别,认为在正式场合以裙装为正装,而视着裤装为不务正业。

【小贴士】

职业女士着装禁忌

无论是着正装还是休闲装,女士都要讲究文明着装。根据礼仪规范,女士着装要注意以下三个方面的禁忌。

一忌过分裸露。一般来说,凡可以展示性别特征、个人姿色的身体部位,或者令人反感、有碍观瞻的身体隐私部位,均不得有意暴露在外。胸部、腹部、背部、腋下、大腿是公认的着装时外露的五大禁区。在特别正式的场合,脚趾与脚跟同样也不能裸露。

二忌过分透薄。如果着装过于单薄或透亮,会让人十分难堪。女性尤其要高度重视这一问题,否则在社交中很容易使别人产生错觉,无意之中还可能会受到轻薄之徒的性骚扰。

三忌肥瘦不当。一般来说,女士着装无论什么款式,大小必须合身。着装若是过于肥大,

>>>>>>>>>>

会显得无精打采,过于随意懒散;着装若是过于瘦小,不仅会让人觉得拘谨小气和不自然,还会给行动带来诸多不便。

3.训练自查

服饰自查见表 3-4。

表 3-4　服饰自查表

自查项目	标准及要求	不足和缺陷	改进措施
着装礼仪	整洁		
	文明		
	得当		
男士西装着装礼仪	西装合体		
	衬衫选择合理		
	领带、鞋袜与西装协调		
	西装扣子系得合理		
	西装上衣及口袋不装物品		
	皮鞋擦亮		
女士套裙着装礼仪	套裙款式、面料选择合理		
	衬衫穿着符合规范		
	内衣应柔软		
	衬裙选择、穿着合理		
	鞋袜与套装相配,穿着符合要求		

训练总结:通过训练,我的收获是＿＿＿＿＿＿＿＿＿＿＿＿＿＿＿＿＿＿＿＿＿＿＿

【课后练习】

1.案例分析。

着装的试验

美国的约翰·摩劳斯曾做过一个试验:他在纽约联合国总部安排了一位演员,让其使 100 位秘书从他那里拿回文件。在前 50 位秘书面前,这位演员身穿俗不可耐的青绿色西装,脚上配了一双缀有硕大银鞋扣的黑色破损皮鞋,系着印花棉布领带。结果只有 12 个人接受他的命令。而出现在后 50 位秘书面前的这位演员,身着价值昂贵的蓝西服、白衬衣,系丝质圆点花领带,脚穿尖式皮鞋,发型时髦。其结果是有 42 位秘书从他那里拿回了文件。

思考题:

(1) 为什么同一个人先后穿着不同,他说的话所起的作用就不同呢?

(2) 这个案例告诉我们什么道理?

一 粒 纽 扣

某外资公司职员被派去接待一个德国投资考察团。这个年轻人外语流利、衣着得体,可外商还是没有将他所在的城市选为投资场所。因为向来以严谨著称的德国人发现,这个年轻人的西装袖子上缺少一粒纽扣,因而判定他的介绍一定不够严谨周密、可信度也不高。

思考题:

(1) 这个小故事中德国人的做法夸张吗?

(2) 谈谈你读完这则小故事后的感想。

王萍的装扮

公司派王萍到广州去参加一个大型的商品展销会,听说这次展销会规模巨大,还会有很多外商参加。王萍认为这是领导对自己的信任,更是见世面、长本领的好机会。为了能够圆满地完成这项任务,她在各方面都进行了精心的准备,从熟悉资料到清点展销商品,联系展位及安排食宿等。当各项业务准备完毕后,她开始琢磨自己应该以什么样的形象参加这次展会。

经过认真的思考,她根据对商务形象的认识,塑造了如下形象:身着浅红色镶钻无袖上衣和白色丝织裙裤,脚上是白色漆皮凉拖,食指上硕大的红宝石戒指呼应着两只摇曳生姿的长耳环,一头乌黑的长发飘逸地披散在肩上。听说外国人都喜欢用香水,她便特意准备了一瓶香水,让自己浑身上下散发着香味。

王萍认为这样装扮既能突出清新靓丽的女性特点,又具有时代感。她相信她一定能凭借自己的形象赢得更多客商的青睐,然而,令她意想不到的是,这身打扮使不少客商对她敬而远之。直到会议结束,她仍收获甚微。

思考题:

(1) 王萍的装扮有何问题?

(2) 在正式的商务活动中,女士应以什么样的形象参与?

事 与 愿 违

郑伟是一家大型国有企业的总经理。有一次,他获悉一家著名的德国企业的董事长正在本市进行访问,并有寻求合作伙伴的意向。于是他想尽办法,请有关部门为双方牵线搭桥。

让郑总经理欣喜若狂的是,对方也有兴趣同他的企业进行合作,而且希望尽快与他见面。到了双方会面的那一天,郑总经理对自己的形象刻意进行了一番修饰。他根据自己对时尚的理解,上穿夹克衫,下穿牛仔裤,头戴棒球帽,足蹬旅游鞋。无疑,他希望自己能给对方留下精明强干、时尚新潮的印象。然而事与愿违,郑总经理自我感觉良好的这一身时髦的"行头",却偏偏坏了他的大事。

思考题:

(1) 郑总经理的错误在哪里?

(2) 郑总经理的德国同行对此会有何评价?

2. 作为男士,每天出门前应对照以下的"男士仪容仪表自我检测"仔细审视自己,看看自己哪些方面需要改进,以养成良好的习惯。

>>>>>>>>>>

男士仪容仪表自我检测

(1) 发型款式大方,不怪异,头发干净整洁,长短适宜,无浓重气味,无头屑,无过多的发胶、发乳。

(2) 鬓角及胡须已剃净,鼻毛不外露。

(3) 脸部清洁滋润。

(4) 衬衣领口整洁,纽扣已扣好。

(5) 耳部清洁干净,耳毛不外露。

(6) 领带平整、端正。

(7) 衣、裤袋口平整服贴;衬衣袖口清洁,长短适宜。

(8) 手部清洁,指甲干净整洁。

(9) 衣服上没有脱落的头发和头皮屑。

(10) 裤子熨烫平整,裤缝折痕清晰;裤腿长及鞋面;拉链已拉好。

(11) 鞋底与鞋面都很干净,鞋跟无破损,鞋面已擦亮。

3．作为女士,每天出门前应对照以下的"女士仪容仪表自我检测"仔细审视自己,看看自己哪些方面需要改进,以养成良好的习惯。

女士仪容仪表自我检测

(1) 头发保持干净整洁,有自然光泽,不要过多使用发胶;发型大方、高雅、得体、干练,前发以不要遮眼、遮脸为好。

(2) 化淡妆:眼亮、粉薄、眉轻、唇浅红。

(3) 服饰端庄: 不太薄、不太透、不太露。

(4) 领口干净,脖子修长,衬衣领口不过于复杂和花哨。

(5) 饰品不过于夸张和突出,款式精致、材质优良,耳环小巧、项链精细,走动时安静无声。

(6) 公司标志佩戴在要求的位置上,私人饰品不与之争夺别人的注意力。

(7) 衣袋中只放小而薄的物品,衣装轮廓不走样。

(8) 指甲精心修理过,不太长、不太怪、不太艳。

(9) 裙子长短、松紧适宜;拉链拉好,裙缝位正。

(10) 衣裤或裙子以及上衣的表面无明显的内衣轮廓痕迹。

(11) 鞋洁净,款式大方简洁,没有过多装饰与色彩,鞋跟不太高、不太尖。

(12) 衣服上没有脱落的头发和头皮屑。

(13) 丝袜无勾丝,无破洞,无修补痕迹,包里有一双备用丝袜。

4．请根据你同学(同事)的脸型、体型和个性特点,给他(她)在服饰上提些合理化建议。

5．服装美的最高境界是外在美和内在美的统一,你对这个问题是怎样理解的? 请结合下面这个案例谈谈。

列夫·托尔斯泰的《安娜·卡列尼娜》一书中有这样一段情节：在安娜和渥伦斯基相识的舞会上，安娜穿着全黑的天鹅长裙，长裙上镶威尼斯花边，闪亮的边饰把黑色点缀得既美丽安详，又神秘幽深，这同安娜那张富有个性的脸庞十分相称。当安娜出现在舞会的门口时，吸引了在场所有人的视线。吉蒂看到安娜的装束后，也强烈地感受到安娜比自己美。安娜的黑色长裙在轻淡柔曼的裙海中显得高贵典雅、与众不同，也与安娜蔑视世俗的个性融为一体。

6. 请同学们分成若干小组，练习男士领带和女士丝巾的系法，并开展小组比赛。

第4章 巧笑倩兮，美目盼兮——仪态礼仪

形体之美胜于颜色之美,而优雅的行为之美又胜于形体之美。

——[英]弗朗西斯·培根 《人生论·论美》

宜行则行,宜止则止。

——(唐)韩愈 《上留守郑相公书》

【学习目标】

知识目标

* 在社交场合,能够以正确优美的站姿、坐姿、走姿、蹲姿展现出良好的体态;
* 在社交场合,能够正确遵循眼神、微笑、手势等礼仪规范要求,展现出大方自然的个性形象;
* 能够杜绝各种不良的行为举止。

能力目标

* 能根据不同场合有针对性地展现自身的良好仪态;
* 自主学习新知识,能够利用网络媒体资源查找与仪态礼仪相关的知识。

素质目标

* 具有良好的审美情趣;
* 努力提升个人整体形象。

【案例导入】

面 试

某公司招聘文员,三位毕业生同时前去应聘。面试前他们坐在会客室等候。当总经理经过会客室时,看到了这样的情形:两位同学坐在沙发上,一位跷起"二郎腿",而且两腿还不停地抖动;另一位身体松懈地斜靠在沙发一角,两手还攥握手指"咯咯"作响;只有一位同学端坐在椅子上。总经理非常客气地对坐在沙发上的同学说:"对不起,你们两位的面试已经结束了。"两位同学面面相觑,不知何故面试还没开始就已经结束了。

问题:公司总经理为什么还没和应聘者正面接触,就说"对不起你们两位的面试已经结束了"?

仪态又称"体态",是指人的身体姿态和风度。姿态是身体所表现的样子,风度则是内在气质的外在表现。人的一举手、一投足、一弯腰乃至一颦一笑,并非偶然的、随意的。

这些行为举止自成体系，像有声语言那样具有一定的规律，并具有传情达意的功能。人们可以通过自己的仪态向他人传递个人的学识与修养，并能够以其交流思想、表达感情。

在交际中，仪态是极其重要、有效的交际工具，它用一种无声的语言向人们展示出一个人在道德品质、人品学识、文化品位等方面的素质和能力。用优良的仪态礼仪表情达意，往往比语言更让人感到真实、生动。所以，我们在现代交际中必须举止优雅，做到仪态美。

4.1　体态

1. 站姿

俗话说："站如松。"站姿是人类的一种象征，男子的站姿如"劲松"之美，具有男子汉刚毅英武、稳重有力的阳刚之美；女子的站姿如"静松"之美，具有女性轻盈典雅、亭亭玉立的阴柔之美。正确的站姿是自信心的表现，会给人留下美好的印象。

（1）标准的站姿。标准的站姿有以下特点：从正面看，全身笔直，精神饱满，两眼正视（而不是斜视），两肩平齐，两臂自然下垂，两脚跟并拢，两脚尖张开60°，身体中心落于两腿正中；从侧面看，两眼平视，下颌微收，挺胸收腹，腰背挺直，手中指贴裤缝，整个身体庄重挺拔。

站姿的要领是：一要平，即头平正、双肩平、两眼平视；二要直，即腰直、腿直，后脑勺、背、臀、脚后跟成一条直线；三要高，即重心上拔，看起来显得高。标准站姿如图4-1和图4-2所示。

图 4-1　标准站姿（正面）　　　　　图 4-2　标准站姿（侧面）

（2）不同场合的站姿。在升国旗、奏国歌、接受奖品、接受接见、致悼词等庄严的仪式场合，应采取严格的基本站姿，而且神情要严肃。在发表演说、新闻发言、做报告宣传时，为了减少身体对腿的压力，减轻由于较长时间站立双腿的疲倦，可以用双手支撑在讲台上，双腿轮流放松。主持文艺活动、联欢会时，应将双腿并拢站立，女士最好站成"丁"字步，让站立姿势更加优美。站"丁"字步时,上体前倾,腰背挺直,臀微翘,双腿叠合,玉立于众人间,富于女性魅力,如图4-3所示。门迎、侍应人员往往站的时间很长,双腿可以平分站立,双腿分开不宜超过肩。双手可以交叉或前握垂放于腹前;也可以背后交叉,右手放到左手的掌心上,但要注意收腹。礼仪小姐的站立,要比门迎、侍应更趋于艺术化,一般可采取立正的姿势或"丁"字步。如双手端执物品时,上手臂应靠近身体两侧,但不必夹紧,下颌微收,面含微笑,给人以优美亲切的感觉。

【小贴士】

站姿与性格

双腿并拢站立者,给人的印象是可靠、意识健全、脚踏实地而且忠厚老实,但表面有时显得有点儿冷漠。

图4-3 "丁"字步站姿

两腿分开尺余,脚尖略朝外偏的站姿,表现出站立者果断、任性、富有进取心,不装腔作势。

双腿并拢站立,一脚稍后,两足平置地面,则体现出站立者有雄心,性格暴躁,是个积极进取、极富冒险精神的人。

站立时一脚直立,另一脚弯置其后,以脚尖触地,则说明站立者情绪非常不稳定,变化多端,喜欢不断的刺激与挑战。

(3) 克服不雅的站姿。

① 身躯歪斜。古人对站姿曾经指出过"立如松"的基本要求,它说明站立姿势以身躯直正为美。在站立时,若是身躯出现明显的歪斜,将直接破坏人体的线条美,还会给人颓废消沉、萎靡不振、自由放纵的直观感觉。

② 弯腰驼背。弯腰驼背其实是身躯歪斜的一种特殊表现。除腰部弯曲、背部弓起之外,它大多会伴有颈部弯缩,胸部凹陷,腹部挺出、臀部撅起等其他不雅体态。凡此种种,都会显得一个人健康欠佳,无精打采。

③ 趴伏倚靠。在工作岗位上,要确保自己"站有站相"。站立时,随随便便地趴在一个地方,伏在某处左顾右盼,倚着墙壁、货架而立,靠在台桌边,或者前趴后靠,自由散漫,都是极不雅观的。

④ 腿位不雅。腿位不雅即双腿大叉。应切记:自己双腿在站立时分开的幅度,在一般情况下越小越好;在可能之时,双腿并拢最好,即使是分开,也要注意不可使两者之间的距离超过本人的肩宽。另外,还有双腿扭在一起、双腿弯曲等姿势也应避免。

⑤ 脚位欠妥。在正常情况下,双脚站立时呈现出"V"形、"Y"形(丁字形)、平行式等脚位,但是,采用"人"字式、蹬踏式和独脚式,则是不允许的。所谓"人"字式脚位,指的是站立时两脚脚尖靠在一起,而脚后跟却大幅度地分开,这一脚位又叫"内八字"。所谓蹬踏式,是指站立时为了舒服,在一只脚站在地上的同时,将另一只脚踩在鞋帮上,或踏在椅面上,或蹬在窗台上,或跨在桌面上等。独脚式即把一脚抬起,另一只脚落地。

⑥ 手位失当。站立时不当的手位主要有：一是将手插在衣服的口袋内；二是将双手抱在胸前；三是将两手抱在脑后；四是将双手支于某处；五是将两手托住下巴；六是手持私人物品。

⑦ 半坐半立。在工作岗位上，必须严守岗位规范，该站就站，该坐就坐，而绝对不允许在需要站立时，为了贪图安逸而擅自采取半坐半立之姿。当一个人半坐半立时，既不像站，也不像坐，只能让别人觉得过分的随便且缺乏教养。

⑧ 全身乱动。站立乃是一种相对静止的体态，因此不宜在站立时频繁地变动体位，甚至浑身不住地上下乱动。手臂挥来挥去，身躯扭曲，腿脚抖来抖去，都会使站姿变得十分难看。

⑨ 摆弄物件。站立时，不要下意识地做些小动作，如摆弄打火机、香烟盒，玩弄衣带、发辫，咬手指甲等，这些动作不但显得拘谨，给人以缺乏自信和教养的感觉，而且也有失仪态的庄重。

【小训练】

站 姿 练 习

要形成正确站姿，不仅要掌握基本理论要求，还要进行科学的训练。练习者从最初的基本状态，到养成正确的站立姿态，需要进行耐心、认真和持之以恒的练习。

（1）对镜练习。在明确站姿要求的基础上面对镜子进行训练，从镜子中观察自己的姿态是否准确、优美，必要时可请他人进行协助和指导。在找到标准站姿的感觉后，再坚持每次20分钟左右的训练，以巩固动作技能，形成习惯性动作姿态。

（2）靠墙站立练习。靠墙站立练习要求五点成一条线，即脚后跟、小腿、臀部、双肩、后脑勺都要紧贴墙壁，如图4-4所示。每次训练时间控制在20～30分钟，直至延长至40分钟。

（3）工具辅助练习。在前两项练习的基础上，加强训练难度，使用工具辅助练习，工具为书籍。要求将一本厚度适中的书放在头顶中心，为使书不掉下来，头、躯须挺直，自然保持平衡，如图4-5所示。这种训练方法可以纠正低头、仰脸、晃头及左顾右盼等不良习惯。每次训练时间控制在20～30分钟。

图 4-4 靠墙站姿

图 4-5 头顶书练习站姿

>>>>>>>>>

2. 坐姿

俗话说："坐如钟。"坐姿是人际交往中人们采用最多的一种姿势，它是一种静态姿势。优雅的坐姿给人一种端庄、稳重、威严的美。

（1）标准的坐姿。落座时，要坚持尊者为先的原则入座，不要争抢；通常侧身走近座椅，从椅子的左侧就座，如果背对座椅，要首先站好，全身保持站立的标准姿态，右腿后退一点，用小腿确定椅子的位置，上身正直，目视前方就座。用小腿落座时声音要轻，动作要缓。落座过程中，腰、腿肌肉要稍有紧张感。女士着裙装落座时，要用双手从后拢平裙摆，不可落座后整理衣裙。

坐立时，上身正直而稍向前倾，头、肩平正，腰部内收，通常只坐椅子的 1/2 ～ 2/3 处，两臂贴身下垂，两手可以搭放在椅子扶手上，无扶手时，女士右手搭在左手上，放于腹部或者轻放于双腿之上；男子双手掌心向下，自然放于膝盖上。男士膝盖可以自然分开，但不可超过肩宽；女士膝盖不可以分开。女士要注意使膝盖与脚尖的距离尽量拉远，以使小腿部分看起来显得修长，只有脚背用力挺直时，脚尖与膝盖的距离才最远，在视觉上产生延伸的效果，会使小腿部分看起来修长，腿部线条优美。当与他人进行交谈时，要注意不能只是转头，而应将整个上身朝向对方，以示对其重视和尊敬。

离座时要先以语言或动作向周围的人示意，方可站起，突然一跃而起会使周围的人受到惊扰；同落座时一样要注意按次序进行，尊者为先；起身时不要弄出响声，站好后才可离开，同样要从左侧离座。

人在坐着时，由臀部支撑上身，减少了两腿的承受力。由于身体重心下降，上身适当放松，可减轻心脏的负担。因此，坐姿是一种可以维持较长时间的姿势。它既是一种主要的白昼休息姿势，也是一般的工作、劳动、学习姿势，还是社交、娱乐的常见姿势。正因为这个缘故，坐姿要求端正、大方、舒展。标准坐姿如图 4-6 和图 4-7 所示。

图 4-6　标准坐姿（正面）　　　　　图 4-7　标准坐姿（侧面）

【小贴士】

坐姿与性格

心理学专家认为：将椅子转过去骑着坐的人显得自信好胜，但内心的防御性多半很强，不太爱与人交心。

喜欢抖腿的人多数聪明，反应快，接受能力强，但不是很有耐心，内心有浮躁或焦虑的一面，有时给人不够稳重的感觉。

端坐在椅子前半部分的人一般性格内向，谦虚有礼，善于倾听，体谅别人，他们多半个性成熟，亲和力强，容易受人信赖。

双腿张开，伸得很长的人一般性格外向、开朗、不拘小节，但有时比较傲慢、霸道，支配性强，容易发脾气，耍性子，不愿退让。

前胸紧靠桌子，双腿并拢的坐姿显得内向、拘谨，有些害羞，不够自信，这样的人多半不太果断，缺乏灵活性。

跷二郎腿的人通常自在随性，有时有些自大，喜欢挑剔，喜欢对别人的事指手画脚，爱给人提建议。

双腿自然分开，手放腿上的坐姿是古代男性的标准坐姿，体现出闲适、儒雅的气度。这种人通常稳重，值得信赖。

喜欢靠着椅背的人可能性格慵懒、散漫，做事拖沓，对自己要求不高，但对别人也比较宽容。

了解这些由无声语言"坐姿"所传递出的不同信息，将给我们带来不同的影响。

（2）不同场合的坐姿。谈判、会谈时，场合一般比较严肃，适合正襟危坐，但不要过于僵硬。其要求上体正直，端坐于椅子中部，注意不要使全身的重量只落于臀部，双手放在桌上、腿上均可，双脚为标准坐姿的摆放。倾听他人教导、传授知识、指点时，如对方是长者、尊者、贵客，坐姿除了要端正外，还应坐在座椅、沙发的前半部或边缘，身体稍向前倾，表现出一种谦虚、迎合、重视对方的态度。在比较轻松、随便的非正式场合，可以坐得轻松、自然一些，全身肌肉可适当放松，可不时变换坐姿，以做休息。

【小贴士】

使用计算机时的坐姿

职场中绝大部分人士需要坐着使用计算机，究竟怎样坐才能既不累又美观，也是很多职场人士关注的问题，以下是几点提示。

（1）上半身应保持颈部直立，以使头部获得支撑，两肩自然下垂，上臂贴近身体，手肘弯曲呈$90°$。操作键盘或鼠标时，应尽量使手腕保持水平姿势，手掌中线与前臂中线应保持直线状态。下半身腰部挺直，膝盖自然弯曲呈$90°$，并维持双脚着地的坐姿。

（2）必须选择符合人体工学设计的桌椅，使用专用的计算机椅，坐在上面遵循三个直角：计算机桌下膝盖处形成第一个直角，大腿和后背成第二个直角，手臂在肘关节处形成第三个直角。肩胛骨靠在椅背上，双肩放松，下巴不要靠近脖子。两眼平视计算机屏幕中央，座椅最好有支持性椅背及扶手,并能调整高度。

(3) 计算机的摆放高度要合适。将计算机屏幕中心位置安装在与操作者胸部同一水平线上,最好使用可以调节高低的椅子。应有足够的空间伸放双脚,膝盖自然弯曲呈90°,并维持双脚着地,不要交叉双脚,以免影响血液循环。

(3) 克服不雅的坐姿。

其一,不雅的腿姿。其主要有以下几种。

① 双腿叉开过大。面对外人时,双腿如果叉开过大,不论是大腿还是小腿叉开,都极其不雅。

② 架腿方式欠妥。将一条小腿架在另一条大腿上,在两者之间还留出大大的空隙,成为所谓的"架二郎腿"或架"4"形腿,甚至将腿搁在桌上,就显得更放肆了。

③ 双腿过分伸张。坐下后,将双腿直挺挺地伸向前方,这样不仅可能会妨碍他人,而且有碍观瞻。因此,身前若无桌子,双腿尽量不要伸到外面来。

④ 腿部抖动摇晃。不可力求放松,坐下后就抖动摇晃双腿。

其二,不安分的脚姿。坐下后脚跟接触地面,而且将脚尖翘起来,脚尖指向别人,使鞋底在别人眼前"一览无余"。另外,以脚蹬踏其他物体,以脚自脱鞋袜,都是不文明的行为。

【小训练】

坐 姿 练 习

坐姿的常用方式较多,在基本坐姿训练的基础上,可以利用具体情境进行训练,同时加强入座和离座的训练,使整体就座过程连续、流畅,更富感染力。

(1) 重视基本坐姿训练。在明确坐姿的基本要求和进行站姿训练的基础上,可以进行坐姿训练。在训练过程中,可以采用对镜规范训练、工具辅助训练(如头顶书籍)等方式。初级练习,每次的训练时间应保持在20~30分钟;以后可随技能的掌握水平,逐渐减少连续练习时间。

(2) 运用具体情境练习。为提高学习者的兴趣,调动其学习积极性,可模拟具体情境进行训练,如招聘会、见面会、校友会等,把坐姿与情境相结合,由学习者自行设计并保持姿态,达到强化的目的。每次训练时间控制在10~15分钟,可分多次进行。

(3) 加强入座和离座训练。在进行坐姿训练时,往往较重视姿态训练,而忽略过程训练,因此学习者会表现出动作过程不完整或缺失的现象。入座和离座应分别进行单一动作训练,每次训练时间控制在5~10分钟。单一训练后再合成动作,保持动作的连贯性和准确性,达到体现优雅、庄重坐姿的目的。

3. 走姿

俗话说:"行如风。"这说的是走姿,走姿始终处于动态之中,体现了人类的运动之美和精神风貌。男士的走姿要刚健有力,豪迈稳重,有阳刚之气;女士的走姿要轻盈自如,含蓄飘逸,有窈窕之美。

(1) 标准的走姿。有人编了走路的动作口诀,体现了走姿的要领:双眼平视臂放松,以胸领动肩轴摆,提髋提膝小腿迈,跟落掌接趾推送。标准的走姿为:上身基本保持站立的标准姿势,挺胸收腹,腰背笔直,两臂以身体为中心,前后自然摆动。前摆约35°,后摆约15°,手掌朝向体内。起步时身子稍向前倾,重心落前脚掌,膝盖伸直,脚尖向正前方伸出,行走时双脚踩在一条线的两侧。正确的行走,上体的稳定与下肢的频繁规律运动形成对比和谐,干净利落、鲜明均匀的脚步,形成节奏感,前后、左右行走动作的平衡对称,都会呈现行走时的形式美。男子走路两步之间的距离要大于自己的一个脚长,女子穿裙装走路时要小于自己的一个脚长。正常的情况下步速要自然舒缓,显得成熟自信,男子行走的速度标准为每分钟108～110步,女子每分钟118～120步为宜。

(2) 不同场合的走姿。参加喜庆活动,步态应轻盈、欢快、有跳跃感,以反映喜悦的心情;参加吊丧活动,步态要缓慢、沉重、有忧伤感,以反映悲哀的情绪;参观展览、探望病人,环境安谧,不宜出声响,脚步应轻柔;进入办公场所,登门拜访,在室内这种特殊场所,脚步应轻而稳;走入会场、走向话筒、迎向宾客,步伐要稳健、大方、充满热情;举行婚礼、迎接外宾等重大正式场合,脚步要稳健,节奏稍缓;办事联络,往来于各部门之间,步伐要快捷又稳重,以体现办事者的效率、干练;陪同来宾参观,要照顾来宾行走速度,并善于引路。

【小贴士】

以走姿促健美

良好的走姿能起到健美的作用。曾两度荣获奥斯卡最佳女主角奖的美国著名好莱坞影星简·方达,非常注重研究形体健美。她的健美形体曾一度成为人们羡慕和效仿的标准。她以自己的亲身体验和心得总结,撰写了《简·方达健美操》一书,这本书一经面世就备受推崇,风靡世界。她在日常生活中加强锻炼,始终保持健美的形体。她有一套走路健身法,对形体健美颇为有效。其方法可以概括为以下几点。

(1) 活泼轻松地走。为了获得走路的有氧锻炼效果,简·方达摸索出理想的步速是6.9～8千米/小时,即120米/分钟左右。

(2) 重心向前倾。走路时,脚掌的用力方向应是向后蹬,而不是向下扣。

(3) 步伐不要过小,稍微拉大一些走,可以加快速度,并使步子富有节奏感,使腿和臀部处于充分活动的状态。

(4) 提高重心。走路时,要挺胸收腹,背要直,头要抬。颈部和腰部都要有挺起感。身体要保持正直,但不要紧张、僵直,要放松。

(5) 两手臂的摆动要自然有力。甩臂要像吊钟的钟摆一样,幅度要大而有力,但始终要保持轻松自如。

(3) 穿职业装的走姿。

① 穿西装的走姿要求。西服以直线为主,应当走出穿着者挺拔、优雅的风度。穿西装时,后背保持平正,两脚立直,走姿的步幅可略大些,手臂放松伸直摆动,手势简洁大方。行走时男士不要晃动,女士不要左右摆髋。

② 穿西服套裙的走姿要求。西服套裙多以半长筒裙与西装上衣搭配,所以着装时应

该尽量表现出这套职业装的干练、洒脱的风格特点。这套服装要求步履轻盈、敏捷、活泼，步幅不宜过大，可用稍快的步速节奏来调和，以使走姿活泼灵巧。

③ 穿旗袍的走姿要求。旗袍作为东方晚礼服的杰出代表，在世人眼里拥有着经久不衰的美丽。所以，很多服务行业通常将其作为迎宾、引位或者中式宴会厅的职业服装。着这款服装，最重要的是要表现出东方女性温柔、含蓄的柔美风韵，以及身体的曲线美。所以穿中式旗袍要求身体挺拔，胸微含，下颌微收；塌腰撅臀是着旗袍的大忌。旗袍必须搭配高跟或中跟皮鞋才能走出这款服装的韵味。行走时，走交叉步直线，步幅适中，步子要稳，双手自然摆动，髋部可随着身体重心的转移，稍加摆动，但上身绝不可跟着晃动。总之，穿旗袍应尽力表现出一种柔和、妩媚、含蓄、典雅的东方女性美。

④ 穿高跟鞋的走姿要求。女士在正式场合经常穿着黑色高跟鞋，行走时要保持身体平衡。具体做法是：直膝立腰、收腹收臀、挺胸抬头。为避免膝关节前屈导致臀部向后撅的不雅姿态，行走时一定要把踝关节、膝关节、髋关节挺直，只有这样才能保持挺拔向上的形体。行走时步幅不宜过大，每一步要走实、走稳，这样步姿才会有弹性并富有美感。

【小贴士】

不同走姿所反映的心理特征

心理学家史诺嘉丝发现，走路大步，步子有弹性及摆动手臂，显示一个人自信、快乐、友善及富有雄心；走路时拖着步子，步伐小或速度时快时慢则相反。喜欢支配别人的人，走路时倾向于脚向后踢高；性格冲动的人，就像鸭子一样低头急走；而拖着脚走路的人，通常是不快乐的或内心苦闷；女性走路时手臂摆得高，则显示出她精力充沛和快乐。

(4) 克服不雅的走姿。

① 横冲直撞。行进中，专爱拣人多的地方行走，在人群之中乱冲乱闯，甚至碰撞到他人的身体，这是极其失礼的。

② 抢道先行。行进时，要注意方便和照顾他人，通过人多路窄之处务必要讲究"先来后到"，对他人"礼让三分"，让人先行。

③ 阻挡道路。在道路狭窄之处，悠然自得地缓慢而行，甚至走走停停，或者多人并排而行，显然都是不妥的。还须切记，一旦发现自己阻挡了他人的道路，务必要闪身让开，请对方先行。

④ 蹦蹦跳跳。务必要注意保持自己的风度，不宜使自己的情绪过分地表面化，例如激动起来，走路便会变成了上蹿下跳，甚至连蹦带跳的失常情况。

⑤ 奔来跑去。有急事要办时，可以在行进中适当加快步伐。但若非碰上了紧急情况，则最好不要在工作时跑动，尤其是不要当着客户或服务对象的面突如其来地狂奔而去，那样通常会令其他人感到莫名其妙，产生猜测，甚至还有可能造成过度紧张气氛。

⑥ 制造噪声。应有意识地使行走悄然无声。其做法是：第一，走路时要轻手轻脚，不要在落脚时过分用力，走得"咯咯"直响；第二，上班时不要穿带金属鞋跟或钉有金属鞋掌的鞋子；第三，上班时所穿的鞋子一定要合脚，否则走动时会发出令人厌烦的噪声。

【小训练】

走姿练习

行走姿态必须经过科学训练，进行一定量的练习，才可以形成良好的走姿。

(1) 分步骤基本练习。初级训练阶段应采用分解式练习，把走姿分成三个过程训练：提、迈、落。"提"指行进腿大腿向上提45°，形成膝盖上提，脚尖向下，见图4-8；"迈"指行进腿以膝盖为轴，大腿保持不动，小腿向前伸长，脚尖稍离地，见图4-9；"落"指行进腿落地，后脚推前脚，重心前移，见图4-10。

练习时，先分解练习，再整合动作。节奏可以由三拍过渡至两拍，速度由慢到快。

(2) 工具辅助练习。为保持走姿的平稳性，可用"书籍"作为工具辅助练习。要求在行进中将一本厚度适中的书放在头顶中心，头、躯干挺直，自然保持平衡。这种训练方法可以纠正身体出现的不良习惯，如身体左右摇摆、头部晃动等。每次训练时间控制在20分钟左右。

(3) 音乐体验练习。当行走姿态基本正确后，可以配合音乐进行练习。音乐可采用慢速和中速节奏。这种训练方法不仅可以起到调节情绪的作用，同时也可培养动作的韵律感和表现力，陶冶学习者的艺术素养。

图4-8　提　　　　　　　　图4-9　迈　　　　　　　　图4-10　落

4．蹲姿

俗话说："蹲要雅。"蹲姿是人的身体在低处取物、拾物、整理物品、整理鞋袜时所呈现的姿势，它是人体静态美与动态美的综合。蹲姿要动作美观，姿势优雅。

(1) 标准的蹲姿。其有如下要求：首先要讲究方位，当需要拣拾低处或地面物品的时候，可走到其物品的左侧；当面对他人下蹲时，要侧身相向；当需要整理鞋袜或于低处整理物品时可面朝前方，两脚一前一后，一般情况是左脚在前，右脚在后，目视物品，直腰下蹲。直腰下蹲后，方可弯腰捡低处或地面的物品及整理鞋袜或做低处的工作。取物或工作完毕后，先直起腰部，使头部、上身、腰部在一条直线上，再稳稳站起。行蹲姿时，男士两腿间可留有适当的缝隙，女士则要两腿并紧，穿旗袍或短裙时需更加留意，以免尴尬。标准的蹲姿如图4-11所示。

图4-11　标准蹲姿

（2）蹲姿的种类。

① 高低式。这是常用的一种蹲姿，基本特征是双膝一高一低。此蹲姿男士、女士均可使用。要领是：下蹲后，左脚在前，右脚在后；左脚完全着地，小腿基本垂直于地面；右脚要脚掌着地，脚跟提起；右膝要低于左膝，右膝内侧可靠于左上腿的内侧，形成左膝高右膝低的姿态；臀部向下，基本上以右腿支撑身体。女士应注意紧靠双腿，男士两腿之间可有适当的距离，如图 4-12 所示。

② 单膝点地式。这种蹲姿，适用于男士，其特征是双腿一蹲一跪。它是一种非正式的蹲姿，多用于下蹲时间较长或为了用力方便时采用。要领是：下蹲后，右膝点地，臀部坐在脚跟之上，以脚尖着地；另一条腿全脚掌着地，小腿垂直于地面；双膝同时向外，双腿尽力靠拢，如图 4-13 所示。

③ 交叉式。这种蹲姿优美典雅，其基本特征是双腿交叉在一起，此蹲姿适用于女士。要领是：下蹲后，左脚在前，右脚在后，左小腿垂直于地面，全脚着地；左腿在上，右腿在下，二者交叉重叠，右膝从后下方伸向左前侧，右脚跟抬起，脚掌着地，两腿前后靠近，全力支撑身体；上身略向前倾，臀部朝下，如图 4-14 所示。

图 4-12　高低式蹲姿　　　　图 4-13　单膝点地式蹲姿　　　　图 4-14　交叉式蹲姿

（3）易出现的不良蹲姿。

① 方位不准确。应根据具体的场合和需要选择蹲姿，注意方位的准确运用，如对人下蹲时，如果采用正面下蹲，就是很不礼貌的行为。

② 蹲速不当。在下蹲时速度不能过快，要轻稳，同时速度适中。特别是女性穿旗袍等服饰时，更要注意。

③ 不注意动作的隐蔽性。蹲姿因重心过低，故要十分注重腿部动作的控制。要收紧腿部动作，两腿之间不能有缝隙，特别是女性穿裙装时，更要注意下蹲动作的隐蔽性。

④ 随意滥用。不要在工作中随意采用蹲姿，也不可蹲在椅子上或蹲在地上休息。

【小训练】

蹲 姿 练 习

要有意识地、经常主动地进行标准蹲姿训练，形成良好习惯。可以运用压腿、踢腿、活动关节等方式加强腿部膝关节、踝关节的力量和柔韧性训练，这是优美蹲姿的基础。

平时在进行蹲姿训练时可以配上优美的音乐，放松心情，减轻单调、疲劳之感。

4.2 表情

面部是最有效的表情器官，人的面部表情主要表现为眼、眉、嘴、鼻、面部肌肉的变化。这里我们主要介绍一下眼神和微笑。

1. 眼神

俗话说"眼睛是心灵的窗户"，它是人体传递信息最有效的器官，而且能表达最细微、最精妙的差异，显示出人类最明显、最准确的交际信号。据研究，在人的视觉、听觉、味觉、嗅觉和触觉感受中，唯独视觉感受最为敏感，人由视觉感受的信息占总信息的83%。人的七情六欲都能通过眼睛这个神秘的器官显现出来。

【小故事】

老师的眼神

有一则这样的报道：一所重点中学举行百年校庆时，恰逢德高望重的老教师80寿辰。这位老教师极富传奇色彩，他所教过的学生中，许多已成为蜚声海内外的教授、学者及活跃在时代前沿的IT精英。是什么原因使这位老教师桃李满天下呢？学校决定在百年校庆之际，把这个谜底揭开。于是，记者便对该校毕业的各位成功人士，即这位老教师的学生做了一个调查，请他们谈一谈老教师的哪方面对他们的人生影响最大。结果，答案令记者等人很吃惊，他们出奇地一致认为，是老师的眼神给了他们前进的动力。因为这位老教师的眼神中时刻都流动着鼓励、肯定与信任，这是一笔不可估量的财富，也给了他们无穷的动力。

眼神礼仪的构成，一般涉及时间、角度、部位、方式等几个方面，如表4-1所示。

表4-1 眼神礼仪

项目	眼 神 礼 仪
时间	友好：注视对方的时间应占全部相处时间的约1/3
	关注：比如听报告、请教问题时，则注视对方的时间应占全部相处时间的约2/3
	轻视：注视对方的时间不到全部相处时间的1/3，意味着对其瞧不起或没有兴趣
	敌意：注视对方的时间超过了全部相处时间的2/3，往往表示可能对对方抱有敌意，或是为了寻衅滋事
	兴趣：注视对方的时间长于全部相处时间的2/3以上，还有另一种情况，即对对方本人产生了兴趣
角度	平视也叫正视。一般用于在普通场合与身份、地位平等之人进行交往
	侧视是一种平视的特殊情况，即位于交往对象一侧，面向对方，平视着对方
	仰视即主动居于低处，抬眼向上注视他人，适用于面对敬重之人
	俯视即抬眼向下注视他人，一般用于身居高处之时。它可对晚辈表示宽容、怜爱，也可对他人表示轻慢、歧视
部位	注视对方双眼，表示重视对方，但时间不宜过久
	注视对方额头，表示严肃、认真、公事公办，适用于极为正规的公务活动
	注视眼部至唇部，是交际场合面对交往对象时所用的常规方法

>>>>>>>>>>>

项目	眼 神 礼 仪
部位	注视眼部至胸部,多用于关系密切的男女间
	注视眼部至腿部,它适用于注视相距较远的熟人,亦表示亲近、友善,但不适用于关系普通的异性
	对他人身上的某一部位随意一瞥,可表示注意,也可表示敌意。多用于在公共场合注视陌生之人,但最好慎用
方式	直视,即直接地注视交往对象,它表示认真、尊重,适用于各种情况。若直视他人双眼,即称为对视。对视表示自己大方、坦诚,或是关注对方
	凝视是直视的一种特殊情况,即全神贯注地进行注视。它多用以表示专注、恭敬
	盯视,即目不转睛,长时间地凝视其人的某一部位。它表示出神或挑衅,故不宜多用
	扫视即视线移来移去,注视时上下左右反复打量。它表示好奇、吃惊,亦不可多用,对异性尤其应禁用
	睨视,又叫睥视,即斜着眼睛注视。它多表示怀疑、轻视,一般应当忌用。与初识之人交谈时,尤其应当忌用
	眯视,即眯着眼睛注视。它表示惊奇、看不清楚,模样不太好看,故也不宜采用
	环视,即有节奏地注视着不同的人员或事物。它表示认真、重视,适用于同时与多人打交道,表示自己"一视同仁"
	他视,即与某人交谈时不注视对方,反而望着别处。它表示胆怯、害羞、心虚、反感、心不在焉,是不宜采用的一种眼神

【小贴士】

丰富的眉语

眉语十分丰富,仅眉毛的表情动作就有 20 余种,可以表达出不同的语义(见表 4-2)。在人际交往中,为了体现良好的教养,保持优美的形象,双眉应在自然平直的状态,不要皱眉、挑眉,改变眉的位置。

表 4-2　眉毛动作语义

动作	语义	动作	语义
扬眉	喜悦	横眉	轻蔑
展眉	宽慰	皱眉	为难
飞眉	兴奋	锁眉	忧愁
喜眉	欢愉	挤眉	戏谑
竖眉	愤怒	低眉	顺从

【小训练】

眼 神 训 练

训练前做好如下准备:每人一面小镜子、音乐播放器材、音乐歌曲 CD、优秀影视剧中的演员和节目主持人通过眼神表达内心情感的影像资料等。

以下方法坚持天天训练,不要间断,必使目光明亮有神。

（1）睁大眼睛训练：有意识地练习睁大眼睛的次数，增强眼部周围肌肉的力量。

（2）转动眼球训练：头部保持稳定，眼球尽最大的努力向四周做顺时针和逆时针360°转动，增强眼球的灵活性。

（3）视点集中训练：点上一支蜡烛，视点集中在蜡烛的火苗上，并随其摆动，坚持训练可达目光集中、有神，眼球转动灵活。

（4）目光集中训练：眼睛盯住3米左右的某一物体，先看外形，逐步缩小范围到物体的某一部分，再到某一点，再到局部，再到整体。这样可以提高眼睛明亮度，使眼睛十分有神。

（5）影视观察训练：观看录像资料，注意观察和体会优秀影视剧中的演员和节目主持人是如何通过眼神表达内心情感的。

（6）训练时可以配上优美的音乐，放松心情，减轻单调、疲劳之感。

2．微笑

微笑是人际交往中最美丽的语言，是公共关系和商务礼仪中的亮点。保持一个微笑的表情、谦和的面孔，是表示自己真诚、守礼的重要途径。微笑是有自信心的表现，是对自己的魅力和能力抱积极的态度。微笑可以表现出温馨、亲切的表情，能有效地缩短双方的距离，给对方留下美好的心理感受，从而形成融洽的交往氛围。面对不同的场合、不同的情况，如果能用微笑来接纳对方，可以反映出你良好的修养和诚挚的胸怀。

【小故事】

今天你对客人微笑了吗

美国的希尔顿酒店享誉世界，回头客众多，秘诀就在于微笑服务。其创始人康纳·希尔顿在50多年里，不断到世界各地的希尔顿酒店视察，他经常问员工的一句话就是："今天你对客人微笑了吗？"并要求他们记住一个信条：无论酒店本身遇到何种困难，希尔顿酒店员工脸上的微笑永远是属于顾客的阳光。

微笑能够成就爱的循环。没有亲和力的微笑，无疑是重大的遗憾，甚至会给工作带来不便。那么，身在职场的人，通过什么样的训练，才能获得微笑这一有效沟通的法宝和人际关系的磁石呢？心理专家告诉我们以下步骤。[1]

第一步，放松面部肌肉，然后使嘴角微微向上翘起，让嘴唇略呈弧形。最后，在不牵动鼻子，不发出笑声，不露出牙齿，尤其是不露出牙龈的前提下，轻轻一笑。

第二步，闭上眼睛，调动感情，并发挥想象力，或回忆美好的过去或展望美好的未来，使微笑源自内心，有感而发。

第三步，对着镜子练习，使眉、眼、面部肌肉、口形在笑时和谐统一。

第四步，当众练习，按照要求当众练习，使微笑规范、自然、大方，克服羞涩和胆怯的心理，也可以请观众评议后再对不足进行纠正。

---

[1] 毕文杰. 你的职场礼仪价值百万 [M]. 北京：中国画报出版社，2012：34.

我们掌握了微笑的方法后,还要注意要正确地微笑,具体要做到以下几点。

(1)把握微笑的时机。在与对方交谈中,最好的微笑时机是在与对方目光接触的瞬间展现微笑,这样能够促进心灵的友好互动。

(2)把握微笑的层次变化。微笑有很多层次,有浅浅一笑,眼中含笑,也有哈哈大笑。在整个交谈过程中,微笑要有收有放,在不同时候使用不同的笑。如果一直保持同一层次的笑,表情就会显得僵硬、呆板,被对方认为是傻笑。

(3)注意微笑维持的时间长度。微笑的最佳时间长度以不超过3秒钟为宜,时间过长会给人假笑或不礼貌的感觉,过短则会给人皮笑肉不笑的感觉。

(4)根据场合而定。微笑的表情很有讲究,不同的场合适合不同深度的微笑。不同的笑,也可以显示着不同的思想态度和感情色彩,产生不同的影响。在与别人交谈中,放声大笑或傻笑,都是非常失礼的,工作中把握好微笑的尺度,更能显示出你的内在修养。

【小贴士】

正式场合笑的禁忌

在正式场合笑的时候,应力戒以下几种"笑"。

(1)假笑,即笑得虚假,皮笑肉不笑。

(2)冷笑,是含有怒意、讽刺、不满、无可奈何、不屑、不以为然等意味的笑。这种笑非常容易使人产生敌意。

(3)怪笑,即笑得怪里怪气,令人心里发麻。它多含有恐吓、嘲讽之意,令人十分反感。

(4)媚笑,即有意讨好别人的笑。它亦非发自内心,而来自一定的功利性目的。

(5)怯笑,即害羞或怯场的笑。例如,笑的时候,以手掌遮掩口部,不敢与他人进行目光交流。

(6)窃笑,即偷偷地笑。多表示洋洋自得、幸灾乐祸或看他人的笑话。

(7)狞笑,即笑时面容凶恶。多表示愤怒、惊恐、吓唬他人。此种笑容无丝毫的美感可言。

(5)微笑要自然。有人指出,中国的礼仪习惯是笑不露齿;也有很多礼仪培训教材提出,微笑要露出6~8颗牙。其实微笑是一种个性化的表情,不应该以技术化、标准化的形式加以规定,对微笑要求表现得整齐划一是不符合礼仪之美的。职业人士进行微笑训练,不是尝试露出几颗牙,嘴角上提到几度位置,眼睛变化成哪种形状,而是要发现自己最美的每一个瞬间,展现出独特的气质,自信、勇敢、自然、真诚地去微笑。微笑的美在于文雅、适度、亲切自然。微笑要诚恳和发自内心,做到"诚于中而形于外",只有调整好自己的心态才能够表现出表里如一的微笑,切不可故作笑颜,假意奉承。在生活中用善良、包容的心对待他人,用敬业奉献的热情对待工作,微笑就是自然甜美的。

(6)微笑要协调。微笑时要调动多部位器官协调动作,形成微笑的表情。微笑一般要注意以下四个结合。

① 口眼结合。要口到、眼到、神色到,笑眼传神,微笑才能扣人心弦。

② 笑与神、情、气质相结合。这里讲的"神"，就是要笑得有情入神，笑出自己的神情、神色、神态，做到情绪饱满、神采奕奕；"情"，就是要笑出感情，笑得亲切、甜美，反映美好的心灵；"气质"就是要笑出谦逊、稳重、大方、得体的良好气质。

③ 笑与语言相结合。语言和微笑都是传播信息的重要符号，只有注意微笑与美好语言相结合，声情并茂，相得益彰，微笑才能发挥出它应有的特殊功能。

④ 笑与仪表、举止相结合。以笑助姿、以笑促姿，形成完整、统一、和谐的美。尽管微笑有其独特的魅力和作用，但若不是发自内心的真诚的微笑，那将是对微笑的亵渎。有礼貌的微笑应是自然的坦诚的、内心真实情感的表露，否则强颜欢笑，假意奉承的"微笑"则可能演变为"皮笑肉不笑""苦笑"。如拉起嘴角一端微笑、使人感到虚伪；吸着鼻子冷笑，使人感到阴沉；捂着嘴笑，给人以不自然之感，这些都是失礼之举。

【小训练】

微笑的训练方法

训练前做好以下准备：筷子、小镜子（每人一面）、音乐播放器材、歌曲 CD、优秀影视剧中的演员和节目主持人微笑的影像资料等。训练方法具体如下。

(1)"口咬筷子"法。把筷子横着含在嘴里咬住，嘴角斜着往两边走，发"一"的声音。同时，对着镜子不断调整自己的表情。

(2)情绪记忆法。将生活中令自己最开心的情绪储存在记忆中，当需要微笑时，只要想起那件事情，脸上就会流露出笑容。

(3)口形练习法。练习微笑时，嘴里可以发出"一""七""茄子"或"威士忌"等音，并注意保持此种口形。

练习微笑之前要忘掉自我和一切的烦恼，让心中充满爱意。练习微笑时可对着镜子，调整自己的口形，注意与面部其他部位和眼神的协调，做最使自己满意的微笑表情。训练过程中可配上优美的音乐，放松心情，减轻单调、疲劳之感。

4.3　举止

为做到举止文明，就要在各类交际场合努力克服不良举止。这里所说的不良举止是常被人称为"小节""冒失"的动作举止。"小节"虽小，但它却是影响人整体形象的主要因素，是构成个人公德的重要内容。不拘小节，行为莽撞，举止失措的"冒失鬼"是不受人欢迎的。在交往中，我们要努力克服如下不良举止。

1. 打呵欠

当你在与人谈话的时候，尤其是当对方在滔滔不绝地发表意见时，那时你也许感到疲倦了，但要按捺住性子让自己不打呵欠，因为这会引起交际对象的不快。打呵欠在社交场合中给人的印象是：你不耐烦了，而不是你疲倦。

2．掏耳和挖鼻

大家正在喝茶、吃东西的时候,掏耳的小动作往往令旁观者感到恶心。即使你想"洗耳恭听",此时此地也不是时候。同样,用手指挖鼻也是非常失礼的动作。

3．剔牙

宴会上,谁也免不了有剔牙的小动作。既然这小动作不能避免,就得注意剔牙时不要露出牙齿,而且不要把碎屑乱吐一番。最好用左手掩嘴,头略向侧偏,吐出碎屑时用纸巾接住。

4．搔头皮

有些头皮屑多的人,在社交场合也忍耐不住头皮屑刺激的瘙痒,而搔起头皮来。搔头皮必然使头皮屑随风纷飞,这不仅难看,而且令旁人大感不快。搔头皮这种现象在社交场合是非常失礼的。特别是在宴会上,或者较为严肃、庄重的场合,这种小动作是很难叫人谅解的。

5．双腿抖动

双腿抖动这种小动作多发生在坐着的时候,站立时较为少见。这种小动作虽无伤大雅,但双腿抖动不停,令对方觉得不舒服,而且给人情绪不安定的感觉,这也是失礼的。同样,让跷起的腿钟摆似的打秋千也是相当难看的姿态。

【小故事】

我的财都被他抖掉了

有一位华侨,到国内洽谈合资业务,洽谈了好几次。最后一次来之前,他曾对朋友说:"这是我最后一次洽谈了,我要跟他们的最高领导谈,谈得好,就可以拍板。"过了两个星期,他和朋友相遇,朋友问:"谈成了吗?"他说:"没谈成。"朋友问其原因,他回答:"对方很有诚意,进行得也很好,就是跟我谈判的这个领导坐在我的对面,当他跟我谈判时,不时地抖着他的双腿,我觉得还没有跟他合作,我的财都被他抖掉了。"

6．频频看表

在与人交谈时,如果无其他重要约会,最好少看自己的手表。这样的小动作会使对方认为你还有什么重要的事情,会使谈话进行不下去;同时,你的这种小动作可能引起对方的误会,认为你没有耐心再谈下去。如果你确实有事在身,不妨婉转地告诉对方改日再谈,并表示歉意。

【实训项目】手势及手势语运用

1．实训要求

本训练为"手势训练",其目的是让学生熟悉手势语,正确运用手势语进行交际。准备音乐播放器材、投影设备和视频资料等。训练时首先观看手势及手势语运用的视频资料,然后在具有四面墙安装长度及地镜子的形体训练室开始训练。每两人一组对镜子练习常用手势并互相纠正。教师最后点评、总结。注意练习时调整体态，保持良好的站姿，并且表情自然。

2．实训内容

手是人体上最富灵性的器官，如果说"眼睛是心灵的窗户"，那么手就是心灵的触角，是人的第二双眼睛。手势在传递信息、表达意图和情感方面发挥着重要作用，生动形象的有声语言再配合准确的手势动作，必然能使交往更富有感染力、说服力和影响力。

（1）常见的手势。

① 引领的手势。在各种交往场合都离不开引领动作，如请客人进门、请客人坐下、为客人开门等，都需要运用手与臂的协调动作。同时，由于这是一种礼仪，还必须注入真情实感，调动全身活力，使心与型体形成高度统一，才能做出色彩和美感。引领动作主要有以下几个表现形式。

- 横摆式。以右手为例：将五指伸直并拢，手心不要凹陷，手与地面呈45°角，手心向斜上方。腕关节微屈，腕关节要低于肘关节。动作时，手从腹前抬起，至横膈膜处，然后，以肘关节为轴向右摆动，到身体右侧稍前的地方停住。同时，双脚形成右丁字步，左手下垂，目视来宾，面带微笑，如图4-15所示。这是在门的入口处常用的谦让礼的姿势。

- 曲臂式。当一只手拿着东西、扶着电梯门或房门，同时要做出"请"的手势时，可采用曲臂手势。以右手为例：五指伸直并拢，从身体的侧前方向上抬起，至上臂离开身体的高度，然后以肘关节为轴，手臂由体侧向体前摆动，摆到手与身体相距20厘米处停止，面向右侧，目视来宾，如图4-16所示。

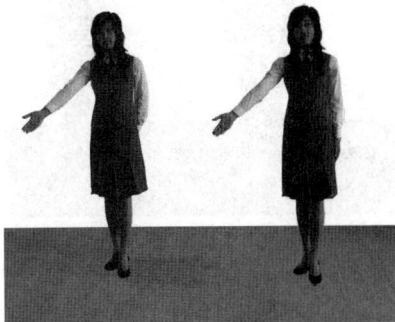

图4-15　横摆式引领手势　　　　　　　　　图4-16　曲臂式引领手势

- 斜下式。请来宾入座时，手势要斜向下方。首先用双手将椅子向后拉开，然后一只手曲臂由前抬起，再以肘关节为轴，前臂由上向下摆动，使手臂向下成一斜线，并微笑点头示意来宾，如图4-17所示。

② 招呼他人。左手放于体侧，手臂伸直或成一条直线，右手向前向上抬起，手掌向下，屈伸手指做搔痒状或晃动手腕，如图4-18所示。这种手势在中国、欧洲的大部分地区以及拉丁美洲的许多国家都比较适用，但在美国、日本等国却与此相反，他们用掌心向上，向内屈伸手指做搔痒状或晃动手腕招呼别人，而在中国和马来西亚等国，这种手势却是用来召唤动物的。

>>>>>>>>>

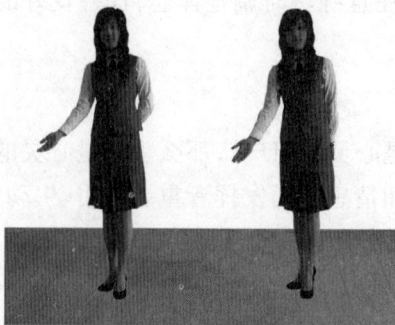

图 4-17 斜下式引领手势

图 4-18 招呼他人手势

③ 挥手道别。要领是：身体要站直，不晃动，目视对方。左手放于体侧，手臂伸直成一条直线，右手向前向上抬至与肩同高或略高于肩，手臂不可弯曲，掌心朝向对方，指尖朝向上方，五指并拢，手腕晃动，如图 4-19 所示。

④ 指引方向。要领是：当有人询问去处时，要先行站直，不可尚未站稳或在行走中指引方向。左手放于体侧，手臂伸直成一条直线，右手五指并拢，手掌翻转到掌心朝上，与肩平齐，直指准确方向。目光要随着手势走，指到哪里看到哪里，否则易使对方迷惑。指引方向后，右手手臂不可马上放下，要保持手势顺势送出几步，以体现对他人的关怀和尊敬，如图 4-20 所示。

图 4-19 挥手道别手势

图 4-20 指引方向手势

⑤ 递接物品。要领是：双手递送、接取物品，不方便双手时，也可用右手，但绝不可单用左手。双方距离比较远时，应起身站立，主动走近对方递送或接取物品。递送时最好直接递至对方手中并且要方便对方接取。递送有文字、图案、正反面的物品时，要正面向上且朝向对方；接取物品时，要缓而且稳，不要急欲抢取。图 4-21 所示为递物品示意图。递送带尖、带刃或其他易于伤人的物品时，应使其尖、刃等朝向自己或朝向他处，切不可朝向对方，如图 4-22 所示。

图 4-21 递物品

⑥ 展示物品。要领是：应使物品在身体的一侧展示，不要挡住本人头部。展示的位置不同表明物品的意义不同：当手持物品高于双眼时，适用于被人围观时采用；当手持物品位于眼睛下方，胸部上方，双臂横伸时在肩至肘部以内时，给人以放心、稳定感；当手持物品位于眼睛下方，胸部上方，双臂伸直时在肘部以外时，给人以清楚感，通常在这个位置展示想让对方看清楚的物品；当手持物品位于胸部以下，给人以漠视感，通常展示不太重要或不太明显的物品时采用。如图4-23所示为展示物品示意图。

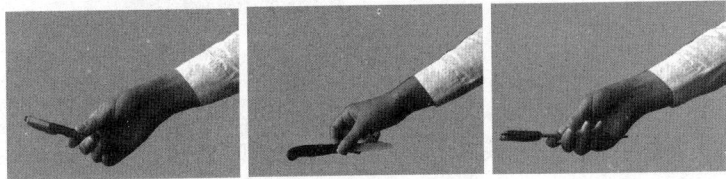

图4-22　递笔、刀、剪子

图4-23　展示物品

⑦ 鼓掌。鼓掌是在观看文体表演、参加会议、迎候嘉宾时，表示赞赏、鼓励、祝贺、欢迎等情感的一种手势。要领是：以右手掌心向下有节奏地拍击左掌，不可左掌向上拍击右掌；不可右掌向左，左掌向右，两掌互相拍击。鼓掌时间要长短相宜，以5~8秒为宜。

(2) 常见手势语。

① OK的手势。拇指和食指合成一个圆圈，其余三指自然伸张，如图4-24所示。这种手势在西方某些国家比较常见，但应注意在不同国家其语义有所不同。如在美国表示"赞扬""允许""了不起""顺利""好"；在法国表示"零"或"无"；在印度表示"正确"；在中国表示"零"或"三"两个数字；在日本、缅甸、韩国则表示"金钱"；在巴西则是"引诱女人"或"侮辱男人"之意；在地中海的一些国家则是"孔"或"洞"的意思。

【小故事】

OK手势闹出笑话

礼仪专家李荣建曾因为OK手势闹出笑话。他在上中学的时候，由于学校修路把侧门关闭了，就要绕很远去上课。有一次眼看就要迟到了，于是他决定翻墙进去，但学校明令禁止跳墙，经常派保安埋伏在墙下。他正犹豫不决的时候，看见一个同学刚好经过。隔着栅栏门，他小声问："墙底下有没有保安？"同学四下看看，也不说话，只是冲他比划了个OK的手势。他一见很高兴，如武林高手一般，攀住墙头，"噌"地一下翻了过去。就在他双脚落地之时，3个保安过来将他团团围住，二话不说，把他带到了保卫处。回到教室，李荣建十分生气地问那个同学："明明墙底下有3个保安，你怎么做OK的手势来骗我？"那位同学也十分气愤地说："你是真傻还是装傻呀？我这是中国手势，意思是墙下有3个保安！"可见，同一种手势在不同的地方就会有不同的含义，甚至不同的手势却是表示相同的含义。

② 伸大拇指手势。大拇指向上，在说英语的国家多表示OK之意或是打车之意；若

>>>>>>>>

用力挺直,则含有骂人之意;若大拇指向下,多表示坏、下等之意。在我国,伸出大拇指这一动作基本上是向上伸表示赞同、一流、好等,向下伸表示蔑视、不好等之意。伸大拇指手势如图 4-25 所示。

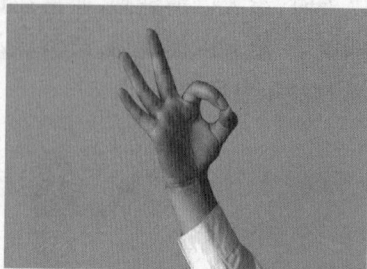

图 4-24　OK 的手势

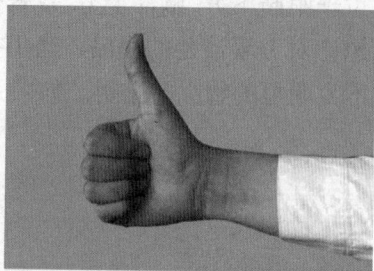

图 4-25　伸大拇指手势

③ V 形手势。伸出食指和中指,掌心向外,其语义主要表示胜利(英文 victory 的第一个字母);掌心向内,在西欧表示侮辱、下贱之意。这种手势还时常表示"2"这个数字。

【小故事】

小明的手势

小明刚上三年级,这天他考数学,考得挺好。放学回到家,他 90 多岁的太奶奶就问他:"今天考得咋样啊?"他说考得挺好,冲太奶奶做了个 V 形手势,他太奶奶哪懂得洋手势的意思呀,说道:"哦,这孩子学习不行,考了个'鸭巴子'"。"鸭巴子"是方言,就是指得了 2 分,鸭子的形状不是像阿拉伯数字"2"吗。第二天放学,太奶奶又问小明:"孩子你今天考得咋样啊?"小明今天考的是语文,他考得也很好,就冲太奶奶做了一个 OK 的手势,他太奶奶还是不懂这个洋手势的意思,叹了口气,说道:"唉,这孩子学习不行,还不如昨天呢,考了个大零蛋!"

④ 捻指作响手势。就是用手的拇指和中指弹出声响,其语义或表示高兴,或表示赞同,或是无聊之举,有轻浮之感。应尽量少用或不用这一手势,因为其声响有时会令他人反感或觉得没有教养,尤其是不能对异性运用此手势,这是带有挑衅、轻浮之举。

(3)克服不良的手势。手势是人的第二面孔,具有抽象、形象、情意、指示等多种表达功能,在使用手势和手势语时,以下不良的手势和手势语应注意克服;否则,将会给对方传达出不良的信息。

① 指指点点。工作中绝不可随意用手指对交际对象指指点点,与人交谈时更不可这样做。指点着别人说话,往往引起他人较大的反感。

【小案例】

错误的数数法

某日,小郑奔赴机场,准备接待当天到达的外地客户。小郑笑容可掬地站在机场出口,迎候客户的到来。接着小郑按惯例开始清点人数:"1,2,3,4,…"小郑轻轻地念着,同时用手指点数客户。在接下来的接待中，小郑服务十分周到，但是他发现客户们还是有点不对劲。小郑百思不得其解。

② 随意摆手。在接待服务对象时，不可将一只手臂伸在胸前，指尖向上，掌心向外，左右摆动。这种动作的一般含义是拒绝别人；有时，还有极不耐烦之意。

③ 端起双臂。双臂抱起，然后端在胸前这一姿势，往往暗含孤芳自赏、自我放松或置身事外、袖手旁观、看他人笑话之意。

④ 双手抱头。这一体态的本意是自我放松，但在服务时这么做，则会给人以目中无人之感。

⑤ 摆弄手指。工作中无聊时反复摆弄自己的手指，活动关节或将其捻响，打响指，要么莫名其妙地攥紧拳，或是手指动来动去，在桌面或柜台不断敲扣，这些往往会给人不严肃、很散漫之感，令人望而生厌。

⑥ 手插口袋。这种表现会使客人觉得服务人员忙里偷闲，在工作方面并未尽心尽力。

⑦ 搔首弄姿。这种手势，会给人以矫揉造作、当众表演之感。

⑧ 抚摸身体。在工作时，有人习惯抚摸自己的身体，如摸脸、擦眼、搔头、挖鼻、剔牙、抓痒、搓泥，这会给别人缺乏公德意识、不讲究卫生、个人素质极其低下的印象。

⑨ 勾指手势。请他人向自己这边过来时，用一支食指或中指竖起并向自己怀里勾，其他四指弯曲，示意他人过来，这种手势有唤狗之嫌，对人极不礼貌。

3．训练自查

形体训练自查项目见表4-3。

表4-3　形体训练自查

序号	自查项目	不足和缺陷	改进措施
1	引领的手势		
2	招呼他人的手势		
3	挥手道别的手势		
4	指引方向的手势		
5	递接物品的手势		
6	展示物品的手势		
7	鼓掌的手势		
8	常见手势语的运用		

训练总结 _____

【课后练习】

1．案例分析。

相逢一笑泯恩仇

一次在上海飞往广州的飞机上，有两位外国女郎金发碧眼、衣着华丽。可刚上飞机她们就皱起眉头，掩着鼻子直嚷机舱里有怪味。一位空姐微笑着走来，请她们原谅，并递上一瓶香水。香水却被她们扔到了角落里。接着又是一连串的刁难。虽然空姐觉得自尊受到伤害，但仍笑脸相待，一一满足她们的要求。

当空姐给她们送来可口可乐时，她们还没喝，就说可口可乐有问题，甚至将可乐泼到空姐身上。空姐强忍这种极端无礼的行为，再次把可口可乐递过去，微笑着不卑不亢地说："小姐，这可乐是贵国的原装产品，也许贵国这家公司的可口可乐都是有问题的。我很乐意效劳，将这瓶可口可乐连同您的芳名及地址寄到这家公司去，我想他们肯定会登门道歉，并将此事在贵国的报纸上大加渲染的。"两个女郎目瞪口呆，而那位了不起的空姐还是面带微笑地将其他饮料送给她们。

事后这两位女郎留了一封信，信中说自己太苛刻、太过分，而中国空姐的服务、中国空姐的微笑，世界一流、无可挑剔。

思考题：

(1) 本案例对你有何启示？

(2) 微笑在交际中有何作用？

刘女士"充电"

近几年来，很多一线城市白领"充电"的概念，已经不单单局限于参加一些职业培训、专业证书考试等，个人仪态的训练、审美情趣的培养，也被他们提上了学习的日程。

外贸公司的销售员刘女士说，刚进公司的时候，她体型偏胖，仪态不佳，因此影响了工作状态。在形体培训中心，她了解到形体训练不仅是身材方面的训练，还包括了生活、工作中的仪态举止训练。经过培训，刘小姐感觉收获很大，工作状态得到了有效的改善，工作业绩也因此有所提高。她说："以前只认为技术能力是事业发展的关键，现在才知道，个人仪态和气质也不容忽视。"

思考题：

(1) 请谈谈你对刘女士这一番话的感触。

(2) 在职场中应如何体现出良好的仪态？

2．你对自己的仪态满意吗？请观察一下你周围人士的站姿、坐姿、走姿等方面存在什么问题，提醒自己避免出现这些问题。

3．分析判断。

一个人的体态可以间接地传递出他（她）的心理状态。了解体态语与心理态势之间的关系，有助于指导我们在交际场合中用好体态语，或借助对交际对象体态语的理解，来做出相应的心理调整，实现与交际对象的心理沟通，从而有效地调控口语交际活动的进行。请你对以下体态语逐一加以分析，看看他们分别传递了交际者的哪些心理信息。

抬头仰靠座椅，双手环抱于胸；

脚搁在桌子上；

分腿叉腰站立；

只将坐具坐了一半，一直看着自己的脚尖；

晃动二郎腿；

不时变换坐姿或站姿；

行走时忽左忽右，方向不定，变化多端；

行走时左顾右盼，或频频回头注视身后。

4．你的眼神是否充满自信和活力？怎样才能使眼神充满自信和活力。

5．观察一下日常生活中各个微笑的脸，说说"微笑的脸"有哪些特征。

6．今天你微笑了吗？试着每天清晨起床后，对着镜子整理仪容的同时，把甜美愉快的笑容留在脸上。

7．人际交往中，有哪些手势语显得失礼，是我们要避免使用的？

第5章 此生何处不相逢——会面礼仪

交际是人生一大乐趣。

————[英]西·史密斯《随笔集》

与人相交，一言一事，皆须有益于人，便是善人。

————（清）张英《聪训斋语》卷二

【学习目标】

知识目标

- 在交际中能够得体地称呼对方；
- 得体地进行自我介绍、他人介绍，更好地与人相识；
- 熟练运用标准的握手、鞠躬等见面礼节；
- 能够设计富有特色的名片，在交际中能够规范地使用名片；
- 能够恰当地选择礼品，互赠礼品；
- 正确地运用鲜花表达情意；
- 接待、拜访符合礼仪规范。

能力目标

- 能规范自身言行，提升交际能力；
- 自主学习新知识，能够利用网络媒体资源查找与会面礼仪相关的知识。

素质目标

- 树立传承文化、开拓创新的意识；
- 具有良好的审美情趣，努力提升个人整体形象；
- 具有团队意识和协作精神。

【案例导入】

如此会面

小李今年刚大学毕业，在大华公司总经理办公室做秘书。一天，公司王总经理派他到机场去接广州明光公司销售部的吴丽晶经理。小李准时来到机场，在出口处吴经理见到小李手中的字牌，走到小李面前说："你好！你是小李吧，我是吴丽晶！"小李连忙用不太标准的普通话说："是的是的，我是小李，您好！您就是广州过来的狐狸精（吴丽晶）吧？我是王总派来接您的。我是东方大学行政管理专业毕业的研究生，现在是王总的秘书。"一边说一边伸手准备与吴经理握手。面对小李这样的称呼、这样的自我介绍、这样的握手方式，吴经理会是什么感觉呢?

问题:小李在与吴经理会面中存在哪些礼仪问题? 会面时应注意哪些礼仪?

会面是交际的开始。会面礼仪是与人交往时的最基本、最常用的礼节,它最能反映一个人及社会的礼仪水平,可以帮助我们顺利地通往交际的殿堂。人们见面后互致问候,不熟悉的人之间相互介绍,然后握手,寒暄后才进入正题。这看似简单,却蕴含复杂的礼仪规则,表达着丰富的交际信息。

掌握基本的会面礼仪,能使现代人适应各种交际场合的礼仪要求,赢得交际对象的好感,塑造良好的社交形象,赢得机遇,迈出人生坚实的一步。

5.1　称呼

在交际中,双方见面时,如何称呼对方,这直接关系到双方之间的亲疏、了解程度、尊重与否及个人修养等。一个得体的称呼,会令彼此如沐春风,为以后的交往打下良好的基础;否则,不恰当或错误的称呼,可能会令对方心里不悦,影响到彼此的关系乃至交际的成功。

【小故事】

叶永烈采访陈伯达

著名传记作家叶永烈在着手写陈伯达传记时,必须采访陈伯达,采访时究竟怎样称呼陈伯达,叶永烈颇费了一番心思。采访的前一天晚上,叶永烈辗转反侧,明天见到了陈伯达到底该怎么称呼他呢? 叫他陈伯达同志,不合适,因为陈伯达是在监狱服刑的犯人;叫他老陈,也不行,因为陈伯达已经是 84 岁的老人了,而自己才 48 岁,究竟应怎样称呼他呢? 突然叶永烈灵机一动,称呼他陈老,这是再恰当不过的称呼了。果然,第二天采访时,叶永烈一声"陈老"亲切得体的称呼,令陈伯达听了感动万分,眼里充满了泪花。由此可见,一个得体的称呼真可谓交际的"敲门砖"啊!

1. 常用的称呼

(1) 职务性称呼。以交往对象的职务相称,以示身份有别、敬意有加。这是一种最常见的称呼,一般在较为正式的职业场合,如官方活动、公司活动中使用。这种称呼具体可以分为三种情况。

① 只称职务,如董事长、市长等。

② 职务前加上姓氏,如王总经理、张市长等。

③ 职务前加上姓名,如王海山市长、刘晓鹏局长等。

(2) 职称性称呼。对于有专业技术职称,尤其是具有中高级职称者,可以直接以其职称相称。这种称呼具体也可以分为三种情况。

① 只称职称,如教授、工程师等。

② 职称前加上姓氏,如李教授、刘工程师等。

>>>>>>>>>

③ 职称前加上姓名,如刘亚珍教授、吴俊明工程师等。

（3）行业性称呼。在职场中按所从事的行业进行称呼,一般可以直接以职业作为称呼,如老师、医生、会计、律师等。此类称呼前均可以加上姓氏或姓名,如汪老师、张医生、李敏律师等。

（4）学衔性称呼。在职场中按对方的学衔进行称呼,一般可以增加被称者的权威性,也有助于增强现场的学术气氛。这种称呼具体可以分为四种情况。

① 只称学衔,如博士。

② 学衔前加上姓氏,如王博士。

③ 学衔前加上姓名,如王晓明博士。

④ 将学衔具体化,说明其所属学科,并在后面加上姓名,如生物工程学博士王晓明。这种称呼最正式。

（5）姓名性称呼。在职场中直接称呼姓名,一般只适用于同事、同学和熟人之间。这种称呼具体也可以分为三种情况。

① 直呼姓名,如王艳洁,张岩松等。

② 只呼其姓,不称其名,一般要在姓氏前面加上"老""小""大"等前缀,如老刘、小王、大赵等。

③ 只称其名,不称其姓,一般在亲友、同学、邻里间使用,尤其适用于上级称呼下级、长辈称呼晚辈,如岩松、艳洁等。

（6）亲属性称呼。亲属,即与本人直接或间接拥有血缘关系者。在日常生活中,对亲属的称呼业已约定俗成,人所共知。面对外人,对亲属可根据不同情况采取谦称或敬称。

① 对本人的亲属应采用谦称。称辈分或年龄高于自己的亲属,可以在其称呼前加"家"字,如"家父""家叔"。称辈分或年龄低于自己的亲属,可在其称呼前加"舍"字,如"舍弟""舍侄"。称自己的子女,则可在其称呼前加"小",如"小儿""小女""小婿"。

② 对他人的亲属,应采用敬称。对其长辈,宜在称呼前加"尊"字,如"尊母""尊兄"。对其平辈或晚辈,宜在称呼之前加"贤"字,如"贤妹""贤侄"。若在其亲属的称呼前加"令"字,一般可不分辈分与长幼,如"令堂""令爱""令郎"。

（7）性别性称呼。对于从事商界、服务性行业的人,一般约定俗成地按性别的不同分别称呼"小姐""女士""夫人""先生","小姐"是对未婚女性的称呼,"女士"是对已婚或婚姻状况不明确者的称呼,"夫人"是对已婚女性的称呼,"先生"主要是对男士的称呼。

【小故事】

小姐还是太太

一位先生为外国朋友订做生日蛋糕。他来到一家酒店的餐厅,对服务小姐说:"小姐,您好,我要为我的一位外国朋友订一份生日蛋糕,同时打一份贺卡,你看可以吗?"小姐接过订单一看,忙说:"对不起,请问先生,您的朋友是小姐还是太太?"这位先生也不清楚这位外国朋友结婚没有,从来没有打听过,他为难地抓了抓后脑勺想想说:"小姐? 太太? 一大把岁数了,太太。"生日蛋糕做好后,服务员小姐按地址到酒店客房送生日蛋糕,敲门,一女子开门,服务员小姐有礼貌地说:"请问,您是怀特太太吗?"女子愣了愣,不高兴地说:"错了!"服务员小姐丈二和尚摸不着头脑,抬头看看门牌号,再回去打电话问那位先生,没错,房间号码没错。再敲一遍,开门,"没错,怀特太太,这是您的蛋糕。"那女子大声说:"告诉你错了,这里只有怀特小姐,没有怀特太太。"啪一声,门被大力关上,蛋糕掉在了地上。

2．称呼的禁忌

(1)忌使用错误的称呼。如因字多音而叫错对方的姓氏,误称未婚女性为夫人等,容易使人产生不悦或误会。

(2)忌使用过时的称呼。如对官员使用"老爷""大人"等已过时的称呼,不符合现代社会的标准,显得不伦不类。

(3)忌使用不通行的称呼。如南京人爱称人"师傅",山东人爱称人"伙计"。这样的称呼具有一定的地域性,在全国不通行,有时还会引起误会,如广东等地的南方人把"师傅"当成是"出家人",把"伙计"当成是"打工仔"。

(4)忌使用不当的行业称呼。行业称呼具有行业特点,如工人可以称为"师傅",称呼政府职能部门的公务人员为"师傅"则不合适;同样,现在一些美容院和理发店将美容师和理发师称呼为老师也是不合适的。

(5)忌使用庸俗低级的称呼。在交际中,尤其是职场中使用"老大""哥们儿""姐们儿"等称呼会显得庸俗低级,甚至还带有黑社会的味道,不合适。

(6)忌使用绰号为称呼。在交际中,特别是职场中不能随意用别人的绰号来称呼对方,如"四眼""张瘸子"等,还有一些人的小名也不能叫,如"小狗子""狗剩"等过去家人起的所谓贱名。

(7)忌使用替代性的称呼。在交际中,不应该使用一些替代性的称呼来代替正规的称呼,如医院的护士叫病人的床号"八床""五床"等替代病人的姓名,服务行业称呼客人为"几号"或"下一个"等。

(8)忌使用不适当的简称。有时为了显示亲热,有人会使用简称来称呼领导,如"李局(长)""张处(长)",但并不是所有的称呼都可以用简称的,如范局长不能简称"范局",戴校长不能简称"戴校"。

(9)忌不使用称呼。不使用称呼,即和别人沟通时用"喂""哎"等词语开头,这是很不礼貌的,也会令人十分不满,引起误会。

(10)忌使用昵称。在正式交际场合中坚决不能使用"宝贝""亲爱的""哥""姐"等昵称,一来反映自身的素质问题,二来会令人十分尴尬。

【小案例】

"小"字别乱喊

孙西是某咨询公司的高级培训师,上个月,他与公司另一名同事去杭州出差做一个项目。在企业做了一天的内部访谈后,第二天安排到市场一线做实地调研,由各地的区域经理负责安排接待陪同。

市场调研到了嘉兴,当地的区域经理白天陪同一起走访市场,晚上安排一起吃饭。区域

>>>>>>>>>>

经理几杯啤酒下肚,便开始称兄道弟。当他得知孙西比自己小几岁后,敬酒时便对孙西的同事喊着"张经理我们干一杯",然后冲孙西说:"小孙,咱们也喝一杯。"

孙西一听,感觉有点儿不对味,故意推辞:"不好意思,我吃完饭回去还得整理一下调研材料,就免了吧。"那个区域经理觉得被扫了面子,又冲着孙西的同事说:"张经理,你看小孙可真不够意思!"

孙西闻言,更加不舒服了,他端起酒杯很绅士地对那个区域经理说:"请问您贵姓?"区域经理很纳闷,答道:"我姓彭。""哦,小彭,咱们第一次见面,也不是很熟悉,但我要很负责地跟你说句话,你听好了——即使是你们老板跟我一起吃饭,敬酒时也都会很尊敬地称我一声'孙老师'或'孙经理'!好了,这杯酒我敬您。喝完我就先告辞了。"孙西一饮而尽,留下那个屁股刚抬起一半准备喝酒的区域经理,站也不是,坐也不是,呆立当场。

3. 使用称呼的技巧

(1)初次见面更要慎重称呼。初次与人见面或谈业务时,要称呼姓+职务,要一字一字地说得特别清楚,比如:"王总经理,你说得真对……"如果对方是个副总经理,可删去那个"副"字;但若对方是总经理,不要为了方便把"总"字去掉而变为经理。

(2)称呼对方时不要一带而过。在交谈过程中,称呼对方时,要加重语气,称呼完了停顿一会儿,然后再谈要说的事,这样能引起对方的注意,他会认真地听下去。相比之下,如果你称呼得很轻又很快,有种一带而过的感觉,对方听着会不太顺耳,有时也听不清楚,就引不起听话的兴趣。而且如果不太注意对方的姓名,而过分强调了要谈的事情,那就会适得其反,对方就不会对你的事情感兴趣。所以一定要把对方完整的称呼,很认真很清楚很缓慢地讲出来,以显示对对方的尊重。

(3)关系越熟越要注意称呼。与对方十分熟悉之后,千万不要因此而忽略了对对方的称呼,一定要坚持称呼对方的姓+职务(职称),尤其是有其他人在场的情况下。人人都需要被人尊重,越是朋友,越是要彼此尊重。如果熟了就变得随随便便,"老王""老李"甚至用一声"唉""喂"来称呼了,就极不礼貌,也是令对方难以接受的。

(4)要记住对方的姓名。美国著名人际关系专家戴尔·卡耐基说:"一个人的姓名是他自己最熟悉、最甜美、最妙不可言的声音。""在交际中,最明显、最简单、最重要、最能得到好感的方法,就是记住人家的名字。"在任何交际场合中,记住并准确地称呼对方的姓名,会让对方感到亲切自然,一见如故,易缩短双方的心理距离。否则,即使对有过交往的熟人,如果张冠李戴,双方也会因此生疏起来。

【小故事】

善于记住他人名字的拿破仑三世

据说拿破仑三世除了军事才能出众以外,还以其记忆力好而闻名于世,据说他能够记得每一个见过面的人。他的方法其实非常简单:如果没有听清楚对方的名字,他就会直言不讳地再问一遍;如果碰到比较难记的名字,他就会问对方名字的具体拼写方法。在与人交谈的过程中,他会把对方的名字重复说几遍,并暗自寻找对方独特的外部特征,然后把这些特征与这个人的名字联系在一起。如果对方是重要人物,他还会悄悄地把他的名字写在纸上,以便牢牢记住。通过这些方法,拿破仑三世记住了每一个与他见过面的人的名字。

(5) 称呼要入乡随俗。称呼应随不同的交际环境而变化,入乡随俗,根据所处的环境、习惯来称呼。在多数大城市,对女性往往以"女士""小姐""夫人"相称,对男性以"先生"相称,但在我国大多数农村和中心城市,这样的称呼未必合适。在工厂,"师傅"是较常用的尊称。在艺术界、学术界,为表示尊重往往称"老师"。

【小训练】

小陈该怎样称呼

小陈刚被领导提升为部门经理,高兴之余,他也有些为难。老赵是比他工作时间长、年龄又比他大的老员工,自己进入这个公司的时候,还得到过老赵的许多帮助。现在自己成为老赵的直接领导,该怎么称呼老赵呢?以前小陈总叫"赵老师",现在继续这样叫的话合适吗?叫"老赵"?显然会让老赵不快。叫名字,又一下子显得生疏了。小陈到底应当怎样称呼呢?他犯难了。

5.2 问候

问候,即与人见面时微笑、点头问好、打招呼,或以语言向对方致意的一种方式。问候的礼仪要求注意问候的次序、态度、内容等。

【小故事】

问候的作用

相传,20世纪初,一位犹太传教士,每天早晨总是按时来到一条乡间的小路上散步,无论见到何人,总是热情地打一声招呼"早安!",对此,一个叫米勒的年轻农民不以为然,反应冷漠。但这并未改变传教士的热情,他每天早晨依然如故。终于有一天,这个年轻人也脱下帽子,向传教士回了一声"早安!"。

几年后,纳粹党上台执政。一天,传教士与村中所有的人都被纳粹党集中起来送往集中营。在下火车列队前行时,只见一个指挥官挥动着指挥棒叫喊道:"左,右。"被指向左边的是死路一条,被指向右边的则还有生还的希望。忽然,传教士的名字被点到,他浑身颤抖着走上前去。当他无望地抬起头时,不想眼睛正好与指挥官的眼睛相遇,传教士习惯地脱口而出:"早安,米勒先生。"指挥官一愣,表情虽然没有过多的变化,但仍禁不住回了一句"早安",声音低得只有他俩才能听得到。后来,传教士被指向了右边。

显然是"早安"救了传教士一命。"早安"是一句问候语,礼仪的作用由此可见一斑。

1. 问候的次序

(1) 一个人问候另一个人。讲究"位低者先问候",即辈分、身份较低者首先向辈分、身份较高者问候。如晚辈先问候长辈、下级先问候上级、主人先问候客人、男士先问候女士。

＞＞＞＞＞＞＞＞＞

（2）一个人问候多人。如果同时遇到很多人，可以笼统地加以问候，比如说"大家好"；也可以逐一加以问候。当逐一问候许多人时，可以按由尊而卑、由长而幼的次序进行，也可以采用由近及远的顺序进行。

2．问候的态度

（1）要主动。遇到认识的人要积极主动地问候对方。当他人首先问候自己时，要立即热情地予以回应，不能不理不睬失礼于人。

（2）要热情。在问候他人时，通常要表现得热情、友好。面无表情地问候还不如不问候。

（3）要自然。主动、热情地问候他人，更要表现得自然大方。问候时，要面带微笑，注视对方的双眼，并且要专心致志。

（4）要专注。问候的时候，要面含笑意，以双目注视对方的两眼，以示口到，眼到，意到，专心致志。不要在问候对方的时候，眼睛已经看到别处，让对方不知所措。

3．问候的方式

（1）语言问候。一般熟人相见，使用频率最高的问候语是"你好"或"您好"，另加"好久没见，近来可好（怎么样）？"等。问候语应根据不同场合、不同对象而灵活机动，总的原则是，越简单越好。随着社会的发展进步，人们越来越喜欢用"你好"或"您好"来表达见面时的喜悦和礼貌。

（2）动作问候。动作问候有点头、微笑、握手、拥抱、吻礼、鞠躬等。与外国人见面时，视对象场合的不同，礼节也不同。对日本人等多数东方国家来说，鞠躬是最常见的。欧洲人则更喜欢拥抱的礼节。

【小贴士】

路遇的问候

（1）遇到不太熟悉的异性。很多人都有这样的感受，就是在路上遇到不太熟悉的异性会觉得尴尬，不打招呼显得不礼貌，打招呼又不太好意思，或怕对方误会。正确的做法应该是：一位女士偶然在路上遇见不熟悉的男士，应点头招呼，但不要显得太热情，也不要用冷冰冰的面孔来点头；一位男士在路上偶然遇见不太相熟的女士，应首先打招呼，但表情不可过分殷勤。

（2）遇到很久不见的老朋友。遇到很久不见的老朋友时，不要大声惊呼，也不要隔着几条马路或隔着人群就大声呼唤，如果边喊边横穿马路，那是非常危险的。在问候之后，如果还想多谈一会儿，应该避开拥挤的行人，找一个相对安全和安静的地方谈，或另约时间、地点继续交谈，不要站在来往人流中进行攀谈。

（3）两人以上同行，遇到熟人。两人以上同行遇到熟人时，你应主动介绍一下这些人与你的关系，如"这是我的同事"或"这是我的朋友"，但也没有必要一一介绍；然后应向同伴们介绍一下你的这位熟人，但也只要说一下他（她）与你的关系即可，如"这是我的邻居"，被介绍者应相互微笑，点头致意。

如果是两对夫妇或两对情侣在路边,相互致意的顺序应是:女士们首先互相致意,然后男士们分别向对方的妻子或女友致意,最后才是男士们互相致意。

4．问候的内容

(1) 直接式。直接式问候就是直截了当地以问好作为问候的主要内容。它适用于正式的公务交往,尤其是宾主双方初次相见。

(2) 间接式。间接式问候就是以某些约定俗成的问候语,或者在当时条件下可以引起的话题,主要适用于非正式、熟人之间的交往。比如,"忙什么呢""您去哪里"等,来替代直接式问好。交谈者可根据不同的场合、环境、对象进行不同的问候,常见的问候语说明如下。

① 表示礼貌的问候语。如"您好!""早上好!""节日好!""新年好!"之类。根据问候对象的不同,如从年龄上考虑,对少年儿童要问:"几岁了?"或者问:"上几年级了?"对成年人问:"工作忙吗?"从职业上考虑,对老师可以问:"今天有课吗?"对作家问:"又有大作问世了吧?"对朋友、邻居、同事的问候就更为丰富了,如果用得好能密切关系、增进友谊。

② 表示思念之情的问候语。例如,"好久不见,你近来怎样?""多日不见,可把我想坏了!"

③ 表示对对方关心的问候语。例如,"最近身体好吗?""来这里多长时间了,还住得惯吗?""最近工作进展如何,还顺利吗?"

④ 表示友好态度的问候语。如"生意好吗?""在忙什么呢?"等这些貌似提问的话语,并不表明真想知道对方的起居行止,往往只表达说话人的友好态度,听话人则把它当成交谈的起始语予以回答,或把它当作招呼语不必详细作答,只不过是一种交际的媒介。

【小故事】

令人乏味的问候

四海公司的王经理到沿海某市出差,住在当地的一家较高档的酒店。当他到餐厅去用午餐走出电梯时,站在电梯口的一位女服务员很有礼貌地向他点头,并且说:"您好,先生!"他微笑着回答道:"中午好,小姐。"当他走进餐厅后,迎宾员也很有礼貌地对他说:"您好,先生!"他微笑地点了一下头,没有开口。

王经理吃好午饭后,顺便到饭店内的庭园走走。当他走出大厅时,门口的一位男服务员又是同样的一句话:"您好,先生!"这时王经理只是敷衍地略微点了一下头,已经不耐烦了。当王经理重新走进大厅时,不料迎面而来的仍然是那个男服务员,"您好,先生!"的声音又传入他的耳中,此时王经理已心生反感,漠然地径直向电梯走去,准备回客房休息。谁知在电梯口仍碰见原先的那位服务员小姐,又是一声:"您好,先生!"王经理这时已忍耐不住了,开口说:"难道你不能说一些其他的话同客人打招呼吗?"

>>>>>>>>>

5.3　介绍

介绍是人与人相互沟通的出发点,能有效地缩短人与人之间的距离。介绍分为自我介绍和居间介绍。

1.自我介绍

自我介绍即将本人介绍给他人。从某种意义上说,自我介绍是进入社会交往的一把钥匙。在缺少介绍人的情况下,自我介绍是非常必要的,运用得好,可为交际活动的顺利进行助一臂之力。

(1)自我介绍的场合。自我介绍的场合一般选择在正式场合,在没有干扰的情况下。具体如下。

① 应聘求职、会议场合可以作自我介绍。

② 因为业务关系需要与相关人士接洽时需要作自我介绍。

③ 当遇到你知晓或久仰的人士,他不认识你时,可以作自我介绍。

④ 出差、办事与别人不期而遇时,为了增加了解和信赖,可以作自我介绍。

⑤ 初次前往他人居所、办公室登门拜访时要作自我介绍。

⑥ 参加聚会,主人不可能作细致的介绍,与会者可以与同席或身边的人相互自我介绍。

(2)自我介绍的顺序。自我介绍的顺序要求遵循尊者有优先知情权,位低者先行的原则。具体如下。

① 职位高者与职位低者相识,职位低者应该先作自我介绍。

② 男士与女士相识,男士应该先作自我介绍。

③ 长辈与晚辈相识,晚辈应该先作自我介绍。

④ 资深人士与资历浅者相识,资历浅者应该先作自我介绍。

⑤ 已婚者与未婚者相识,未婚者应该先作自我介绍。

(3)自我介绍的方式。根据不同场合、环境的需要,自我介绍的方式有应酬式、公务式、礼仪式、社交式和问答式五种,见表 5-1。

表 5-1　自我介绍的方式

类　型	适用场合	使用目的	内　容	举　例
应酬式	适用于公共场合、一般性的社交场合,如:旅途中、商场里	面对泛泛之交而不想深交的人	只包括本人姓名	"你好,我叫/是张明"
公务式	适用于工作场合,如:业务洽谈,工作联络	与对方建立工作关系	包括本人姓名、单位、部门或从事的具体工作三要素,缺一不可	"你好,我叫张明,是五湖四海医药公司的营销部经理"
礼仪式	适用于讲座、报告、演说、庆典、仪式等正规场合	向对方表示友好、敬意	包括本人姓名、单位、职务等项内容,还可以适当加一些谦辞、敬语等	"各位来宾,大家好!我叫张明,我是五湖四海贸易公司的营销部经理。我代表本公司热烈欢迎大家的光临……"

续表

类　型	适用场合	使用目的	内　　容	举　　例
社交式	适用于各类社交活动,如:私人交往,联谊会,网络交流等	使对方认识自己、了解自己,建立进一步交往的平台	包括本人姓名、职业、籍贯、爱好,以及自己跟交往对象双方所共同认识的人等	"你好,我叫张明,我是20级市场营销班的。李军是我的老乡,我们都是北京人……"
问答式	适用于普通的交际应酬场合	应聘求职,应试求学,初次交往等	主要根据提问进行介绍,有问必答	问:"请问您贵姓?"可答"您好!免贵姓张"

【小案例】

罗兰的自我介绍

罗兰去参加朋友的生日宴会,在那里她遇上了几个不认识的人。当时朋友正在忙里忙外地招呼客人,所以没有顾得上更多地关照罗兰这个"自己人"。正当性格内向的罗兰胆怯地坐在客厅一角,不知道自己该不该和那些陌生人寒暄几句,更不知道自己应该如何启齿时,一位温文尔雅的先生走了过来,主动跟她打招呼:"小姐,您好!我叫邓雨轩,请问您怎么称呼?"缺乏准备的罗兰有点儿慌乱地随口应道:"叫我小罗好了。"

其实,罗兰这时打心眼儿里感谢这位不熟悉的邓先生过来跟她打招呼,使她不至于"孤立无援",而且她也真想大大方方地同邓先生聊上几句。然而意想不到的是,罗兰就那么一句"叫我小罗好了",让邓先生的热情顿减,立马扭头走了回去。

(4) 自我介绍的注意事项。自我介绍应注意以下几方面。

① 注意时机。要抓住时机,在适当的场合进行自我介绍。对方有空闲,而且情绪较好,又有兴趣时,这样就不会打扰对方。

② 注意态度。自我介绍的态度一定要自然、友善、亲切、随和,应镇定自信、落落大方、彬彬有礼。既不能怯场,又不能虚张声势、轻浮夸饰。语气要自然、语速要正常、语音要清晰。自我介绍时出现畏怯紧张、结结巴巴、目光不定、面红耳赤等情况,会给人缺少经验、缺乏自信的感觉,为他人所轻视。

③ 注意时间。自我介绍要简洁、言简意赅,尽可能节省时间。一般以半分钟左右为佳,不宜超过一分钟,且越短越好。话说得多了,不仅显得啰唆,而且交往对象未必记得住,也未必感兴趣。为了节省时间,做自我介绍时,还可利用名片、介绍信等辅助手段。

④ 注意内容。自我介绍的内容包括三项基本要素:本人的姓名、现供职的单位以及具体部门、担任的职务和所从事的具体工作。这三项要素,在自我介绍时,应一鼓作气连续报出,这样既有助于给人以完整的印象,又可以节省时间,不说废话。要真实诚恳,实事求是,不可自吹自擂,夸大其词。

【小贴士】

自我介绍要善于巧解姓名

名字是一个人的有声名片,要向他人介绍自己的名字,让人印象鲜明,恒久不忘,就需要巧解姓名,把自己的名字介绍得顺耳入心。

>>>>>>>>>

相声大师马三立有段著名的自我介绍:"我叫马三立。就是马啊,剩下三条腿还立着呢——马三立! 三立,立起来,被人打倒;立起来,又被人打倒;最后,又立起来了。"

从自己的名字中寻找特点、亮点,与众不同、标新立异地予以介绍,想必会收到意想不到的效果。

⑤ 注意方法。自我介绍前,应先向对方点头致意,得到回应后再向对方介绍自己。如果有介绍人在场,自我介绍则被视为不礼貌的行为。应善于用眼神表达自己的友善,表达关心以及沟通的渴望。如果想认识某人,最好预先获得一些有关他的资料或情况,诸如性格、特长及兴趣爱好等。这样在自我介绍后,便很容易融洽交谈。在获得对方的姓名之后,不妨口头加重语气重复一次,因为每个人都乐意听到自己的名字。

他人在进行自我介绍时,我们也要注意以下方面:一是引发对方做自我介绍时应避免直话相问,缺乏礼貌,如"你叫什么名字",而应该尽量客气一些,用词更敬重些,如"请问尊姓大名""您贵姓""不知怎么称呼您""您是……"等。二是要仔细聆听他人的自我介绍,记住对方的姓名、职业等。如果没有听清楚,不妨在个别问题上仔细再问一遍,这比他人作过自我介绍,而你还是不明情况的好。三是等一个人作了自我介绍后,我们也应做相应地回应并一一向对方做自我介绍,这才是礼貌的。

【小贴士】

尴尬不堪的介绍

情景:A男士和A女士两位秘书在门口迎接来宾。

一辆小轿车驶到,一男士下车。A女士走向前,道:"王总您好!"呈上自己的名片,又道:"王总,我叫李月,是××集团的秘书,专程前来迎接您。"王总道谢。A男士上前:"王总您好! 您认识我吧?"王总点头。A男士又问:"那我是谁?"王总尴尬不堪。

2. 居间介绍

(1) 居间介绍的时机。居间介绍即交际中的第三者介绍。在居间介绍中,为他人做介绍的人一般为社交活动中的东道主、社交场合中的长者、家庭聚会中的女主人、公务交往活动中的公关人员(礼宾人员、文秘人员、接待人员)等。

居间介绍的时机包括:在家中接待彼此不相识的客人;在办公地点接待彼此不相识的来访者;与家人外出,路遇家人不相识的同事或朋友;陪同亲友,前去拜会亲友不相识者;本人的接待对象遇见了其不相识的人士,而对方又跟自己打了招呼;陪同上司、长者、来宾时,遇见了其不相识者,而对方又跟自己打了招呼;打算推介某人加入某一交际圈;受到为他人作介绍的邀请。

(2) 居间介绍的顺序。为他人介绍时,要注意顺序。先确定被介绍的双方哪一方更应该被尊敬,对于更应该受尊敬的人,他有优先了解对方信息的权利。在我国古代习惯以职位高低、资历深浅、年龄大小来决定受尊敬的程度。在西方,习惯以性别来决定受尊敬的程度,女士优先。国际上公认的介绍顺序是:

① 将男性介绍给女性。

② 将年轻者介绍给年长者。

③ 将职位低者介绍给职位高者。

④ 将未婚女子介绍给已婚女子。

⑤ 将晚到者介绍给早到者。

如果被介绍的人同时具备以上两个原则，应该按后一个原则来介绍。如当一个晚到的女客人遇到一个早到的男客人时，就需要把晚到的女客人介绍给早到的男客人；当一位年轻的女士遇到一位年长的男士时，就需要把女士介绍给男士。

介绍的顺序应该注意场合。如严肃的工作场合，就要按照职位高低来介绍，把职位低的人介绍给职位高的人。对于公司的客户，就算是公司的总裁，在面对一个普通客户时，也要把总裁介绍给客户，因为客户永远是上帝。

【小案例】

不注重细节的小李

小李从某职业技术学院营销专业毕业两年多了，目前在一家中型私营企业从事销售工作。工作中，小李很勤奋很努力，业务做得也还算顺利，但是他有个缺点就是不注重细节，和客户打交道时常出小差错，为此不知道被部门领导说过多少次。这次小李陪同自己的部门经理去拜见甲方负责人，由于先前小李和甲方负责人有过几次接触，所以双方一见面，小李就指着甲方负责人对自己的经理说："张经理，他就是徐总经理……"说者无心听者有意，徐总经理的眉头微微皱了一下，接下来和张经理谈话不是很热情，交流很快就结束了。小李感到很迷茫，心想徐总经理平时感觉挺好的，今天怎么会这样呢。返回的路上，张经理指出了小李的问题所在。

（3）居间介绍的方式。居间介绍的方式见表5-2。

表5-2 居间介绍的方式

类 型	适用场合	使用目的	内 容	举 例
标准式	适用于正式场合，如业务洽谈、宴会	使双方认识，并建立工作、交换等联系	以双方的姓名、单位、职务等为主	"我给两位引见一下，这位是我们公司营销部的李小姐，这位是五湖四海集团公司的总经理张先生"
礼仪式	适用于正式场合，是一种最为正规的他人介绍	与标准式略同，只是语气、表达、称呼上都更为礼貌、谦恭	包括双方姓名、单位、职务等项内容，还可以适当加一些谦辞、敬语等	"张先生，您好！请允许我把我们公司的销售部经理李军先生介绍给您。李先生，这位是五湖四海医药公司总经理张明先生"
推荐式	适用于比较正规的场合	将被介绍人举荐给另一位被介绍人	通常会对主要被介绍者的优点加以重点介绍	"这位是五湖四海医药公司的张明总经理，这位是我们公司的李军总经理。李总经理是管理方面的专业人士，他还是经济学博士呢。张先生，我想您一定愿意结识他吧"
强调式	适用于各类社交活动，如私人交往、联谊会等	使双方认识，并引起对其中一位被介绍者的重视	包括双方的姓名，往往还会刻意强调其中一位与介绍者之间的特殊关系	"这位是张教授的学生，这位是李经理，请李经理多多关照"

类　型	适用场合	使用目的	内　容	举　例
引见式	适用于普通的交际应酬场合	将被介绍者双方引到一起即可	无须具体介绍双方,由他们自行认识	"两位认识一下,这位是张经理,请张经理多多关照"
简介式	适用于一般的社交场合,如聚会、茶话会、舞会	使双方认识	双方姓名一项,甚至只提到双方姓氏为止	"我来介绍一下,这位是小李,这位是小周,你们认识一下吧"

（4）居间介绍的注意事项。在为他人作介绍时,介绍者对介绍的内容应当字斟句酌,慎之又慎。在交往中,在为他人作介绍时,由于实际需要的不同,介绍时所采取的方式也会有所不同。

在正式场合,内容以双方的姓名、单位、职务等为主。在一般的交际场合,其内容往往只有双方姓名一项,甚至可以只提到双方姓氏为止。接下来,则由被介绍者见机行事。在比较正规的场合,介绍者有备而来,有意将某人举荐给某人,因此在内容方面,通常会对前者的优点加以重点介绍。

在进行居间介绍时,介绍者与被介绍者都要注意自己的表达、态度与反应。介绍者为被介绍者介绍之前,不仅要尽量征求一下介绍双方的意见,而且在开始介绍时还应再打一下招呼,切勿上去开口即讲,显得太突然,让被介绍者措手不及。

介绍时要注意实事求是,掌握分寸,不能胡吹乱捧。介绍姓名时,一定要口齿清楚,发音准确。把易混的字咬准,如"王"和"黄","刘"和"牛"等;对同音字、近音字必要时要加以解释,如"邹"和"周","张"和"章","徐"和"许"等。

居间介绍如图 5-1 所示。

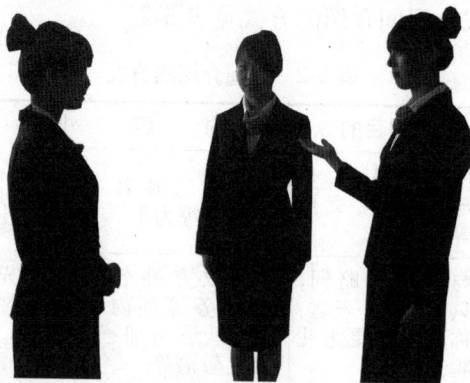

图 5-1　居间介绍

（5）接受介绍时的礼仪。介绍需要讲究必要的礼节,而接受介绍时采取什么态度和行为来表现自己呢?被介绍者在介绍者询问自己是否有意认识某人时,一般不应加以拒绝或扭扭捏捏,而应欣然表示接受。实在不愿意时,则应说明缘由。

当介绍者走上前来,开始为被介绍者进行介绍时,被介绍的双方应起身站立,面带微笑,神态庄重、专注,被介绍人的目光一定要注视着对方的脸部,无论是男是女。不要让其他事情分散你的注意力,不要东张西望,以免给对方留下心不在焉、不重视或不欢迎的印象。

当介绍者介绍完毕,如果双方均为男性,握手绝对必要,这象征着信任和尊敬。握手时问候对方并复述对方姓名。你可以说"能认识你很高兴,李先生""你好,张先生"等。此时的常用语还有"久仰大名""认识你非常荣幸""幸会,幸会"等。必要时还可作进一步的自我介绍。如果把男性介绍给女性认识时,女性觉得有握手必要时,可以先伸出手来,表示出热诚。

交谈后走时要互相道别,一声"再见"可以给对方留下很好的印象。

在接受介绍时,你没有听清对方的名字,可以请对方再说一遍,千万不要觉得不好意思。你可以说:"对不起,我没听清楚你的名字,可否请你再讲一次。"别人不仅不会生气,甚至会觉得很受用,因为这表示你很在乎他的名字。

(6)集体介绍的礼仪。集体介绍是他人介绍的一种特殊形式,是指介绍者在为他人介绍时,被介绍者其中一方或者双方不只是一个人而是多人。在集体介绍时,原则上应参照他人介绍的顺序进行。在正式场合或隆重场合,介绍顺序是个礼节性极强的问题,其要领如下。

① 当被介绍双方地位、身份大致相似时,应是一人礼让多数人、人数少的一方礼让人数多的一方,先介绍一人或人数少的一方,再介绍人数较多的一方或多数人。

② 当被介绍双方的地位、身份存在明显的差异,地位、身份明显高者为一个人或人数少的一方时,应先向其介绍人数多的一方,再介绍地位、身份高的一方。

③ 被介绍双方均为多人时,应先介绍位卑的一方,后介绍位尊的一方;先介绍主方,后介绍客方。介绍各方人员时,则应由尊到卑,依次而行。

④ 当被介绍者不只双方而是多方时,应根据合乎礼仪的顺序,确定各方的尊卑,由尊而卑,按顺序介绍各方。如果需要介绍各方成员时,也应按由尊到卑的顺序依次介绍。

【小贴士】

集体介绍的特别注意

在集体介绍时有两点需要特别注意。一是尽量不要使用被介绍方单位的简称。例如,将"上海吊车厂"简称为"上吊",将"怀来运输公司"简称为"怀运"等。这样听上去容易使人产生歧义,甚至于哗然大笑。至少,要在首次介绍时使用准确的全称,然后再采用不产生歧义的简称。二是在介绍时要庄重、亲切,切勿随意拿被介绍者开玩笑。

5.4 握手

【小贴士】

握手的由来

史前时期,人类的祖先以打猎为生,世界对他们来说是充满着危险的。因此,当陌生人相遇时,如果双方都怀着善意,便伸出一只手来,手心向前,向对方表示自己手中没有石头或武器,走近之后,两人互相摸摸右手,以示友好。这样沿袭下来,便成为今天人们表示友好的握手。

关于握手礼来源的另一种说法是：中世纪时，骑士们都穿着盔甲，全身披挂后，除两只眼睛外，其余都包裹在盔甲里，随时准备冲向敌人。如果表示友好，互相走近时就应脱去右手的甲胄，伸出右手，表示没有武器，互相握手，这是和平的象征。

当今，握手已成为世界上最为普遍的一种礼节，其应用的范围远远超过了鞠躬、拥抱、接吻等。在日常交际中，我们必须注意握手的基本礼节。

1．握手的要求

握手的标准方式是行礼时行至距握手对象约 1 米处，双腿立正，上身略向前倾，伸出右手，四指并拢，拇指张开与对方相握。握手时的手势如图 5-2 所示。握手时应用力适度，上下稍许晃动 3～4 次，随后松开手来，恢复原状，如图 5-3 所示。具体应注意如下几点。

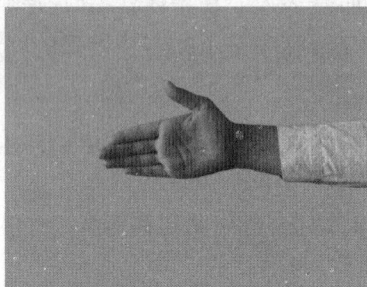

图 5-2　握手时的手势

图 5-3　握手

（1）讲究次序。根据礼仪规范，握手时双方伸手的先后次序，一般应当遵守"尊者先伸手"的原则，应由尊者首先伸出手来，位卑者只能在此后予以响应，而绝不可贸然抢先伸手，不然就是违反礼仪的举动。其基本规则如表 5-3 所示。

表 5-3　握手的次序规则

男女握手	男女之间握手，男士要等女士先伸出手后才握手。如果女士不伸手或无握手之意，男士向对方点头致意或微微鞠躬致意。男女初次见面，女方可以不和男士握手，只是点头致意即可
	男女握手时，男士要脱帽和脱右手手套，如果偶遇匆匆忙忙来不及脱，要道歉。女士除非对长辈，一般可不必脱手套
主宾握手	主人有向客人先伸出手的义务。在宴会、宾馆或机场接待宾客，当客人抵达时，无论对方是男士还是女士，女主人都应该主动先伸出手，以表示对客人的欢迎
	客人告辞时，则应由客人首先伸出手来与主人相握，在此表示的是"再见"之意
长幼握手	长幼之间握手，年幼的一般要等年长的先伸手。和长辈及年长的人握手，不论男女，都要起立趋前握手，并要脱下手套，以示尊敬
上下级握手	下级要等上级先伸出手来。但涉及主宾关系时，可不考虑上下级关系，做主人的应先伸手
一个人与多人握手	应讲究先后次序，由尊而卑，即先年长者后年幼者，先长辈后晚辈，先老师后学生，先女士后男士，先已婚者后未婚者，先上级后下级，先职位、身份高者后职位、身份低者

值得注意的是：在公务场合，握手时伸手的先后次序主要取决于职位、身份；而在社交、休闲场合，则主要取决于年龄、性别、婚否。

【小案例】

不懂握手规矩的小李

小李大学毕业后被恒达商业集团公司录用,并被安排在办公室工作。一次,单位接到一个通知,说某省考察团要来拜访,单位领导非常重视,让办公室认真负责。办公室主任把这次接待任务交给了小李,特意叮嘱他不能出现任何差错。经过多方请教和努力,小李很快拟订了一个极其详尽而且合理的接待方案,递交上去后,得到了办公室主任的认可和赞赏。

巧合的是小李与这次来访的考察团团长非常熟识,故被列为主要迎宾人员并陪同有关部门领导前往机场迎接贵宾。当考察团团长率领其他工作人员到达后,小李面带微笑,热情地走上前去,先于部门领导与考察团团长握手致意,然后转身向自己的领导介绍这位考察团团长,接着又热情地向考察团团长介绍了随自己同来的部门领导。小李自以为此次接待相当顺利,但他的某些举动却令其领导十分不满。

(2) 神态专注。与人握手时神态应专注、热情、友好、自然。在通常情况下,与人握手时,应面带微笑,目视对方双眼,并且口道问候。在握手时切勿显得自己三心二意,敷衍了事,漫不经心,傲慢冷淡。如果在此时迟迟不握他人早已伸出的手,或是一边握手,一边东张西望,目中无人,甚至忙于跟其他人打招呼,都是极不礼貌的。

(3) 注意力度与时间。握手时用力应适度,不轻不重,恰到好处。如果手指轻轻一碰,刚刚触及就离开,或是懒懒地、慢慢地相握,缺少应有的力度,会给人勉强应付,不得已而为之之感。一般来说,手握得紧是表示热情。男人之间可以握得较紧,甚至另一只手也加上,包括对对方的手大幅度上下摆动,或者在手相握时,左手又握住对方胳膊肘、小臂甚至肩膀,以表示热烈。但是注意既不能握得太使劲,使人感到疼痛,也不能显得过于柔弱,不像个男子汉。对女性或陌生人,轻握是很不礼貌的,尤其是男性与女性握手应热情、大方、用力适度,通常是握紧后打过招呼即松开。但如亲密朋友意外相遇、敬慕已久而初次见面、至爱亲朋依依惜别、衷心感谢难以表达等场合,握手时间可长一点,甚至紧握不放,话语不休。在公共场合,如列队迎接外宾,握手的时间一般较短。握手的时间应根据与对方的亲密程度而定。

【小贴士】

握手方式与性格

(1) 控制式。用掌心向下或向左下的姿势握住对方的手。这种人想表达自己的优势、主动、傲慢或支配地位。一般具有说话干净利落、办事果断、高度自信的特点。凡事一经自己决定,就很难改变观点,作风不大民主。

(2) 谦恭式。即用掌心向上或向左上的手势与对方握手。这种人往往性格软弱,处于被动、劣势地位,处事比较谦和、平易近人,不固执,对对方比较尊重、敬仰,甚至有几分畏惧。

(3) 对等式。即握手时两人伸出的手心都不约而同地向着左方握在一起。这种人比较友好,也可能是很遵守游戏规则的、平等的竞争对手。

（4）双握式。即在右手相握的同时，再用左手加握对方的手背、前臂、上臂或肩部。加握部位越高，其热情友好的程度也显得越高。这种人热情真挚、诚实可靠、信赖别人。

（5）捏手指式。即只捏住对方的几个手指或手指尖部。女性与男性握手时，为了表示自己的矜持与稳重，常采取这种方式。如果是同性别的人之间这样握手，就显得有几分冷淡和生疏。若换成显贵人物，则其意在显示自己的"尊贵"。

（6）拉臂式。即将对方的手拉到自己的身边相握。这种人往往过分谦恭，在他人面前唯唯诺诺、轻视自我、缺乏主见与敢作敢为的精神。

（7）死鱼式。即握手时伸出一只无任何力度、质感，不显示任何积极信息的手。这种人的性格不是生性懦弱，就是对人冷漠无情，待人接物消极傲慢。

2．握手的禁忌

在人际交往中，握手虽然司空见惯，看似寻常，但是由于它可被用来传递多种信息，因此在行握手礼时应努力做到合乎规范，注意以下禁忌。

（1）不要用左手与他人握手，尤其是在与阿拉伯人、印度人打交道时要牢记此点，因为在他们看来左手是不洁的。

【小案例】

郑某吃哑巴亏

郑某是一个推销员，常驻西安。一次，一家建筑公司老板进门谈生意，握手时，郑某因只顾和熟人说话，竟用了左手。建筑公司老板嫌郑某没礼貌，起身就走，并撂下话说："八台搅拌机不从你们这儿买了。"郑某懊悔地说："那种搅拌机一台一万多元，不懂礼仪让我吃了个哑巴亏。"

（2）不要在握手时争先恐后，而应当遵守秩序，依次而行。

（3）特别要记住，如与基督教信徒交往时，要避免两人握手时相握的手形成交叉状。

（4）不要戴着手套握手，在社交场合女士的晚礼服手套除外。

（5）不要在握手时戴着墨镜，只有患有眼疾或眼部有缺陷者才能例外。

（6）不要在握手时将另外一只手插在衣袋里。

（7）不要在握手时另外一只手依旧拿着香烟、报刊、公文包、行李等东西而不肯放下。

（8）不要在握手时面无表情，不置一词，好似根本无视对方的存在，而纯粹是为了应付。

（9）不要在握手时长篇大论，点头哈腰，滥用热情，显得过分客套，让对方不自在、不舒服。

（10）不要在握手时把对方的手拉过来、推过去，或者上下左右抖个没完。

（11）不要在与人握手之后，立即揩拭自己的手掌，好像与对方握一下手就会使自己受到感染似的。

5.5 馈赠

馈赠是人们在交往过程中通过赠送给交往对象礼物,来表达对对方的尊重、敬意、友谊、纪念、祝贺、感谢、慰问、哀悼等情感与意愿的一种交际行为。俗话说:"礼尚在来,往而不来,非礼也,来而不往,亦非礼也。"正当的礼品馈赠,是礼仪的体现和感情的物化。馈赠作为一种文化现象,自有其约定俗成的规矩,如何做到既不显山露水,又能打动人心,是人际交往中应当把握的关键。

1.馈赠礼品的选择

(1)情感性。馈赠礼品要重视其情感意义。礼品作为友好的象征物,其意义并不在礼品本身,而在于通过礼品所传达的友好情义,这是馈赠礼品的基本思想,所谓"千里送鹅毛,礼轻情义重"。能够融入和体现送礼人情感的礼品,就是最好的礼品。无视情意而只看重礼品价值的行为、以权谋"礼"和行贿受贿的馈赠行为,都是在馈赠时要避免的。

【小贴士】

折 柳 相 送

古人"折柳相送"的故事常为人津津乐道,因为柳的寓意有三点:一为表示挽"留";二为柳枝在风中飘动的样子如人惜别的心绪;三为祝愿友人如柳能随遇而安。仅就礼物本身的物质价值而言,柳的确是很轻的,然而它所寄寓的情意则是浓重的。

【小故事】

麦琪的礼物

美国作家欧·亨利在其著名的小说《麦琪的礼物》里讲了这样一个故事:妻子十分想在圣诞节来临时送给丈夫一份礼物,她盼望能买得起一条表链,以匹配丈夫祖上留下的一只表。因为没有钱,于是她把自己秀丽的长发剪下来卖了。圣诞之夜,妻子对丈夫献上了自己的礼物——一条精美的表链。丈夫也在惊愕之中拿出了他献给妻子的礼物,竟是一枚精致的发卡。原来,丈夫为给妻子买礼物把自己的表卖了。这时,他们紧紧地拥抱在一起,彼此的爱成为这圣诞之夜唯一的却是最珍贵的礼物。这对夫妻献给对方的礼物,在此时似乎已毫无效用,然而并非如此,它们不仅升华了他们之间的爱,使他们得到了最大的精神满足;而且更激发了他们战胜生活困难,追求幸福生活的决心和意志。有这样的情和爱,世上还有不可克服的困难和不可逾越的生活难关吗?

(2)独特性。送人礼品,与做其他许多事情一样,是最忌讳"老生常谈""千人一面"的。选择礼品,应当精心构思,匠心独运,富于创意,力求使之新、奇、特,这就是礼品的独特性。赠送具有独特性的礼品给人,往往可以令其耳目一新,既兴奋又感动,因为这等于是"特别的爱献给特别的你"。真是这样,赠送者在对方心目中往往也会因此"升值"。

>>>>>>>>>

【小幽默】

我的礼物就叫作"一统江山"

电视剧《宰相刘罗锅》里有这样一个情节:乾隆皇帝要过生日,大臣们都在为送什么礼物而头痛。乾隆皇帝富有四海,还有什么东西没见过呢?就在众大臣苦思冥想的时候,刘罗锅却早已心中有数。等乾隆寿辰到来的那天,众臣子都送上了各地的宝物,乾隆皇帝虽然欣然接受,却并没有露出喜色。轮到刘罗锅了,只见他提着一个铁桶,里面装满了鲜姜,走上殿来。皇帝不认识鲜姜,大臣们也不知道刘罗锅葫芦里卖的什么药。刘罗锅说道:"我的礼物叫作'一统江山',铁桶里装的是鲜姜,故叫作'一桶姜山'。"乾隆听了,不禁龙颜大悦。

(3)适俗性。挑选礼品时,特别要在为交往不深或外地区人士和外国人挑选礼品时,注意了解收礼对象的个人忌讳,有意识地使赠品与对方所在地的风俗习惯一致。例如,一位著名教授(男士)到穆斯林民族聚集地讲学,当地少数民族的朋友热情好客,在送别时送给汉族教授一顶绿帽子,绿色是穆斯林民族最喜欢的颜色。但作为汉族教授,他对"绿帽子"却有所禁忌。同理,在我国大部分地区,老年人忌讳发音为"终"的钟及恋人们反感于发音为"散"的伞都不宜送人。阿拉伯地区严禁饮酒,在当地酒不宜作为礼品送人。在西方药品不宜送人。不能送给基督教徒一尊佛像,就算那是古玩也是不妥的。因此在涉外交往中,要根据不同国家、地区的习惯与个人的爱好做些必要的选择,赠礼问俗是我们不能忽视的,这也是一个重要标准。

【小故事】

尼克松的国礼

1972年,尼克松总统准备访华,急于寻求能代表国家的礼物。美国保业姆公司闻讯后,趁此良机,向尼克松总统献上公司生产的一尊精致的天鹅群瓷器珍品,因为瓷器的英文首字母大写时为China,也就是"中国"的意思。尼克松一见,大喜过望,于是把这尊具有双重意义而且具有很高艺术价值的瓷器珍品带到了中国。

(4)针对性。所谓"宝剑赠侠士,红粉赠佳人",送礼一定要看对象,有针对性。无论是国际交流,还是国内交往,是正式活动还是私人应酬,交往对象因国家、民族不同,年龄、性别、职业、兴趣各异。选择时,务必要根据不同的对象选择不同的礼品,满足不同的需要。礼品不在价值高,而在受礼人喜爱。人有不同的品性和喜好,送礼要让受礼人喜爱、乐于接受,就要针对不同人的品性和喜好。在选择礼品时,要尽可能了解受礼人的性格、爱好、修养与品位,尽量把礼品送到受礼人心坎儿上。送礼主要不是考虑金钱,而是尽量让礼品起到增进友好关系的作用。针对性的另一方面是礼品要因事而异,即在不同情况下,向受礼人赠送不同的礼品。比如,出席家宴时,宜向女主人赠送鲜花、土特产和工艺品,或是向主人的孩子赠送糖果、玩具;探视病人,向对方赠送鲜花、水果为好;对旅游者,赠送有中国文化或民族地方特色的物品等。

【小案例】

馈　赠　技　巧

在日本,有一个流传很广且很有用的商务礼仪故事。有一个部门主管在餐厅里与客户谈项目的时候,邻桌专门安插了一个公司的职员,这位职员不是来吃饭的,而是来记录上司与客户谈话的,但这里是用心记而不是用笔记录。当上司旁敲侧击地令对方将自己的喜好以及家人的喜好和盘托出时,这位职员立马行动,出去张罗礼物。当双方的会谈愉快结束之时,这位职员又不失时机地出现,拎着送给客户一家大小的礼物。客户当然是喜笑颜开了,不仅自己有礼物,家人也有,且都是大家喜欢的东西。结果自然不言而喻,他们的合作很成功。可见在商务活动中,因人而异馈赠的重要性。

点评:馈赠礼品看起来事小,其实如果馈赠得体,针对性强,会收到意想不到的效果,既能表达对客人的尊重之心,又能传递主人对客人的真心诚意,且有助于商务活动的顺利开展。

(5)实用性。将日常生活用品作为礼物赠送给对方,不失为一个好选择。因为日常生活用品和人们的生活息息相关,人们每天都在和它打交道,或是做饭,或是品酒,或是饮茶,或是办公。所以,用日常生活用品作为礼物,往往会让客户觉得实用,也能增添亲切感。常见的礼品有炊具、餐具、茶具和酒具等,如将咖啡壶、咖啡杯送给有喝咖啡习惯的人就很受欢迎。此外还有名片盒(刻上客户的名字更显示出独特性)、金笔、特别的笔筒、桌式玩具、相框、杂志架、各种摆饰、有激励意义的玩偶等大众化的礼品,更能提醒交际对象想起你对其的关爱。

【小案例】

一麻袋栗子

礼仪专家金正昆曾经历过这样一件事情:有一次,他到南方一个地方去。吃饭时有道菜叫栗子鸡,他就顺嘴说:"这栗子很甜,好吃。"没想到第二天主人到了机场跟他握别时,送了他礼物,什么呢? 一麻袋栗子,他能不要吗? 但是,怎么带走呢? 主人却没有想到。金正昆遗憾地说:"说实话,托运花了不少钱不说,在首都机场提货又累又不容易,让人有点尴尬和难堪。"

点评:馈赠礼物还要考虑便携性,礼品通常必须便于携带。案例中的主人送给客人金教授一麻袋栗子,固然体现出其热情好客,但是却成了客人的负担。

(6)民族性。礼品要体现民族性。有句话说:"越是民族的东西,就越是世界的。"每个民族、国家都有自己独特的文化传统和特点。"物以稀为贵",在送礼时这个"贵"是珍贵,不是价值贵。

【小案例】

"马 踏 飞 燕"

2002年2月美国总统布什访华,时值中国农历马年,国家主席江泽民把一个与原物同

>>>>>>>>

样大小、青铜镀金的"马踏飞燕"仿制品作为礼物送给布什总统。马年送"马"是中国人表示吉利的做法;"马踏飞燕"是古代中国东汉时期的奇思妙想,有1800多年的历史了,它表达的是快捷的意思。通过这件礼品,表达了中国希望更快地发展中美关系的美好愿望。这件礼品体现了很强的民族性。

【小幽默】

生 日 礼 物

约翰不知道该送什么礼物给他的同龄女友做生日礼物,于是,他问祖母道:"祖母,要是明天是你的十六岁生日,你想要什么?"

祖母欢快地回答:"我什么别的东西都不要了。"

2．馈赠礼品的时机和场合

把握好适宜的礼品馈赠时机和场合,是达到馈赠效果的关键。

(1) 馈赠礼品的时机。馈赠礼品的时机包括如下方面。

① 节假日。通常在职场交际中,每逢我国传统节日或者法定节日等,都可以馈赠礼物给合作伙伴或者友人表示祝贺,如春节、元旦、端午节等。现在就连过西方传统的节日,也可以赠送礼品给他人。

② 表示庆贺。在交际中,当遇到同事或朋友生日、升学、毕业、乔迁新居、新婚、受奖等时候,一般应备礼相赠,以示庆贺。商务上的交往中也有一些需馈赠礼品的日子,如开业典礼、周年纪念等,此时备礼相送表示祝贺与纪念,也可以增进社会交往关系。

③ 探视病人。职场交际中,同事、领导或友人生病,可以到医院或病人家中探望,顺便带去病人喜欢的水果、食品和营养品等,表示问候与关心。

④ 拜访、做客。当到同事或者友人家里拜访、做客时,可以备些礼物送给主人,特别是送给女主人或小孩。

⑤ 答谢帮助。当在生活或工作中遇到困难时得到别人的帮助,为了表示感谢,也可以送些礼品。

⑥ 惜别送行。朋友分别,为表示自己的惜别之情,可适当赠送一些礼品留作纪念,以示友谊天长地久。

(2) 馈赠礼品的场合。一般来说,礼品应当在一见面时就送给对方,如果此时不太方便,也可以在分手道别时再赠送。通常情况下,面对一群人时,只给其中某一个人赠送礼物是不合适的。因为会让这个客户有受贿或受愚弄之感,而其他人则会有受冷落、受轻视的感觉。

即使给关系密切的客户馈赠礼品,也不宜在公开场合进行,以免给人留下营销人员与客户关系密切完全是靠物质支撑的感觉。只有礼轻情意重的特殊礼品,表达特殊情感的礼品,才适宜在大庭广众面前赠送。如一份特别的纪念品等,因为这时公众已变成商务人员与客户双方真挚友谊的见证人。

在会见、会谈时向客户馈赠礼品,一般选择在起身告别之际;拜访、赴宴、道喜、道贺时向客户馈赠礼品,通常选择在双方见面之初相赠;出席宴会时向主人赠送礼品,可在起身辞行时进行,也可选择在餐后吃水果时;为专门的接待人员、工作人员准备的礼品,一般在抵达当地后尽早赠送给对方;如果向外宾馈赠礼品,可以在客户向自己馈赠礼品后进行回赠,也可以在外宾临行的前一天,在前往其下榻之处进行探访时赠送。[①]

送礼的时间间隔也很有讲究,过频过繁或间隔过长都不合适。不要经常大包小包地给商务伙伴送礼,这样的频繁送礼,既会让对方觉得送礼者肯定有所图,而且也会觉得比较浪费,会让对方对送礼者好感下降,难有理想的效果。

【小案例】

送错场合的茶具

高洪是李明的上司,二人私交甚好。一次,李明到外地出差时,发现了一套非常精致的茶具,他想起高洪对茶道有所研究,于是买下了这套茶具,准备送给高洪。出差回来后的第一天,李明兴高采烈地直奔高洪的办公室,当着好几个同事的面把那套茶具送给了高洪,并期待着高洪惊喜的神情。然而,李明发现,高洪的脸色不太自然,而且没有对那套茶具表现出特别的兴趣。起初,李明对此感到很迷惑,但稍经思考后立刻明白了这次赠礼的不妥之处。[②]

3. 馈赠礼品的现场礼仪

馈赠礼品还应当讲究相关礼仪,否则将难以发挥馈赠的作用,甚至可能适得其反。

(1) 赠送礼品的礼仪。向交际对象馈赠礼品时,要注意以下礼仪规范,保证馈赠活动达到应有的效果。

① 精心包装。在正式场合赠送于人的礼品,在相赠之前,一般都应当认真进行包装。这样一方面是表示送礼人把送礼作为很隆重的事,以此表达对收礼人的尊敬;另一方面,受礼人不能直接看到礼品,会使他产生一个悬念。如果是恰当的礼物,那么当收受礼人打开包装看到中意的礼品时,一定会喜出望外,别有一番惊喜。这给送礼又添了一份情趣,加深了对送礼人的好印象,起到了增进关系的作用。因此,作为礼品外衣的包装一定要有。

礼品包装要求不论礼品本身有没有盒子都要用彩色花纹纸包装,用彩色缎带捆扎好,并系成好看的结,如蝴蝶结、梅花结等。重视包装就要做到下面两点:一是包装所用的材料,要尽量好一点;二是在礼品包装纸的颜色、图案、包装后的形状、缎带的颜色、结法等方面多用心,要注意尊重收礼人的文化背景、风俗习惯和禁忌,不要犯忌。礼品包装如图5-4所示(选自:http://b2b. youboy.com/c/BAE2CBAEC0F1C6B7B0FCD7B0BAD0 B6A8D7F6.html)。

图 5-4 礼品包装

① 未来之舟. 销售礼仪 [M]. 北京:中国经济出版社,2009:175.

② 万文斌,郝素玲,陈明华. 商务礼仪 [M]. 北京:航空工业出版社,2012:58.

在礼物包装上饰以精美贺卡也是很好的做法。小小的一张贺卡,好处可不少。送礼人不但能亲笔在贺卡上写下祝福,伴随礼物传达给受礼人,贺卡本身还能作为一种纪念物,让受礼人在时隔多年后,仍然记得送礼人的情意。商店销售的贺卡通常是按主题分类摆放,可以选择受礼人喜欢的主题或者表达自己心意的样式。不过自制贺卡会显得很特别,而且送礼人的诚意也会让受礼人感动不已。制作卡片时不必担心作品不够精美,请记住:令人感动的是制作卡片的心意,而非卡片本身。自制贺卡最简单的方法是:剪下一小张长方形包装纸,对折后把贺词写在内页,再将卡片夹放在缎带下。

【小贴士】

礼 盒 包 装

基本的方糖形包装法如图 5-5 所示 (https://jingyan.baidu.com/article/aa6a2c1431f4530d4c19c43f.html)。步骤如下。

(1) 把包装纸裁剪成长比盒子周围长度多 2～3 厘米,宽度比盒子的宽度多 3 厘米,盒底朝上并置于纸张中央。

(2) 将右侧的纸张沿盒子向内折入,并保持纸的边缘位于盒子中央。

(3) 再把左侧的纸向内折入。

(4) 用透明胶或双面胶带将纸张重叠处固定。

(5) 两边的纸沿着盒子向内折入。

(6) 照着顺序,把纸张折成好看的梯形。

(7) 在上下折纸的交接处轻轻做上标记。

(8) 保持标记与边缘平行,折叠下面的纸。

(9) 用双面胶带或用好看的贴纸将接合处固定,再将另一侧包好,翻到盒子正面,用丝带或花装饰一下就成功了。

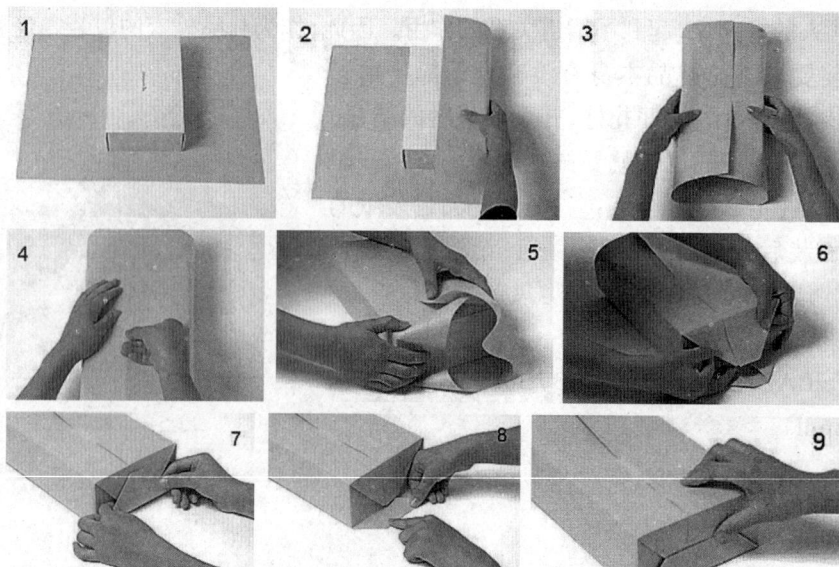

图 5-5　基本的方糖形包装法

② 表现大方。现场赠送礼品时，要神态大方自然，举止大方，表现适当。千万不要像做了"亏心事"，小里小气，手足无措。一般在与客户会面之后，将礼品赠送给对方，届时应起身站立，走近受赠者，双手将礼品递给对方。礼品通常应当递到对方手中，不宜放下后由对方自取。如礼品过大，可由他人帮助递交，但赠送者本人最好还是要参与一下。若同时向多人赠送礼品，最好先长辈后晚辈，先女士后男士，先上级后下级，按照次序，依次有条不紊地进行。

③ 认真说明。当面亲自赠送礼品时，除了说与送礼品的目的相吻合的祝福话语，如送生日礼物时说一句"祝你生日快乐"，送结婚礼物时说一句"祝两位百年好合"等之外，如果有必要，还要辅以适当、认真的说明。

- 应说明因何送礼，要为送礼找个绝妙的理由。
- 送礼时应当实事求是地说明自己的态度，比如"这是我为你精心挑选的""相信你一定会喜欢"等。
- 在送礼时，介绍礼品的寓意，多讲几句吉祥话，也是必不可少的。
- 对较为新颖的礼品可以说明礼品的用途、用法。

总的来说，得体的说明一是表达送礼者的心意，二是让受礼者受之心安。西方人在送礼时，喜欢向受礼者介绍礼品的独特意义和价值，以表示自己对对方特别重视。另外，对自己带去的礼品，不应自贬、自贱，说什么"是顺路买的""随意买的""没什么好东西，凑合着用吧"等，既没有必要，又容易让对方产生不被重视的感觉。

④ 正确反应。很多人在受礼的时候会再三推辞，所以馈赠时不要对方一谦虚马上就把礼品收回来，这样会让对方变得失望、难堪，甚至恼羞成怒。当客户接受你赠送的礼品时，应报之以微笑，说一句："真高兴您喜欢它。"

（2）接受礼品的礼仪。当他人赠送礼品时，作为受赠人的商务人员，应当根据具体情况礼貌地接受或者拒绝。

① 郑重接受。一般情况下，对于对方真心赠送的礼物不能拒收，因此没完没了地说"受之有愧""我不能收下这样贵重的礼物"这类话是多余的，有时还会使人产生不愉快的感觉。即使礼物不称你心，也不能表露在脸上。

在特定场合，当他人宣布有礼品相送时，不管正在做什么事，都应当站起身面向对方做好接受的准备。对方取出礼品，准备赠送时，要保持风度，既要神态专注，又要稳重大方。

当对方递上礼品时，要用双手去接，面带微笑，两眼注视对方。接过礼品后，要注意在接过对方礼品的同时，应当恭敬、认真地向对方道谢，也可以与对方握一下手，表示感谢，然后谨慎地把礼品放好。千万不要虚情假意，推推躲躲，反复推辞，硬逼对方留下自用；或是心口不一，嘴上说"不要，不要"，手却早早伸了过去。

② 妥善处置。赠礼者如果是东方人，收礼者接过礼品后，可将礼品郑重地放在适当的地方，不可当着赠礼者的面将礼品随便丢弃一边。

赠礼者如果是西方人，手里接过礼品后，除了表示真诚的感谢外，还应当着赠礼者的面将礼品拆封。在拆封时，动作要井然有序，舒缓得当，不要乱扯、乱撕。拆封后还不要忘记用适当的动作和语言，显示自己对礼品的欣赏之意，如将他人所送鲜花捧在身前闻闻花

>>>>>>>>>

香,然后再插入花瓶,并置放在醒目之处。

③ 事后致谢。接受外方人员赠送的礼品后,尤其接受了对方所赠送的较为贵重的礼品后,最好在一周之内写信或打电话给送礼人,向对方正式致谢,要对礼品传达的内在含义或送礼人对自己的关心表示诚挚的感谢。

若礼品是由他人代为转交的,则上述做法更是必不可少的。以后有机会再与送礼人相见时,不妨在适当时间再次当面向对方表示自己的谢意。或者是告诉对方,他送给自己的礼品,自己不但十分喜欢,而且经常使用,这种让对方感到他的礼品"物有所值",备受重视,会令其十分开心。

④ 拒礼有方。商务人员之间送的礼物,只要是诚心诚意,一般都不要拒绝。如果礼品的价值过高,就应当认真考虑一下收下礼物是否妥当。一般而言,以下三类物品不宜接受:一是违法违禁的物品;二是价格超过了规定的礼品,如现金、有价证券等;三是包含某种潜在的附加条件的礼品。当然,当面拒绝他人较难处理,如果处理不好,很容易伤害别人,造成矛盾。拒绝的时候要强调,拒绝的是物品,情意一定收下。拒收礼品时可选择以下方法。

- 说明理由。坦率地向送礼的人说明不能接受礼品的原因。这种方法尤其适用于公务交往中拒收礼品。运用这种方法时,态度要和蔼,语言要坚定,把握好分寸。比如,拒绝他人所赠的大额贵重礼品时,可以说:"依照有关规定,你送我的这件东西必须登记上缴。"
- 婉言拒绝。采用委婉的方式,不失礼貌地拒绝对方,找一个适当的借口,既让对方觉得你确实不能收,又不能让对方觉得没面子。拒绝的理由完全在于你自己,而不是对方。比如,当对方向自己赠送一部手机时,可以告之:"我已经有一台了。"
- 事后退还。有时当场拒收礼品会使对方很尴尬,所以先将礼品收下,事后尽快将礼品退还。事后退还礼品也需要向赠送者说清理由,并致以谢意。

⑤ 礼尚往来。收到他人的礼物,在适当的时机要有所回报,这才合乎礼仪规范。

- 把握还礼的时间。根据不同情况灵活对待,如果客人在刚进门时送礼,你可以在客人临走时回赠。有时也可以在接受礼物一段时间后再登门回拜,带些礼品赠送;也可以在节日、喜庆之日送上适宜的礼物表示感谢。
- 选择还礼的礼物。在所还礼物的选择上,不要以对方赠送的同类礼物还礼,相赠之物的价格大体与对方礼品的价格相当。

当然,不一定要还礼给所有送礼给你的人。如果送礼给你的人是为了表达谢意,最好不要还礼。有时送礼人和你没有业务关系,你弄不清他送礼给你的原因,也许是你忘记了自己曾帮助过他,他是来送礼感谢你的。如果是这种情况,你还礼给他,反而令对方不自在,因为你令他无法实现感谢你的心愿。

【小贴士】

礼 品 禁 忌

在选择、准备礼品时,要自觉、主动地避开对方受礼的禁忌。要注意以下几种禁忌情况。

(1) 违法、犯规礼品。比如,国家公务员在执行公务时,即使关系再特殊,也不要赠送任何礼品。送外国友人礼品的时候,还要考虑到不违反对方所在国家的相关法律、法规和政策等。

(2) 坏俗礼品。挑选礼品的时候,特别是要送给交往不深的对象或外地人士、外国人的时候,就要有意识地使赠品不和对方所在地的风俗习惯相矛盾及相抵触。在任何情况下,都要坚决避免把对方认为属于伤风败俗的物品作为礼品相赠。

(3) 私忌礼品。由于种种原因,人们会忌讳某些物品。比如,高血压患者不能吃含高脂肪、高胆固醇的食品,糖尿病患者不能吃含糖量高的食品。如果送私忌礼品给人,对方反而会认为你没有把他放在心上,不尊重他。

(4) 有害礼品。有一些东西,对人们的工作、学习、生活以及身体健康、家庭幸福不但无益,反而有害,如烈酒、赌具以及庸俗低级的书刊、音像制品等。送这些礼物,难免会有存心害人的嫌疑。

(5) 广告礼品。轻易不要把带有广告标志或广告语的东西送人。不然,会让对方产生利用廉价劳动力、替你免费宣传的嫌疑。

除此之外,还要注意礼物的价格标签一定要撕下,否则会使得礼物的商业气息太浓,是非常失礼的。还有就是避免把同样的礼物同时送给相识的两个人,那样会让人觉得你在搞"批发"。

4．赠花的礼仪

鲜花是美好、吉祥、友谊和幸福的象征。我国早在汉代就有"折柳送别话依依"的诗句,可见在当时已有交际赠花之习俗。当今社交中无论是欢迎、送别、婚寿庆祝,还是节庆、开业、慰问、吊唁及国际交往中,人们经常赠之以鲜花,言志明心。但由于各地风俗习惯不同,花的含义也不同,送花时必须注意得体,要做到以下几点。

(1) 了解"花卉语"。当我们用花为媒来传递友谊时,要注意运用正确的"花卉语",以免出现尴尬。

【小贴士】

花卉的寓意

荷花——纯洁、淡泊和无邪	山茶花——美好的品德
月季——幸福、光荣、美艳常新	勿忘草——永志不忘、真挚和贞操
红玫瑰——爱情	剑兰——步步高升
白菊——真实	松柏——坚强
百合——圣洁、幸福、百年好合	橄榄枝——和平
野百合——幸福即将来临	梅花——刚毅、坚贞不屈
红蔷薇——求爱、爱情	竹子——正直
杜鹃——节制、盼望	文竹——祝贺长寿
康乃馨——健康长寿	常春藤——结婚、白头偕老
红茶花——天生丽质	水仙——尊敬、自尊

>>>>>>>>

橄榄枝——和平	樱花——心灵的美
牡丹——拘谨、害羞	并蒂莲——夫妻恩爱
牵牛花——爱情	万年青——长寿、友谊长存
紫丁香——初恋	红豆——相思
野丁香——谦逊、美好	兰花——热情
黄郁金香——爱的绝望	仙人掌——热心
红郁金香——宣布爱恋	竹子——正直、虚心
蓝色郁金香——诚实	美人蕉——坚实

在不同的国家和地区,同一种花也许会有不同的寓意。如在一些国家,菊花和康乃馨被认为是厄运的象征。垂柳在美国表示"悲哀",但在法国,柳则是"仁勇"的象征。实际上,同一种类型的花卉,因其不同的颜色,也有不同甚至截然相反的意思。如红色的郁金香是"爱的表示",蓝色的郁金香象征"诚实",而黄色的郁金香则象征"无望的恋爱"。因此要恰当运用好"花卉语"。

(2) 不同场合的赠花。向恋人赠玫瑰花的花语是"我真心爱你",蔷薇花象征"我向你求爱,小天使",桂花表示"我挚意爱你"。这类花卉赠之恋人,可收心有灵犀一点通之功;若将这类花卉赠之其他对象,则会影响交际,甚至"引火烧身"。

婚礼赠花可以送一束美丽鲜艳的由红玫瑰、吉祥草、文竹组成的花束。红玫瑰象征爱情美好;吉祥草祝朋友吉祥如意、生活美满;文竹绿叶葱葱,祝朋友爱情永葆青春。此外并蒂莲表示"恩爱如初,幸福长存",百合花象征"百年好合",它们及红色郁金香等花都是婚礼的理想花卉。

慰问病人,送一束黄月季,表示"早日康复";一束芝兰,象征"正气清运,贵体早康";或送一束松、柏、梅花,以鼓励他与病魔做斗争"坚贞不屈""胜利属于你"。

庆贺生日赠花,年轻一点的可送其火红的石榴花、鲜红的月季花、美丽的象牙花,祝其前程如火一样红烈,青春如红花鲜艳等。

对年老者,赠之以万年青、寿星草、龟背竹等,以示祝福老人健康长寿,快乐幸福。

(3) 赠花的注意事项。正式场合,如组织开张、纪念、庆典等,大多可送花篮;迎宾、欢送、演出中送给演员,大多送花环、花束;宴请、招待会等送胸花;参加追悼会时送花圈以示哀悼。

送花一般不能送单一的白色花,因为会被人认为不吉利。送玫瑰花时应送单数,不要送双数,但12除外。不要将红玫瑰送给未成年的小姑娘,不要将浓香型的鲜花送给病人。

送一束花时最好用彩色透明纸将花包装好,再系一根与鲜花颜色相匹配的彩带,这样既便于携带,又使花显得更漂亮。

在中国的一些传统年节或喜庆日子里,到亲友家作客或拜访时,送的花篮或花束,色彩要鲜艳、热烈,以符合节日的喜庆气氛。可选用红色、黄色、粉色、橙色等暖色调的花,切忌送整束白色系列的花。

在中国广东等地,由于方言的关系,送花时尽量避免用以下花:剑兰(见难)、茉莉(没利)。

日本人忌"4""6""0"等数字,因为他们的发音分别近似"死""无赖""劳苦",都是不吉利的。给病人送花不能送带根的,因为"根"的发音近于"困",使人联想为一睡就不起。日本人忌讳荷花。

俄罗斯人送女主人的花束一定要送单数,这将使她感到非常高兴。送给男子的花必须是高茎、颜色鲜艳的大花,俄罗斯人忌讳"13",认为这个数字是凶险和死亡的象征,而"7"在他们看来却意味着幸运和成功。

在法国,当你应邀到朋友家中共进晚餐时,切忌带菊花。菊花表示哀悼,只有在葬礼上才会用到。意大利人和西班牙人同样不喜欢菊花,认为它是不祥之花,但德国人和荷兰人对菊花却十分偏爱。

在德国,一般不能将白色玫瑰花送朋友的太太,也避免用郁金香。

英国人一般不爱观赏或栽植红色或白色的花。

瑞士的国花是金合欢花,瑞士人一般认为红玫瑰带有浪漫色彩。送花给瑞士朋友时不要随便用红玫瑰,以免误会。

欧美一带在悲痛时,不以鲜花为赠物。

巴西人忌讳紫色和黄色的花,认为紫色是悲伤的色调,视黄色为凶丧的色调。

【小案例】

送 花

小艳和小军在同一家公司工作,两人是好朋友。小艳邀请小军参加自己的婚礼,为了表达心意,小军考虑要送给小艳一份特别的礼物。思来想去,小军觉得送鲜花既时尚又浪漫,十分合适,而且要送红玫瑰,以表示对新婚夫妇甜蜜爱情的祝福。这天,小军捧了一大束红玫瑰参加婚礼,可当他将花束送给小艳时,小艳面部表情发生了急剧的变化,迟疑地不肯去接鲜花。小艳的新婚丈夫则脸色难看,令小军十分难堪。这件事引起了小艳丈夫的误解,破坏了他们新婚甜蜜的气氛,小艳做了多番的解释,才消除了丈夫的误会。

【实训项目】拜访与接待

1. 实训要求

进行接待拜访模拟训练。训练目的:使学生熟悉接待、拜访的有关礼节,能够正确运用其礼仪规范。训练地点包括楼前、电梯间、会议室等。训练需要准备办公家具、茶具、茶叶、热水瓶或饮水机、企业宣传资料等。实训方法:将学生分成若干小组,自设情境,每组一部分学生扮演来访团成员,一部分学生扮演接待方成员,模拟演示以下情景:①在门口迎接客人;②引导客人前往接待室;③与客人搭乘电梯;④引见介绍;⑤招呼客人;⑥为客人奉送热茶;⑦送别客人。在演示过程中要遵循称呼、问候、介绍、握手、名片递接、礼品馈赠等会面的有关礼仪规范,演示完毕后,可两组人员角色对调,再演示一遍,充分体会拜访、接待的不同礼仪要求。

2. 实训内容

(1)拜访。拜访是公务、商务等社会活动中一件经常性的工作,是最常见的社交形式,同时也是联络感情及增进友谊的一种有效方法。要使拜访更得体、更有效,更好地实现拜访的目的,就要重视和学习拜访的礼仪。

① 约好时间。拜访前,应事先联络妥当,尽可能事先告知,最好是和对方约定一个时间,以免扑空或打乱对方的日程安排,即使是电话拜访也不例外。不告而访是非常失礼的。

如果双方有约,应准时赴约,不能轻易失约或迟到。但如果因故不得不迟到或取消访问,一定要设法在事前通知对方,并表示歉意。

拜访应选择适当的时间,选择一个对方方便的时间。作客拜访一般可在平时晚饭后或假日的下午,要避免在吃饭和休息的时间登门造访。

【小故事】

守时的康德

德国著名古典哲学家康德是一个十分守时的人,他认为守时是一种美德,代表着礼貌和信誉。1779年,他想要去一个名叫珀芬的小镇拜访老朋友威廉先生,于是事先写信告诉威廉,说自己将会于3月5日上午11时之前到达。

康德3月5日一早就租了一辆马车踏上了去威廉先生家的路。途中经过一条河,需要从桥上穿过去。但马车来到河边时,车夫停了下来,对车上的康德说"先生,对不起,桥坏了,再往前走很危险。"康德只好从马车上下来,看着从中间断裂的桥,他知道确实不能走了。康德看看时间,已经10时多了,他焦急地问:"附近还有没有别的桥?"车夫回答:"有,在上游,如从那座桥上过去,最快也得40分钟才能到达目的地。"康德算了算时间,那就赶不上约好的时间了。于是,他跑到附近的一座破旧的农舍旁边,对主人说:"请问您这间房子肯不肯出售?"农妇听了很吃惊地问:"我的房子又破又旧,而且地段也不好,你买这座房子干什么?""你不用管我有什么用,你只要告诉我你愿不愿意卖?""当然愿意,200法郎就可以。"康德毫不犹豫地付了钱,对农妇说:"如果您能够从房子上拆一些木头,在20分钟内修好这座桥,我就把房子还给你。"农妇再次感到吃惊,但还是立即把儿子叫来,及时修好了那座桥。马车终于平安地过去了。

10时50分的时候,康德准时来到了老朋友威廉家门前。这时,已等候在门口的老朋友看到康德,大笑着说:"亲爱的朋友,你还像原来一样准时啊!"可他哪里知道康德中间买房修桥的事。康德认为,守时也是一种信誉。

【小幽默】

换只手表

乔治·华盛顿是美国的第一位总统,他有一个年轻的秘书。一天早晨,这位秘书来迟了,他发现华盛顿正在等候着,感到很内疚,便说他的表出了毛病。华盛顿平静地回答:"恐怕你得换一只表,否则我得换一位秘书了。"

② 做好准备。具体要做好如下拜访的准备工作。
- 明确拜访目的。无论是初次拜访还是再次拜访,都要事先明确拜访的主要目的。

- 准备有关资料。商务拜访,比如客户拜访,要准备的资料就包括公司及业界的资料、相关产品资料、客户的相关信息资料、销售资料及方案、针对可能出现的情况事先拟订的解决方案或应对方案、一些小礼品等。此外,名片、电话号码簿等也要事先准备好。
- 设计拜访流程。要针对拜访环节准备好最稳妥、最得体的称呼和开场白,选择好话题材料,确定话题范围等。
- 电话预约确认。出发前应致电被拜访者,再次确认本次拜访人员、时间和地点等事宜。
- 注意礼仪细节。到达前,最好先稍事整理服装仪容。如果是重要的拜访对象,要事先关掉手机,这体现了对拜访对象的尊敬,对访问事宜的重视。

【小故事】

有 备 无 患

王莉在某公司市场部工作,她准备去拜访顺达公司的市场部经理胡军先生。王莉预约的拜访时间是本周三下午3点。事前王莉准备好了有关的资料、名片,并对顺达公司及胡军先生进行了了解。拜访前王莉对自己的仪容、仪表进行了精心、得体的修饰。到了周三,王莉提前5分钟到达顺达公司。在与胡军先生的交谈过程中,王莉简明扼要地表达了拜访的来意,交谈中始终紧扣主题,给胡军先生留下了很好的印象,最终促成了合作。

③ 上门有礼。到达拜访地点后,如果对方因故不能马上接待,可以在对方接待人员的安排下,在会客厅、会议室或前台安静地等候。如果等待时间过久,可以向有关人员说明,并另定时间,不要显出不耐烦的样子。有抽烟习惯的人,要注意观察该场所是否有禁止吸烟的警示。即使没有,也要问问工作人员是否介意抽烟。如果接待人员没有说"请随便看看"之类的话,就不要随便东张西望,到处窥探,那是非常不礼貌的。

到达被访人所在地时,一定要事先轻轻敲门,进屋后等主人安排后再坐下。后来的客人到达时,先到的客人应站起来,等待介绍或点头示意。对室内的人,无论认识与否,都应主动打招呼。

如果与对方是第一次见面,应主动递上名片,或做自我介绍。对熟人可握手问候。如果你带其他人来,要介绍给主人。

进门后,应把随身带来的外套、雨具等物品搁放到对方接待人员指定的地方,不可任意乱放。

接茶水时,应从座位上欠身,双手捧接,并表示感谢。

吸烟者应在主人敬烟或征得主人同意后,方可吸烟。和主人交谈时,应注意掌握时间。有要事必须要与主人商量或向对方请教时,应尽快表明来意,不要不着边际,浪费时间。

【小案例】

如 此 拜 访

小王和小李是大学同学。大学毕业后,各奔东西。如今,小王在A公司当业务员,小李在B公司当经理。A公司正好准备与B公司做一笔买卖(第一次),而小王得知此事后,便自告奋勇,一来想去探望一下十多年没见的朋友,二来也想提升一下自己在公司的地位。这天下午,小王便去了 B 公司的经理室,结果在门口被秘书拦下。经过一番解释,秘书告诉他李经理不在,并将公司的电话号码给了他。

隔了几天,小王打电话给 B 公司,预约成功,定于星期三下午 3:30 见面。结果由于堵车,小王晚去了一个小时。到了以后,经打听,经理还在,就推门进去。老朋友相见,十分欢喜。小王马上冒出一句:"小李,这几年过得不错啊!"李经理感到有些尴尬。接着两人寒暄了几句,小王便在沙发上一坐,跷起了二郎腿,掏出一支烟递给小李。李经理不抽,自己便大口大口地抽起来,整个经理室顿时烟雾笼罩。李经理实在觉得不适,就打开窗户,说:"我这几天咽喉发炎,闻不得烟味儿,请原谅。"小王不情愿地掐灭了香烟。小王的这种拜访,不但不会收到好的效果,反而会适得其反,因为他太缺乏拜访礼仪了。

④ 礼貌告辞。拜访结束时彬彬有礼地告辞,可给对方留下良好的印象,同时也给下次拜访创造良好的氛围和机会,所以及时告辞、礼貌告辞这一环节相当重要。

拜访时间长短应根据拜访目的和主人意愿而定,通常宜短不宜长,适可而止。当接待者有结束会见的表示时,应立即起身告辞。

告辞时要同主人和其他客人一一告别。如果主人出门相送,应请主人留步并道谢,热情地说声再见。

中途因特殊情况不得不离开时,无论主人在场与否,都要主动告别,不能不辞而别。

【小幽默】

话　别

小林是个不太会说话的人。这天去火车站送别妻子,妻子怕小林难受,就说:"亲爱的,你不要到站台送我了,我怕你伤心,而且还要花一块钱买站台票。"小林脱口而出:"没关系,花一块就能把你送走,挺值的!"

⑤ 拜访过程应注意的礼仪。
- 准时到达。让被拜访者无故等候,无论因何原因都是严重失礼的事情。如果是对方要晚点到,要耐心等待,可充分利用剩余的时间检查准备工作。
- 控制时间。谈话时开门见山,不要海阔天空,浪费时间。最好在约定时间内完成访谈。如果客户表现出还有其他要事的样子,千万不要再拖延,如为了完成工作,可约定下次拜访时间。
- 注意言谈举止。要以优雅得体的言谈举止体现素质、涵养和职业精神,赢得对方的好感和敬重。即便与接待者的意见相左,也不要争论不休。要注意观察接待者的举止神情,当有不耐烦或为难的表现时,应转换话题或口气。总之,要避免出现不愉快的场面。

⑥ 注意见面礼节。必须事先搞清对方人员的真实身份,根据主次或亲疏的关系,如行握手礼、拥抱礼还有其他见面礼节,处理好见面时的礼仪关系十分必要。
- 尊重对方习惯。由于被拜访者的国别、民族、年龄、性别以及爱好、兴趣、习惯各有不

同,事先要了解清楚,并给予充分的尊重。

- 讲究服饰。服饰事关拜访者自身的职业形象和所代表的机构形象,也体现对被拜访者的尊重,所以,拜访前对服饰的选择和斟酌马虎不得。
- 及时致谢。对拜访过程中接待者提供的帮助,要及时适当地致以谢意。
- 事后致谢。若是重要约会,拜访之后给对方寄一封谢函或发一条短信,会提高对方的好感。

【小幽默】

拜访耶稣

一个教师在课堂上打了一会儿瞌睡,当他醒来时,他哄骗学生说:“我做了个梦,梦里我去见耶稣了。”

第二天,他的一个学生也在课堂上打起了瞌睡。这个教师就拿教鞭敲着桌子叫醒他,说:“你怎么能在上课时睡觉?”

学生回答说:“我也去拜访耶稣了。”

老师问道:“那么耶稣对你说了什么?”

学生回答:“他告诉我说,他昨天根本没看见我尊敬的老师。”

(2) 接待。迎来送往是社交接待活动的最基本形式,是表达主人情谊,体现礼仪素养的重要环节。在整个接待过程中,应遵循如下礼仪规范。

① 准备礼仪。迎接,是给客人以良好第一印象的最重要工作。在接待工作中,把迎宾工作做好,对来宾表示尊敬、友好与重视,来宾就会对东道主产生良好印象,从而为下一步深入接触打下基础。在迎宾工作中,要注意做好以下前期准备工作。

- 掌握基本状况。商务人员一定要充分掌握来宾的基本状况,尤其是主宾的个人情况,如姓名、性别、年龄、籍贯、民族、单位、职务、专业、偏好等,必要时还需了解其婚姻、健康状况、政治倾向与宗教信仰等。如果来宾尤其是主宾曾经来访过,则在接待规格上要注意前后一致,无特殊原因不宜随意升格或降格。来宾如报出自己一方的计划,比如来访的目的、来访的行程、来访的要求等,应在力所能及的前提下满足其特殊要求,尽可能给对方以照顾。
- 制订具体计划。为了避免疏漏,一定要制订详尽的接待计划,以便按部就班地做好接待工作。根据常规,接待计划至少应包括迎送方式、迎送规格、交通工具、膳宿安排、工作日程、文娱活动、游览、会谈、会见、礼品准备、经费开支、接待、陪同人员等基本内容。
- 确认抵达时间。有时候,来宾到访时间或因其健康状况,或因紧急事务缠身,或因天气变化、交通状况等的影响,难免会有较大变动。因此,接待方务必在对方正式启程前与对方再次确认一下抵达的具体时间,以便安排迎宾事宜。

>>>>>>>>>>

【小故事】

周公吐哺,天下归心

周公姓姬名旦,是周文王第四子,武王的弟弟,我国古代著名的政治家,曾两次辅佐周武王东伐纣王,并制作礼乐,天下大治。因其采邑在周,爵为上公,故称周公。

关于"周公吐哺"的典故,据说周公自言:"吾文王之子,武王之弟,成王之叔父也;又相天下,吾于天下亦不轻矣。然一沐三握发,一饭三吐哺,犹恐失天下之士。"周公唯恐失去天下贤人,洗一次头时,曾多回握着尚未梳理的头发;吃一顿饭时,亦数次吐出口中食物,迫不及待地去接待贤士。周公堪称礼贤下士的待客典范,亦为后世为政者的典范。孔子的儒家学派把周公作为人格的最高典范,孔子终生倡导的是周公的礼乐制度。

② 迎宾礼仪。

- 迎宾人员。一般来说,迎送人员与来宾的身份要相当,但如果己方当事人因临时身体不适或不在当地等原因不能前来迎送也可灵活变通,由职位相当的人士或由副职出面。遇到这种情况,应从礼貌出发向对方做出解释。另外,迎宾人员最好与来宾专业对口。

- 迎宾地点。来宾的地位身份不同,迎宾地点往往有所不同。一般情况下,迎宾的常规地点有:交通工具停靠站(如机场、码头、火车站等)、来宾临时住所(如宾馆)、东道主的办公地点门外等。在确定迎宾地点时,还要考虑以下因素:双方的身份、关系及自身的条件。

- 迎宾时间。到车站、机场去迎接客人,应提前到达,绝不能迟到让客人久等。客人刚下飞机或下车就能瞥见有人等候,一定会感激万分;如果是第一次到这个城市,还能因此获得一种安全感。若迎接来迟,会使客人感到失望和焦虑不安,还会因等待而产生不快,事后无论怎样解释都无法消除这种失职和不守信誉造成的印象。

- 迎宾标识。如果迎接人员与客人素未见面,一定要事先了解一下客人的外貌特征,最好举个小牌子去迎接。小牌子上尽量不要用白纸写黑字,这样会给人晦气的感觉;也不要写"×× 先生到此来",而应写"×× 先生,欢迎您""热烈欢迎 ×× 先生"之类的字样;字迹力求端正、大方、清晰,不要用草书书写。一个好的迎宾标识,既便于找到客人,又能给客人留下美好印象——当客人迎面向你走来时会产生自豪感。在单位门口,不要千篇一律地写上 Welcome 一词,而应根据来宾的国籍随时更换语种,这样会给来宾一种亲切感。

- 问候与介绍。接到客人后,切勿一言不发、漠然视之,而要先与之略作寒暄,比如说一些"一路辛苦了""欢迎您来到我们这个美丽的城市""欢迎您来到我们公司"之类的话。然后要向客人介绍自己的姓名和职务,如有名片更好;客人知道你的姓名后,如一时还不知如何称呼你,你可以主动表示"就叫我小× 或 ×× 好了"。其他接待人员也要一一向客人作自我介绍,有时可由领导介绍,但更多的时候是由秘书承担这一职责。在作介绍时,态度要热情,要端庄有礼,要正视对方并略带微笑,可以先说"请允许我介绍一下",然后按职务高低将本单位的人员依次介绍给来宾。对于远道而来、旅途劳顿的来宾,一般不宜多谈。

- 握手。握手是见面时最常见的礼节,双方相互介绍之后应握手致意。握手时,要注视对方,微笑致意,并使用"欢迎您"等礼貌用语。迎接来宾时,迎宾人员一定要主动与对方握手。
- 献花。有时迎接重要宾客还要向其献花,一般以献鲜花为宜,并要保持花束的整洁、鲜艳。在社交场合,献什么花、怎么献花,常因民族、地域、风情、习俗、目的的不同而有所区别。一般情况下,应注意从鲜花的颜色、数目和品种三个方面加以考虑。
- 为客代劳。接到来宾后,在走出迎宾地点时应主动为来宾拎拿行李,但对来宾手上的外套、钱包或是密码箱等则不必"代劳"。客人如有托运的物件,应主动代为办理领取手续。
- 休息室接待。在迎送身份特殊的客人(VIP)时,可事先在机场、车站、码头安排贵宾休息室并准备一些饮料、播放一些高雅的音乐,以消除客人旅途的劳顿。如对方是外宾,休息室内还可挂上所在国的国旗,摆放一些报刊,以增加酒店与客人之间的感情。

【小贴士】

我国古代迎宾礼仪

拂席:擦去座席上的灰尘,请客人就座。

扫榻:拂去榻上的尘垢,以表示对客人的欢迎。

倒屣:因急于迎接客人,以致把鞋子都穿倒了。

拥慧:古人迎接尊贵的客人时,常拿着扫帚,意思是屋子扫得干净以招待客人,以示敬意。

虚左:空出车上左边的位子,迎接客人(古代乘车以左为尊)。

却行:向后退着走,以表示对客人的尊敬。

侧行:侧着身子前行,同样表示对客人的尊敬。

避席:离开座位站起来,以表示对客人的敬意。

③ 陪同礼仪。

- 话题。在接待客人时,客人一般会对以下方面感兴趣:将要参加的活动的有关背景资料、筹备情况、有关的建议,当地风土人情、气候、物产,富有特色的旅游景点,近期本市发生的大事,本市知名人士的情况,当地的物价等。
- 陪车。客人抵达后从机场到住地以及访问结束后由住地到机场,有时需要主人陪同乘车。主人在陪车时,应请客人坐在自己的右侧。有司机的时候,后排右位最佳,应留给客人。上车时,应主动打开车门,以手示意请客人先上车,自己后上。一般最好让客人从右侧门上车,主人从左侧门上车,以免从客人座前穿过。如客人先上车坐到了主人的位置上,则不必请客人挪动位置。
- 宾馆接待。将来宾送至宾馆,要主动代为办理登记手续,并将其送入房间。进入客人房间后,应告知客人餐厅何时营业,有何娱乐设施,有无洗衣服务等,以便客人心中有数。客人一到当地,最关心的就是日程安排,所以应事先制订活动计划。客人

>>>>>>>>>

到宾馆后,应马上将日程表送上,以便客人据此安排私人活动。根据活动安排,客人将与哪些人会面与会谈,也应向客人作简略介绍。为了帮助客人尽快熟悉访问地的情况,还可以准备一些有关这方面的出版物给客人阅读,如本地报纸、杂志、旅游指南等。考虑到客人旅途劳累,主人不宜久留,应让客人早些休息,分手前要说好下一次见面的时间和地点,并留下自己的地址和电话号码,以便客人有事时联系。

- 奉茶。我国人民习惯以茶水招待客人。在招待尊贵客人时,选择什么茶具、怎样倒茶和递茶都有许多讲究。在给客人送茶时,茶具不能有破损和污垢,要洗干净、擦亮,杯内的茶水倒至八分满即可,不可倒满,免得溢出来溅洒到客人身上。茶水冷热也要控制好,千万别烫着客人。端送茶水最好使用托盘,既雅观又卫生;托盘内放一块抹布更好,以便茶水溢出时擦拭。端茶时,有杯柄的茶杯可一手执杯柄一手托在杯底或单手执杯柄;若茶杯没有杯柄,注意不要用手握住茶杯,以减少手指和杯沿部分的接触,更不可把拇指伸入杯内。敬茶时可以按由右往左的顺序逐个奉上,也可按主要宾客或年长者→其他客人、上级领导→其他客人这个顺序敬奉。

【小幽默】

倒　茶　水

有客人来家里。爸爸倒了杯茶水,对四岁的儿子说:"去,给叔叔端杯茶。"

儿子端着杯子送到客人手里,不小心把茶水洒到了客人的裤子上。

爸爸连忙向客人道歉,帮忙清理完,对儿子说:"茶水太少了,再倒点去。"

儿子一听,把剩下半杯茶水也倒在客人裤子上了。

- 引导。宾主双方并排行进时,引导者应主动走在外侧,而请来宾走在内侧。三人并行时,通常中间的位次最高,内侧的位次居次,外侧的位次最低,宾主的位置可依此酌定。在单行行进时,循例引导者应走在来宾前两三步;走到拐角处时,引导者一定要先停下来,转过头说"请向这边来";引导客人上楼时,应该让客人走在前面,引导者走在后面;引导途中,引导者切勿与客人高谈阔论,更不许与客人玩笑打闹,以免客人走神当众摔跤出丑;下楼时,引导者应走在前面靠墙壁一侧,而让客人走在后面靠楼梯栏杆一侧。
- 乘电梯。引导客人乘坐电梯时,接待人员应先进入电梯,按住电梯"开"钮,等客人进入后关闭电梯门;到达相应楼层后,接待人员应按住"开"钮,让客人先出电梯。如果电梯由专人控制,接待人员则应后入先出。在电梯内,接待人员切忌两眼直盯客人,可视与客人的熟识程度与客人交谈,以示友好。

【小故事】

不懂电梯礼仪的营销人员

营销人员王强要到工作室所在的办公大楼门口迎接前来体验产品的顾客张太太。这是王强第一次接待顾客,表现得极为热情,一见面就嘘寒问暖。进入电梯时,王强抢先踏入,紧靠着最里面站好,想把更多的空间留给顾客。

电梯里,除了王强和张太太还有其他乘梯者,王强为了不冷场,便充分发挥了他的口才,继续和张太太攀谈,问这问那,口若悬河,但是张太太只是礼貌地冲他微笑,偶尔轻声简单回答他的问题,并没有攀谈的意思,这让王强觉得非常尴尬。最终,张太太匆匆地参观了工作室,并表示有急事要先回去了。

后来王强才知道,原来是因为上次在电梯里对顾客接待不周的原因,顾客认为她没有得到应有的尊重。知道原委后,王强非常后悔自己的电梯不当行为。

点评：电梯虽小,礼仪别有洞天,乘电梯尤其考验人的礼仪修养水平。通过得体的电梯礼仪,可以在短短的几十秒内给他人留下良好的印象。

- 开门。引导客人至会客厅,应先敲门、再开门。如果门是向外开的,应用手按住门,让客人先进;如果门往里开,则自己先进,按住门后再请客人进入。一般应右手开门,再转到左手扶住门,面对客人,请客人进入后再关门。无论房门是推开式还是拉开式,都必须将其完全敞开。为了不让客人看到自己的背部,应用单手开闭房门。
- 会客室接待。进入会客室后,客人如有外套、帽子、雨伞等物,可接过挂放于衣帽架或明显处,并向客人说明："×× 先生,您的外套挂在这里。"应将来客让至上座入座,以示尊重和欢迎。一般来说,室内离门口最远的座位就是上座。如果上司还没到,在与客人聊天时,注意不要谈论本公司的长短及涉密事项,可聊一些轻松的无关紧要的话题。

【小案例】

小李的接待观

小李是公司新入职不到两个月的员工。在这不到两个月的时间里,就数次接到顾客的投诉。

原来,小李自以为是大学生,在业务接待中对顾客爱理不理、态度非常冷淡。他认为：我是大学生,搞业务如果还赔着笑脸"低三下四"地接待,那岂不成了侍候他们了！再说了,每天的工作都不清闲,哪还有那么多精力去赔笑脸？

甚至有一次一位白发苍苍的老人为了解业务,在小李面前一直就站着说话、半蹲着身子写材料前后近半小时,而小李则抖着腿,有一搭没一搭地应付着,更不用说起身请老人坐下说话或给老人端杯水了。

正好经理巡视路过,在月末的大会上点名,严厉地批评了小李,经理说这样的接待行为无疑严重影响了企业形象,决不允许这样的行为再发生……[1]

点评：大学生刚毕业从事商务工作,需要学习、了解的东西很多,应该虚心地向同事们学习。应该从尊重人、懂礼貌等基础做起。

---

[1] 未来之舟. 职场礼仪 [M]. 北京：中国经济出版社,2008：65.

④ 送别礼仪。送别,是留给客人良好的最后印象的一项重要工作。不管你前面的接待工作做得多么周到,如果最后的送别让客人备受冷落,整个接待工作就会功亏一篑。做好送别工作,关键在于一个"情"字。具体而言,送别时应注意以下礼仪。

- 提出道别。在日常接待活动中,宾主双方由谁提出道别是有讲究的。按照常规,道别应当由客人先提出来,假如主人首先与来客道别,难免会给人以厌客、逐客的感觉。
- 送别用语。宾主道别,彼此都会使用一些礼貌用语表达对对方的惜别之情,最简单、最常用的莫过于一声亲切的"再见",除此之外,"您走好""有空多联系""多多保重"等也是得体的送别用语。
- 送别的表现。一般客人告辞离去,秘书只需起身将其送至门口,说声"再见"即可。如果上司要求你代其送客,则应视需要将客人送至相应地点:如果对方是常客,通常应将其送至门口、电梯门口或楼梯旁、大楼底下、大院门外;如果是初次来访的贵客,则要陪伴对方走得更远些。如果只将客人送至会议室或办公室门口、服务台边,则要说声"对不起,失陪",目送客人走远;如果将客人送至电梯门口,则宜点头致意,目送客人至电梯门关上为止;若将客人送至大门口或汽车旁,则应帮客人携带行李或稍重物品,并帮客人拉开车门,开车门时右手置于车门顶端,按先主宾后随员、先女宾后男宾的顺序或客人的习惯引导客人上车,同时向客人挥手道别,祝福旅途愉快,目送客人离去。在送别的过程中,切忌流露出不耐烦、急于脱身的神态,以免给客人匆忙打发他走的感觉。

【小故事】

李嘉诚送客

很多知名企业家也很注意送人的礼节。一位内地企业家在接受电视采访时谈到了他去李嘉诚办公室拜访李嘉诚的经历。

那天,李嘉诚和儿子一起接见了他。在会谈结束之后,李嘉诚起身从办公室陪他出来,送他到电梯口。更让人惊叹的是,李嘉诚不是送到即走,而是一直等到电梯上来,他进去了,再举手告别,等到门合上。身为亚洲首富的李嘉诚肯定是日理万机,可他依旧注重礼节,亲自送人,没有丝毫的怠慢。这位内地企业家面对着电视机前的亿万观众动情地说:"李嘉诚这么大年纪了,对我们晚辈如此尊重,他不成功都难。"

3. 训练自查

拜访接待自查表见表5-4。

表5-4　拜访接待自查

序　号	自查项目	不足和缺陷	改进措施
1	拜访准备		
2	拜访过程		
3	拜访告别		

续表

序　号	自查项目	不足和缺陷	改进措施
4	接待准备		
5	迎宾礼仪		
6	陪车礼仪		
7	宾馆接待		
8	引导客人		
9	奉茶		
10	接待时的礼仪		
11	送别礼仪		

训练总结：_____

【课后练习】

1．案例分析。

斯诺讲的故事

斯诺在其著写的《西行漫记》中曾经记述了这样一个耐人寻味的故事：

我坐下来和驻扎这里的交通处的一部分人员一起吃饭……像平常一样,除了热开水以外,没有别的喝的,而开水又烫得不能进口。因此我口渴得要命。

饭是由两个态度冷淡的孩子侍候的,确切地说是由他们端来的。

他们最初不高兴地看着我,可是在几分钟后,我就想法惹起了其中一个孩子的友善的微笑。这使我胆子大了一些,他从我身边走过时,我就招呼他:"喂,给我们拿点冷水来。"

那个孩子压根儿不理我。几分钟后,我又招呼另外一个孩子,结果也是一样。

这时我发现戴着厚厚玻璃眼镜的交通处处长李克农在笑我。他扯扯我的袖子,对我说:"你可以叫他'小鬼',或者可以叫他'同志',可是,你不能叫他'喂'。这里什么人都是同志。这些孩子是少年先锋队员,他们是革命者,所以志愿到这里来帮忙。他们不是佣人,他们是未来的红军战士。"

正好这个时候,冷水来了。

"谢谢你,同志!"我道歉说。

那个少先队员大胆地看着我。"不要紧,"他说,"你不用为了这样一件事情感谢一个同志!"

我想,这些孩子真了不起。我从来没有在中国儿童中间看到这样高度的个人自尊。

思考题:

(1) 斯诺记述的这个故事说明了什么?

(2) 得体的称呼在交际中有何重要意义?

不同的自我介绍

在一次非正式聚会中,我遇到两位初出茅庐的大学毕业生。男生A这样介绍自己:"您好,我叫××,今年刚毕业,正在找工作。"我当时有些发愣,只好接话说:"是吗?那加油哇,祝你早日找到满意的工作。"而女生 B 则这样介绍自己:"您好,听说您是一位作家。"我赶紧说:"哪里算作家,就是随便写写。"她笑吟吟地说:"我也是,不过我更喜欢画画,我是一名美院毕业的学生。"之后我们很自然地谈起了美术和写作,谈得很高兴。

思考题:

(1) 男生 A 和女生 B 的自我介绍哪一个更容易让双方找到交谈的话题?

(2) 自我介绍有什么秘诀呢?

握　　手

艾丽是名热情而敏感的女士,在中国某著名的房地产公司任副总裁。有一天,她接待了来访的建筑材料公司主管营销的韦经理。韦经理被秘书领进了艾丽的办公室,秘书对艾丽说:"艾总这是××公司的韦经理。"艾丽离开办公桌,面带微笑,走向韦经理。韦经理先伸出手来,让艾丽握了握。艾丽客气地对他说:"很高兴你来为我们公司介绍这些产品。这样吧,让我先看一看这些材料,再和你联系。"韦经理在几分钟内就被艾丽请出了办公室。几天内,韦经理多次打电话,但秘书的回答是:"艾总不在。"

到底是什么原因让艾丽如此反感一个只说了两句话的人呢?艾丽在一次形象课上提到这件事:"首次见面,他留给我的印象是不懂基本的商务礼仪,还没有绅士风度。他是一个男人,位置又低于我,怎么能像王子一样伸出高贵的手来让我握呢?他伸给我的手不但看起来毫无生机,握起来更像一条死鱼,冰冷、松软、毫无热情。当我握他的手时,他的手掌也没有任何反应,握手的这几秒钟他就留给我一个极坏的印象。他的心可能和他的手一样冰冷。他的手没有让我感到对我的尊重,他对我们的会面也并不重视。作为一个公司的销售经理,居然不懂得基本的握手方式,显然他不是那种经过高级职业训练的人。而公司能雇用这样的人做销售经理可见公司管理人员的基本素质和层次也不会太高。这样素质低下的人组成的管理阶层,怎么会严格遵守商业道德,提供优质、价格合理的建筑材料呢?我们这样大的房地产公司,怎么能与这样的小公司合作呢?怎么会让他们为我们提供建材呢?"

思考题:

(1) 商务场合基本的握手方式应该是怎样的?

(2) 本案例对你有何启示?

手　　帕

有一次,国内某国际旅行社在接待来华的意大利游客时准备送每人一件小礼品。于是,该旅行社订购了一批真丝手帕,是杭州的著名厂家生产制作的,每个手帕上都绣着花草图案,十分美观大方。手帕装在特制的纸盒内,盒上印有旅行社的社徽,显然是很得体的小礼品,他们料想客人一定会喜欢。在即将结束一天的愉快行程时,导游给每位游客赠送了两盒包装精美的手帕作为礼品。没想到的是,礼品分发后车上一片哗然,议论纷纷,客人显出了不高兴的样子。导游慌了,好心好意送的礼品,不但没得到感谢,怎么反而出现这般景象呢?

思考题:

(1) 旅行社精心准备的礼物,为什么会使意大利客人不高兴呢?

(2) 本案例对你有何启示?

成功的拜访

小李参加暑期大学生社会实践,今天,她要去采访一位企业家。电话预约后,来到那家公司,秘书小姐请她在办公室先坐一会儿,因为张总临时有个紧急会议。过了半个多小时,门推开了,门口出现了张总略带疲惫的脸。小李马上站起身来,微笑着说:"您好,张总。真是非常感谢您能在百忙之中接受我的拜访。""不用客气,请坐。"坐定之后,小李又诚恳地说:"说实在的我刚才心里还有点忐忑。见到张总这么忙,真有点担心您无暇顾及我的这件小事,而且您工作这么辛苦,我占用了您宝贵的时间,实在是不好意思。""哪里的话,约好的事情,我一定会做到的。"

"是呀,从张总的身上我能看到贵公司忠实守信的形象。"听到小李这句真挚的赞扬,张总爽朗地笑起来,刚刚的疲惫一扫而空。接下来,双方的交谈显得既轻松又愉快,1小时很快就过去了。临别时,小李又向张总致谢:"今天采访进行得这么顺利,我要谢谢张总的配合。而且张总平易近人的言谈,努力开拓、求实创业的精神给我留下了深刻的印象,更让我感受到了你们企业蓬勃向上的活力和风采。回去我一定把这篇报道好好地写出来,让更多的人以您为榜样,从你们成功的事迹中得到激励。如果我毕业后能有机会来贵公司工作,成为贵公司的一员,那将是我莫大的荣幸。"

思考题:

(1) 小李的这次拜访有哪些可取之处?

(2) 本案例对你有何启示?

接　待

某集团公司汪总经理的日程表上清晰地写着:"12月23日接待英国的威廉姆斯先生。"22日下午,汪总经理在着手安排具体接待工作时,案头的电话铃响了,打电话的正是威廉姆斯先生,他说因在某市的业务遇到了麻烦,要推迟到25日才能抵达,问汪总经理是否可以,并再三对改期表示歉意。尽管在25日汪总经理需要到省城参加一个会议,时间已经做了安排,但他还是很干脆地答复对方,25日一定安排专人接待,26日同威廉姆斯会面。因为汪总经理知道,威廉姆斯先生拥有众多的国外客户,同他合作,有望使本公司的商品打入更多的国外市场。于是总经理把接待威廉姆斯的任务交给了公关部经理焦小姐。接受任务后,毕业于文秘专业的焦小姐立即着手收集有关资料,并制订了详尽的接待方案。

25日下午4时,威廉姆斯乘坐的班机准时降落,当威廉姆斯走出出口后,焦小姐便热情地迎了上去,并用一口纯熟的英语作了自我介绍,正在茫然四顾的威廉姆斯先生立即有了一种踏实的感觉。

焦小姐陪同威廉姆斯先生乘轿车离开机场向城市中心的宾馆驶去。一路上,焦小姐不时向威廉姆斯介绍沿途的风光及特色建筑,威廉姆斯对焦小姐的介绍很感兴趣。天色渐暗,华灯初上,望着窗外的景色,威廉姆斯富有感情地说:"在我们国家,今天是个非常快乐的日子,亲人团聚,尽情享受生活的乐趣。"话语中透着几分自傲,又似乎几分遗憾,焦小姐认真地倾听并不断地点头。

车子抵达宾馆,由服务人员将威廉姆斯先生引入房间稍事整理后,焦小姐请威廉姆斯先生共进晚餐。步入餐厅,威廉姆斯先生被眼前的景色惊呆了:圣诞树被五彩缤纷的灯饰装

>>>>>>>>>

饰得格外绚丽,圣诞老人在异国慈祥地注视着远方的游子,餐桌上布满了丰盛的圣诞食品。威廉姆斯先生非常兴奋。进餐中,服务人员手捧鲜花和生日贺卡走进来呈给他,威廉姆斯先生更是激动不已。原来,这天正是威廉姆斯先生55岁生日。焦小姐举起手中酒杯,对他说:"我代表我们公司及汪总经理,祝您圣诞节欢乐,生日快乐!"威廉姆斯兴奋地说道:"谢谢你们为我举行这么隆重的圣诞晚宴及生日宴会,你们珍贵的友情和良好的祝愿,我将终生难忘。"

26日汪总经理由省城返回,双方有关合作事项洽谈得非常顺利。客人回国时,再三向焦小姐及公司对他的接待表示感谢。

思考题:

(1) 某公司特别是焦小姐,在这次接待外宾的过程中有哪些值得我们学习的经验与做法?

(2) 本案例对你有何启示?

2．设想几种不同的社交场景,说明应如何根据交往对象不同进行称呼。

3．请面对全班同学做一分钟自我介绍。

4．3～5人一个小组,每组设计一个见面场景,将称呼、问候、介绍、握手、礼物馈赠等会面礼仪,连贯地演示下来,学生对各组的表演进行评价,最后教师总结。表演之前,每组应就设计的场景和成员的角色进行说明。

5．以宿舍为单位,请谈谈不同的室友过生日,应分别选择什么样的礼品,并说明理由。

6.毕业典礼上,同学们纷纷赠送老师礼物作为留念。请分组虚拟场景,扮演不同角色,模拟一下送礼现场的情景,然后互相作出评价。

第6章　心有灵犀一点通——沟通礼仪

沟通的效果好坏不仅取决于我们说得好坏,而且取决于我们所说的是否被人理解。

——[美]安德鲁·格鲁夫　引自《经理人箴言录》

对每个人来说,沟通都是解决一切问题的灵丹妙药。

——[美]汤姆·彼得斯　引自《经理人箴言录》

【学习目标】

知识目标

- 能够与交际对象得体地进行交谈;
- 礼貌地使用电话进行沟通;
- 礼貌地使用手机进行沟通;
- 礼貌地使用电子邮件、微博、微信等网络沟通手段;
- 能够规范地利用文书进行沟通。

能力目标

- 能规范自身言行,提升表达能力、人际沟通能力;
- 自主学习新知识,能够利用网络媒体资源查找与沟通礼仪相关的知识。

素质目标

- 树立传承文化、开拓创新的意识;
- 具有良好的审美情趣,努力提升个人整体形象。

【案例导入】

接　电　话

小王到金运公司实习,第一天上班,被安排到接电话的岗位,心里感到非常不舒服,心想:"电话谁不会打? 几岁起就接电话了。"第一次遇到外来电话,铃声刚响,他就抓起话筒,结果电话断了,部门经理批评了他。第二次接电话,是对方拨错了号码,小王一听拨错了便说:"你打错了!""啪"地挂断了电话。正好被刚进来的总经理看到了,总经理当场批评了他。小王很不好意思。

问题:电话沟通应注意哪些礼仪?

6.1　交谈

交谈是一门艺术,正如古语云:"一言之辩,重于九鼎之宝;三寸之舌,强于百万之师。"精湛的语言艺术在人际交往中的威力是不可低估的。成功的交际活动往往依赖于成功的交谈,要提高交谈的质量,首先就要从交谈的礼仪入手,表达得体,说话得当,这样彼此的交往才会大为增色。

1. 交谈的基本礼仪

(1) 态度谦虚诚恳。交谈首先要有一个正确的谈话态度。正确的谈话态度是坦率、真诚,要讲实话,讲肺腑之言。坦率往往能唤起彼此间的信任感和亲切感,加深双方的了解与友谊,这是交谈成功与否的关键所在。真诚是指话语从内容到语气都诚恳可信,愿意同你交往。同时,交谈中必须精神专注、思想集中,而不是糊弄应付;否则就会话不投机半句多,影响谈话效果。

(2) 表情亲切自然。表情是人体语言最丰富的部分,人的喜、怒、哀、乐都可以通过表情来反映。交谈时的表情要亲切自然,首先应当注意保持微笑,因为真诚的微笑最能打动人;同时要养成用目光与对方交流的习惯,用目光传递真诚与尊重。

(3) 语调平和沉稳。语气语调是说话者真情实感的"显示器",恰当地运用语气语调,可以增强语言魅力;多姿多彩的语气,会给话语添上形象色彩、感情色彩、理性色彩、风格色彩。

要善于根据不同的交际对象,运用不同的音调恰当得体地表现不同的思想感情。如夫妻、母女等亲密者之间的交谈,其语气语调应为"气徐声柔",给人以温馨感;如果谈话对象是长辈、领导、师长,表达的是敬爱之情,语气语调应为"气平声谦",给人以敬重感;如果对象是下级、晚辈或年幼者,表达关心与爱护之情,语气语调应为"气舒声长",给人以亲切感;如果对象是朋友、同事,抒发信任之情,语气语调应为"气平声沉",给人以诚挚感;如果对象是陌生人,语气语调应为"气缓声轻",给人以礼貌之感。

(4) 举止大方得体。为了表示交谈的诚意,举止一定要配合。坐姿要端正,不能懒散地靠在沙发上,诸如双腿叉开或高跷"二郎腿"等不雅坐姿都应该避免。手势要自然得体,不能过多,不要出现用笔敲击桌面或玩弄钥匙等小动作,也不要出现用手指指人等幅度过大的动作。

(5) 话题贴切妥帖。话题选择得当,可使交谈有个良好的开端,引导双方各抒己见,深入交谈;话题选择不当,交谈就容易中断、错位,很快陷入困境。选择话题可以把握两个要点。

一是以对方感兴趣的事情为话题。只有双方都对某一话题感兴趣,才能你一言我一语地交谈下去。以对方感兴趣的事情为话题,就必须了解对方的兴趣。而与刚认识的人交谈是最不容易的,因为不了解对方的性格、爱好。这时宜从平淡处开口,而不要冒昧提出太深入或太特别的话题。最简单的是谈天气,或从所处的环境中找寻话题。比如:"今天来的人真不少!""这儿您从前来过吗?""您和主人是在哪儿共同学习过?""盆花养得真不错!"等。另外,还可以询问对方的籍贯,然后引导对方详谈其家乡的风土人情。

二是以对方擅长的事情为话题。交谈犹如打乒乓球,你发的球要让对方容易接,才有可能一来一去地打出多个回合。人际关系也只有在不断的语言交往中才会逐渐融洽。如果你发的球对方不好接,双方的来往就会中断,对方甚至会认为你在故意为难他。这样,就会影响双方关系的进一步发展。

【小故事】

芭芭拉的采访

美国记者芭芭拉·华特初遇美国航空业巨头亚里士多德·欧纳西斯,午餐时趁他与大家谈论业务的短暂空隙,采访了他。"欧纳西斯先生,您在海运和空运方面,还有其他方面都取得了巨大的成就,这是令人震惊的,请问您是怎样开始的?"这个话题触动了欧纳西斯先生的心弦,他立即同芭芭拉侃侃而谈,动情地回顾了自己的奋斗史,而芭芭拉的采访也因此取得了成功。

(6) 注意周到适度。同时与几个人交谈,目光应照顾到在场的每一个人,不要把注意力只集中在你感兴趣的一两个人身上,冷落任何一个人都是失礼的。有人欲与你谈话,应乐于与之交谈。有人想参与你们的谈话,应点头示意,表示欢迎,并在谈话中不时朝向新来者,以示认可。

谈话要注意分寸。措辞要得体、文明,不庸俗,不粗鲁;要有放有抑有收,不过头,不嘲弄,把握好"度";不要唱"独角戏",夸夸其谈,忘乎所以,不给别人插嘴的机会,或者没完没了,以致影响别人的工作和休息;要察言观色,注意对方的情绪,对方不爱听的话少讲,一时接受不了的话不要急于讲。开玩笑要看对象和场合,一般不与性格内向、多疑敏感的人开玩笑,对方情绪低落、心情不快时不要开玩笑,庄重、肃穆的场合不要开玩笑。

谈话还要注意把握时间。和其他形式的交际活动一样,交谈也要有时间观念,要适可而止、见好就收,要多给他人留下说话的时间。如普通场合的小规模交谈,以30分钟内结束为宜,最长不要超过1小时;个人每次的发言,最长也应控制在 3～5 分钟。

(7) 寒暄恰当得体。寒暄是谈话之前的开场白,是谈话进入正题的必要过渡,寒暄可以打破陌生人之间的界限,缩短交谈双方的情感距离,顺利引出交谈的话题。因此,一个恰当的寒暄过程,往往预示着正式谈话的顺利进行。寒暄的内容常常是天气冷暖、身体状况、工作忙闲、最近活动、谈话环境等。

社交中和对方初次见面,标准的说法有"您好!""很高兴认识您!""见到您非常荣幸!";比较文雅一点的,可以说"久仰!""幸会!"。跟熟人寒暄,用语应该亲切一些,如"好久不见了!""您的气色真不错!""今天天气真好""上班去吗?"等。

【小贴士】

皮埃尔的"润滑原则"

法国古董商皮埃尔被朋友们称为"社交润滑剂",他一张口就能够调动别人的愉悦情绪。然而,皮埃尔并不是口若悬河、无的放矢的滑稽大王,他有自己的一套"润滑原则":"不在任何场合讲任何人的坏话,不传播任何坏消息,即使是纽约世贸大厦被飞机撞毁的消息,也由新闻记者去传播吧,我只谈那些能带给人们欢乐和他们感兴趣的话题。没有比谈论别人的缺点更破坏自己形象的事情了!我在谈话中努力寻找对方感兴趣的话题,我先询问别人的兴趣,如果恰好我也对他的兴趣在行,我们就能很快进入状态。由于对歌剧、品酒、油画和古董知识的了解,我结识了不少潜在客户,开拓了新的商业机会。"皮埃尔认为:"闲谈是建立个人良好形象的最佳方式,因为它能让人轻松、愉快,以最快、最简捷的方式消除人与人之间的距离。这是我与客户建立个人关系的唯一方法。"

2. 交谈的语言艺术

(1) 准确流畅。在交谈时如果词不达意、前言不搭后语,很容易被人误解,达不到交际的目的。因此在表达思想感情时,应做到口音标准、吐字清晰,说出的语句应符合规范,避免使用似是而非的语言。应去掉过多的口头语,以免语句割断;语句停顿要准确,思路要清晰,谈话要缓急有度,从而使交流活动畅通无阻。

语言准确流畅还表现在让人听懂,因此言谈时尽量不用书面语或专业术语,因为这样的谈吐让人感到太正规、受拘束或是理解困难。

【小幽默】

自作自受

古时有一笑话,说的是有一书生突然被蝎子蜇了,便对其妻子喊道:"贤妻,速燃银烛,你夫为虫所袭!"他的妻子没有听明白,书生更着急了:"身如琵琶,尾似钢锥,叫声贤妻,打个亮来,看看是什么东西!"其妻仍然没有领会他的意思,书生疼痛难熬,不得不大声吼道:"快点灯,我被蝎子蜇了!"真是自作自受。

(2) 委婉表达。交谈是一种复杂的心理交往,人的微妙心理、自尊心往往在里面起重要的控制作用,触及它,就有可能产生不愉快。因此,对一些只可意会不可言传的事情、人们回避忌讳的事情、可能引起对方不愉快的事情,不能直接陈述,只能用委婉、含蓄、动听的话去说。常见的委婉说话方式有以下几种。

① 避免使用主观武断的词语,如"只有""一定""唯一""就要"等不带余地的词语,要尽量采用与人商量的口气。

② 先肯定后否定,学会使用"是的……但是……"这个句式。把批评的话语放在表扬之后,就显得委婉一些。

③ 间接地提醒他人的错误或拒绝他人。

(3) 适时赞美。善于发现他人的优点,并恰到好处地赞美他人,能促进人际关系的和谐,有利于交谈的顺利进行。但赞美别人也要讲究技巧,赞美要适时,并给人真诚的感觉。例如,当看到对方理了新发型、换了新衣服,如果适时地给予赞美,立刻能使对方感到愉悦,如"新发型真时尚啊!""你的新衣服真不错!"。但赞美时也要注意表达,如果告诉对方:"你的新衣服真不错!我从来没看到你穿得这么漂亮!"那么这句赞美有时效果可能会适得其反。

赞美别人千万不要过分地恭维,那样只会让人觉得是虚情假意。赞美应因人而异,要了解不同人群喜欢听什么样的赞美。男人喜欢别人称赞他幽默风趣、有风度、有才华；女人渴望别人注意自己年轻、漂亮、时尚；老人乐于别人欣赏自己身体健康、养生有道、经历丰富；孩子则爱听别人表扬自己聪明、懂事。

(4) 幽默风趣。交谈本身就是一个寻求一致的过程，在这个过程中常常会出现不和谐的地方而产生争论或分歧，这就需要交谈者随机应变，凭借机智抛开或消除障碍。幽默还可以化解尴尬局面或增强语言的感染力。它建立在说话者高尚情趣、较深的涵养、丰富的想象、乐观的心境、对自我智慧和能力自信的基础上。它不是耍小聪明或"卖嘴皮子"，它应使语言表达既诙谐又入情入理，应体现一定的修养和素质。

【小幽默】

"还没插秧呢"

有一次，梁实秋的幼女文蔷自美返台探望父亲，他们便邀请了几位亲友，到"鱼家庄"饭店欢宴。酒菜齐全，唯独白米饭久等不来。经一催二催之后，仍不见白米饭踪影。梁实秋无奈，待服务小姐入室上菜之际，戏问曰："怎么饭还不来，是不是稻子还没收割？"服务小姐眼都没眨一下，答称："还没插秧呢！"本是一个不愉快的场面，经服务小姐这一妙答，举座大乐。

(5) 耐心倾听。有一句老话"人长着一张嘴巴，两只耳朵，就是为了少说多听"，是很有道理的。与人交谈不但要善于表达自己的意思，而且还要善于聆听对方的说话，这在社会交往活动中是个不容忽视的问题。认真听取他人讲话可以获得更多的信息，抓住机会向别人学习，可以避免和减少说话的失误，使谈话简而精；同时也是对对方的尊重。我们不仅口才要好，而且还要有一副好"耳才"，做一个善于倾听的人。

【小贴士】

我还要回来

美国知名主持人林克莱特有一天访问一名小朋友，问他说："你长大后想要当什么呀？"小朋友天真地回答："嗯……我要当飞机的驾驶员！"林克莱特接着问："如果有一天，你的飞机飞到太平洋上空，所有引擎都熄火了，你会怎么办？"小朋友想了想："我会先告诉坐在飞机上的人绑好安全带，然后我挂上我的降落伞跳出去。"当在场的观众笑得东倒西歪时，林克莱特继续注视着这孩子，想看他是不是自作聪明的家伙。没想到，接着孩子的两行热泪夺眶而出，这才使得林克莱特发觉这孩子的悲悯之心远非笔墨所能形容。于是林克莱特问他说："为什么你要这么做？"小孩的答案透露了这个孩子真挚的想法："我要去拿燃料，我还要回来！我还要回来！"

(6) 用语礼貌。一是要求交谈中多使用礼貌用语，这样不仅会得到人们的尊重，提高自身的信誉和形象，而且还会对自己的事业起到良好的辅助作用。在现代交际中，日常礼貌用语归结起来，主要可划分为如表 6-1 所示的几个大类。

>>>>>>>>>>

表 6-1　礼貌用语一览表

序号	礼貌用语类型	举例
1	问候用语	您好！各位好！小姐好！××先生好！××主任好！早上好！中午好！下午好！晚安！各位下午好！××经理早上好
2	欢迎用语	欢迎！欢迎光临！见到您很高兴！恭候光临！××先生，欢迎光临！欢迎再次光临！欢迎您又一次光临本店
3	送别用语	再见！回头见！慢走！走好！欢迎再来！保重！一路平安！旅途顺利
4	请托用语	请稍候！请让一下！劳驾！拜托！打扰！请关照！请您帮我一个忙！劳驾您替我看一下这件东西！拜托您为这位女士让一个座位
5	致谢用语	谢谢！××先生，谢谢！谢谢，××小姐！谢谢您！十分感谢！万分感谢！多谢！有劳您了！让您替我们费心了！上次给您添了不少麻烦
6	征询用语	您需要帮助吗？我能为您做点什么？您需要点什么？您需要哪一种？您觉得这件工艺品怎么样？您需要来一杯咖啡吗？您是不是很喜欢这种方式啊？您是不是先来试一试？您不介意帮助您吧？您打算预订雅座，还是散座？这里有三种颜色
7	应答用语	是的。好。很高兴能为你服务。好的，我明白您的意思。请不必客气。这是我们应该做的。请多多指教。过奖了。不要紧。没关系。不必，不必。我不会介意
8	赞赏用语	太好了！真不错！对极了！相当棒！非常出色！您真有眼光！还是您懂行！您的观点非常正确，看来您一定是一位内行。哪里，哪里，我做得还很不够。承蒙夸奖，真是不敢当。得到您的肯定，的确让我们很开心
9	祝贺用语	祝您成功！一帆风顺！心想事成！身体健康！生意兴隆！全家平安！节日快乐！活动顺利！新年好！春节快乐！生日快乐！旗开得胜，马到成功
10	推脱用语	您可以到对面的商场去看一看。我可以为您向其他专卖店询问一下。下班后我们酒店还有其他安排，很抱歉不能接受您的邀请
11	道歉用语	抱歉。对不起。请原谅。失礼了。失言了。失陪了。失敬了。失迎了。不好意思，多多包涵。很惭愧。真的过意不去

二是要求拒绝不文明语言。表 6-2 中的语言在交谈中均不宜采用。

表 6-2　不文明语言示例

粗话	为了显示自己为人粗犷，出言必粗，如把爹妈叫"老头儿""老太太"；把吃饭叫"撮一顿"，在交际中使用这种粗话是很失身份的
脏话	讲脏话，即口带脏字，讲起话来骂骂咧咧，出口成"脏"；讲脏话的人，非但不文明，而且自我贬低，低级无聊
黑话	黑话，即流行于黑社会的行话，讲黑话会令人反感厌恶，难以与他人进行真正的沟通和交流
荤话	荤话，即说话者把艳事、绯闻、男女关系之事挂在口头，说话"带色""贩黄"不仅表明说话者品位不高，而且对交谈对象也不够尊重
怪话	有些人说话或怪里怪气，或讥讽嘲弄，或怨天尤人，或黑白颠倒，或耸人听闻，专要以自己的谈吐之"怪"而令人刮目相看；爱讲怪话的人，难以令人对其产生好感
气话	气话，即说话时闹意气、泄私愤、图报复，大发牢骚，指桑骂槐；在交谈中说气话，不仅无助于沟通还容易伤害人、得罪人

6.2 网络

1. 网络礼仪的基本规范

【小案例】

违背网络礼仪的小李

小李的女友小丽向他提出了分手,小李怀恨在心,为泄私愤,他在本市一家有名的网络论坛上发布了一个名为"拜金女被人包养,为钱抛弃初恋男友"的帖子。帖子中虚构了女友贪慕虚荣,主动投入有钱富商的怀抱而将初恋男子抛弃的情节,并公布了女友的真实身份,引发网友围观。

经朋友提醒后,小丽在网上发现了该帖子,立刻要求该社区版主删除帖子,并向派出所报了案。民警利用网络侦查手段锁定并找到了小李,对其捏造事实诽谤他人的行为给予了应有的处罚。

(1) 充分尊重他人。当今,在互联网上交流已成为一种重要的交际方式。在互联网上人与人之间的交流,由于各种因素,双方往往难以完全正确理解对方所要表达的意思,这样就很容易使人际关系陷入"言者无心、听者有意"的困境。所以,在网络交往中更要充分尊重他人。

① 记住别人的存在。互联网为来自五湖四海的人们提供了一个交流的空间,这是高科技的优点。但往往也使得我们在面对计算机屏幕时忘了自己是在跟其他人打交道,忽略了其他人的存在,自己的行为也因此容易变得更粗劣和无礼。因此,有些话如果你当面不会说,那么在网络上也不要轻易说出口。现实生活中,有法律法规来约束我们的行为;在虚拟的网络世界里,尽管法律法规没有那么完善,同样有相应的条款来约束我们的行为。

② 尊重他人的隐私。别人与你的电子邮件或私聊的记录应该是隐私的一部分。如果你认识某个人用笔名上网,在论坛未经同意就不得将其真名公开。如果不小心看到别人计算机上的电子邮件或秘密,不应该到处传播。

③ 尊重别人的时间。在提问题前,自己先花些时间去搜索和研究。可能同样的问题以前已经被问过多次,现成的答案随手可及,这样可免去别人为你寻找答案而消耗时间和资源。

(2) 注意言行举止。

① 网络留言文明。因为网络的匿名性质无法根据人的外观对其作出判断,网络语言就成为了解一个人的唯一途径。所以,在网络上留言要格外注意文明、礼貌、规范。如果你对某个领域不是很熟悉,就不要贸然开口。发帖前要仔细检查自己的用词和语法,不要说脏话和故意挑衅的话。网络交流不得使用攻击性、侮辱性的语言。对于常用的语言符号,应当熟练掌握,以便理解对方的意思;同时也要谨慎使用语言符号,以免对方不理解而导致交流障碍。

② 注意交流的语气。在谈话中听来有趣和合理的东西,变成书面语就可能会显得咄

咄逼人、唐突甚至粗鲁。大多数人写网络信息时,都不像写普通书面文章时那么认真和注意修饰。实际上,在把信息发表到网上之前应该好好地检查一下。与此同时,你也应当认真阅读别人所写的内容,他们真正要表达的也许并不一定是你所理解的那种意思。

（3）宽容他人错误。任何人上网都有一个从生疏到熟练的过程,作为新手都会有犯错误的时候。所以,当看到别人写错字、用错词,问一个低级问题或者写一篇没必要的长篇大论时,请不要太在意。如果真的想给别人建议,最好用留言私下提出。

（4）进行合理争论。网络上的争论可以说是一场"没有硝烟的战争"。其实这些争论都属于正常现象,要注意的是争论时要以理服人,不要人身攻击和使用侮辱性的语言。

【小贴士】

文明上网自律公约

（中国互联网协会 2006 年 4 月 19 日）

自觉遵纪守法,倡导社会公德,促进绿色网络建设;
提倡先进文化,摒弃消极颓废,促进网络文明健康;
提倡自主创新,摒弃盗版剽窃,促进网络应用繁荣;
提倡互相尊重,摒弃造谣诽谤,促进网络和谐共处;
提倡诚实守信,摒弃弄虚作假,促进网络安全可信;
提倡社会关爱,摒弃低俗沉迷,促进少年健康成长;
提倡公平竞争,摒弃尔虞我诈,促进网络百花齐放;
提倡人人受益,消除数字鸿沟,促进信息资源共享。

2. 电子邮件礼仪

电子邮件又称 E-mail,是通过互联网进行信息交换的一种联络工具。它能够帮人们以非常低廉的价格快速地传递信息,逐渐成为交际中不可或缺的联络手段。电子邮件礼仪即在书写和收发邮件时应当遵守的礼仪规范。

（1）电子邮件的书写礼仪。电子邮件的书写通常应按照纸质信函的格式进行。书写电子邮件时,还应当注意以下礼仪。

① 主题明确。添加邮件主题是电子邮件与纸质信函的主要不同之处。商务人员在撰写电子邮件时,一定要在"主题"栏设定一个邮件主题。该主题应明确、具体、提纲挈领,但不宜过长（如"关于洽谈会的准备事宜"等）,以便收件人通过主题快速判断邮件内容的轻重缓急,减轻查找或阅读邮件的负担。

② 内容规范。与纸质商务信函一样,电子邮件也应当用语规范、内容完整。与此同时,电子邮件的书写还应注意以下两个方面:一是尽量避免使用晦涩难懂的缩略语,且不要使用网络用语和符号表情,以免影响商务信函的专业性和严肃性;二是在英文电子邮件中,切勿使用大写字母书写正文,以免被误解为态度恶劣或强硬。

③ 签名恰当。商务人员可在电子邮件的签名档中列入写信人的姓名、公司、电话、传真、地址等信息,还可列入个人的座右铭或公司的宣传口号等信息,但信息行数不宜过多,一般不超过 4 行。

④ 附件合理。商务人员可以通过电子邮件的附件功能发送整理成文档形式的文件，还可以发送照片、音频、视频等文件。在使用邮件的附件功能时，应在邮件的正文中对附件进行简要说明，并提示收件人查看附件。

若附件为特殊格式的文件，则应在正文中说明其打开方式，以免影响收件人查看。

应为附件设定有意义的文件名。当附件的数目较多（多于 2 个）时，应将其打包成一个压缩文件。

若附件容量较大（超过 25MB），则应事先确认收件人所使用的邮件服务系统有足够的容量收取，否则，应将附件分割成多个小文件分别发送。

（2）电子邮件的收发礼仪。在发送和接收电子邮件时，应当注意以下礼仪。

① 及时确认发送状态。发送电子邮件后，一定要及时确认邮件是否已经发送成功。确认邮件发送状态的方法通常有如下两种：一是检查被发送的邮件是否已显示在"已发送"列表中，若该列表中有显示，则表明发送成功；二是邮件发送几分钟后，检查邮箱中有无系统退信，若无系统退信则表明发送成功。

② 通知收件人。在发完电子邮件后，一定要打电话通知收件人查收并阅读邮件，以免耽误重要事宜。

③ 及时回复。收到重要或紧急的电子邮件后，通常应当在 2 小时内回复对方，以示尊重。对于一些不紧急的电子邮件，则可暂缓处理，但一般不可超过 24 小时。

回复邮件时，最好只将原件中相关的问题抄到回件上，然后附上结构完整的答复内容。若只回复"已知道""对""谢谢""是的"等，则是非常不礼貌的。

【小贴士】

令人反感的行为

曾有调查结果显示，以下几种行为最受电子邮件接收者反感：①转发伤风败俗的玩笑；②使用大写字母写邮件；③讨论敏感的个人问题；④对工作或老板抱怨不休；⑤就某问题争论不休；⑥不厌其烦地描述自己的不幸；⑦传播不负责任的流言蜚语；⑧随意批评他人；⑨详细谈论自己或者其他人的健康问题。

3. 微博礼仪

微博是近几年兴起的一种网络传播和交流的方式，其实就是一种通过关注机制分享简短信息的广播式的社交网络平台。微博可以相互关注，可以共享信息，可以交朋结友，而且使用起来极为方便和快捷，因而一经问世，立即风靡全网，现在依然是很受欢迎的私媒体和社交平台。

对话是微博的基本形式。虽然大家在微博上彼此互动却不见其人，但微博绝非一个纯虚拟空间。微博上的一言一行，都能体现出每个用户的不同学识、气质形象与品行素养。而企业的官方微博则更是一个直接的窗口，展现一家企业、一个品牌的内涵。因此，无论是个人的微博，还是企业组织的微博，都应特别注重方法技巧与礼仪规范。

（1）文明高雅，客观评论。对于个人微博，发布的信息语言一定要文明高雅，内容要清新可读，不可语言粗俗，更不可攻击他人，甚至公开骂人；生气时尽量不发微博，别让自己的心情影响到大家；发送前一定要检查是否有错别字，转发时必须确保自己了解这件事情，评论别人的微博时要了解原文，客观地发表自己的意见，不能信口雌黄，更不能随意骂人、语言粗俗，这些都是基本的发微博的礼仪。

（2）礼尚往来，互相关注。微博也是一个网络社交的平台，在微博上同样讲究礼尚往来，互相关注也是一种礼貌。一般说来我们会优先关注那些已经关注自己的人，那些回复自己消息的人，主要是获得心理的认知，感觉到互联网上有人关注你，体会到受人尊重的体验。如果你想和一个人交往，你不妨天天围着他的微博转，等到有一天混得脸熟，他会理会你，关注你。如果大家天天来关注你，你一直没有回复，时间久了，没有人会再理会你。也就是说，如果别人粉你（关注你），你也应当适时回访，也加上关注，"互粉"才是礼貌的。

（3）官方微博，注重形象。如果你将来在某企业就职，专门管理企业的微博，那就更需要讲究礼仪，这样才能树立企业的良好形象。因为从某种程度上来说，企业的官方微博就是企业形象的一个展示，甚至就是企业的形象。所以，维护好企业的官微，也就是维护好企业的形象。虽然微博操作的权限属于具体的某一位员工，但操作者必须清楚明白，他的所言所行都是代表一个官方企业账号在公共的平台上互动交流。与公众的关系不再是"我"与"你"，而是直接以企业的形象及相关权限身份与众人在线的会面。因此，在具体操作上应尽量减少和避免微博编辑和客服人员的个人行为，而遵循亲和、干练的职业化水准来进行。企业的官微要对大事件高度敏感，对一些公众最为关心或是当前的热点，不妨多加转发；对于一些公益活动，不妨积极参与并转发；对于企业客户，要全心全意服务，并从服务中提升企业的形象。

（4）语言文明，灵活互动。微博上的礼仪，大多数都是通过微博的发布、回复、评论及私信得以体现。发布微博的语言应当文明礼貌、生动、风趣。微博的文明用语，不仅有助于培养积极健康的心态，而且是一种热情、亲和、开放合作精神的体现。在微博互动时穿插趣味、生动的回复，偶尔与大家开开玩笑，也会起到很好的效果。微博文字中的"小表情"，也可很好地辅助传递情绪，体现人性化的感性内涵。如果一些敏感性问题不适合公开交流的话，那么不妨私信对方，同时要注意，如果没有必要进行私密沟通的事宜，应尽可能不以发私信的形式来处理，以免让对方产生反感，甚至是拉黑。

【小贴士】

微信商务礼仪十条

（1）昵称：建议使用真实姓名，最好带上你的公司名称或者产品名称，谁也不能保证会对你过目不忘。

（2）头像：尽可能接近本人，这样见到你本人的时候，容易对上号。

（3）签名：给一些有用信息，列出你想告诉别人的内容，免得别人还得问你。

（4）打招呼：不要说"你好"，不要问"在不在啊"，请直接说明来意。

（5）拉群：拉微信群之前请一定征求被拉对象的意见，否则容易引起别人的反感。

（6）群昵称：建议针对微信群的主题修改一下自己的群昵称，降低一下沟通成本。

（7）群名称：有一个清晰明了的微信群名称，让大家都能知道这是个什么群。

（8）朋友圈：只要不发违规的内容就行；如果做商务微信用，不要每天发5条以上的吃喝玩乐信息。

（9）发数字：有时候发电话号码或银行卡号等数字信息，请单独发成一条信息，否则跟其他文字混排，很多手机无法单独复制。

（10）邮件：对于比较重要的事情，发邮件比发微信更合适，因为发微信很容易被遗忘。

6.3 文书

1. 商务信函礼仪

在现代商务活动中，商务信函依然是商务通信的基础和重要内容之一，也是普遍承认的具有法律效力的交往工具。因此，商务书信礼仪的地位仍然很重要。商务信函的礼仪规则如下。

（1）格式正确。商业信函应使用印有公司抬头的专用纸，质量应尽可能优良。这种纸张一般只能用于公司业务，不书写私人信件，以免收信人在阅读全文之前分不清来函的性质。

所有信函的结构，大体都分三部分，即开头、正文与结尾。开头是收信者和主题；正文用于说明和讨论问题的细节；结尾则说明发信人将采取何种行动或希望对方采取何种行动以及落款和日期。

信函格式应美观大方。不可密密麻麻一大片，令人看而生厌，要留足页边。段落要有长有短，句型要参差有致。重点地方不妨加框，采用列表形式，或使用黑体字、斜体字，给人以美感。

（2）称谓得体。称谓也叫称呼语，信函的称呼语要准确，符合寄信人与收信人的特定关系，要正确表现收信人的身份、性别等。称呼语使用不当，可能会得罪人，也可能使收件人没兴趣往下看信件的具体内容。

要正确使用对方的姓名与头衔，这是一个重要的礼节问题。一般平时对对方称呼什么就写什么。在格式上，称呼语在信的第一行起首的位置单独成行，以示尊重。如果是自己尊敬的领导或长辈要写成"尊敬的某某"，写给非亲属的长辈、业务伙伴一般在姓氏、名字或姓名后加职务、学衔或职称，如张经理、卫国书记、赵志坚博士、王工程师等。中国人习惯称职务，欧美人一般愿意被称呼学衔，如果不知道对方的姓名和头衔，在发函前最好先打电话询问收信人的姓名与头衔。

一般称女性为"小姐"是可接受的称呼，公函上常用。如果对方喜欢被称作"夫人"，那就称呼"夫人"，如果弄不清称呼"夫人"还是"小姐"时，不妨统称"女士"，不是万不得已不写"亲爱的先生/小姐"和"致有关人士"的称呼，这等于告诉对方，你连他是谁，是男是女都尚不清楚。如打听不到收信人的姓名，可以用职务等中性名称代替，比如称对方为经理、代表之类，并在前面加上其公司或部门的名称。如果从姓名上判断不出对方的性别，可称其全名，在前面加上"尊敬的"而略去"先生""小姐"等字样。

（3）内容得当。正文是商务书信的主体，即写信人要说的话，要交代的事情。正文一般从信的第二行前面空两格开始。书信尽管内容写法各不相同，但是都要表情达意，以具

>>>>>>>>>

体准确为原则,要字迹工整,言之有物,语句通顺,还要措辞得体,根据收信人的特点和写信人与收信人的关系来进行措辞。应避免写错字或打字错误,这不仅不礼貌,还会给人粗心的印象。

恰当驾驭语言文字能产生影响力,即使是书面联系也能对他人的感受和行动产生久远的影响,并能通过语言文字的魅力给对方留下好感。有时即使对方不同意你的意见或建议,也会对你流利的书法、通畅的文字和彬彬有礼的态度留下深刻的印象。

写信的目的是为了让人看懂,因此写信时应做到清晰易懂、开门见山、直截了当,以便收信人看过一遍就能完全领会你的意思。信写完后应仔细检查并阅读一遍。如果读起来感觉欠佳,那对方收到后阅读的效果也不会好,应重新进行修改。

通信不像打电话或面对面交谈,你的文字和语句没有声调,对方看不见你的表情,听不见你的声音,弄不好就会产生误解。一些无伤大雅的幽默可以使信函更活泼、更亲切,但切记慎用,以防误用而无意中伤害他人,使人产生误解和不快。一般来说,信件还是以简明为宜,不要啰唆,尽可能不浪费他人的时间。

内容要丰富,但应尽量简练,避免重复,重复表述相同的意思容易引起混乱。用词也应尽可能简练。例如,"未解决的问题"可以写成"问题";"预先提出警告"可以简单地写成"警告"等。为了少用词语,有时可列出所有要点,并在每行之前标以序号,既清楚又醒目。要多用常用词。词汇越丰富,用词就越准确。但不可使用只有在大辞典中才能找到的生僻、晦涩的词,这样,对方会认为你在故弄玄虚,卖弄学问;也要避免使用对方不懂的行话。各行各业都有其独特的行话,非本行业的人极难明白其中真正含义;同样,一些文绉绉的老式用语,也以不用为宜,免得被人视为"老古董"。如"于兹附上"可写成"内附","望予俯允"可写成"请求","前举"可写成"上述","惠予通告"可写成"请告知"等。

（4）结尾讲究。商务信函的结尾部分一般要有结束语、致敬语、署名或签名,以及日期。结束语如"特此函告""专此说明"等,致敬语如"此致敬礼""顺致发财"等。署名、签名可并用,也可签名单独用,函件一般还需要加盖公章。人们很重视亲笔签名,有人接到信后还要仔细辨认亲笔签名或签章。

（5）仔细审校。为避免出错,商务信函写好后最好先核查一遍再寄出。信件在寄出之前,在可能的情况下,最好"凉"上一两个钟头,或等到第二天上班或午饭以后再投递,以便能在冷静下来时再看一遍,看看还有没有不妥之处。比如,用词是否得体? 表达是否清楚? 要设身处地地替接信人考虑。

【小贴士】

信函的行款规范

（1）字迹。手写的字迹要清晰、端庄、正确、易认。如果用计算机录入并打印,一定不能有错字、别字,标点符号的使用也要正确无误。另外,注意单字不能成一行,单行不能成一页。

（2）篇幅。信函篇幅的长短要视具体情况和文体而定,但应注意既不能啰唆杂乱,也不能过于简单。要有适度的跨行长句,不宜满纸短句,要注意布局合理。

（3）习惯。如果是手写,不能用红色钢笔或圆珠笔,也不能用铅笔。纸张的选择应视具体情况有所变化。与境外华语地区通信,还要兼顾当地表达习惯。

(4) 折叠。信纸折叠一般以简单地横竖对折为宜,不要折叠成各种花式,以免有失严肃。另外折叠要注意文字向外,收信者称呼向外。

(5) 信封。要选择使用国家规定的标准信封,按照邮政规范正确书写收信者和寄信人的相关信息及邮政编码,收信者姓名后可以使用"亲启"等用语。

(6) 邮资。邮资要付足,以免退回误事。邮票贴法要规范,尤其不能随意倒贴、斜贴、躺贴等,以免让人产生随便之嫌,而且容易产生误解。

【小贴士】

传统书信礼仪:自谦而敬人

中华民族是礼仪之邦,人们相互通信来往,既讲究修辞、文法,又讲究礼仪。

书信中以敬称称呼对方表明尊重。可以用古代的爵称,如"君""公"等;也可在称谓前加"敬"字。比如,对于一些我们非常敬仰的有一定学术地位的长者,一般都称为某公。

书信中绝对不能出现"我""你""他"字样,如果非要用就需要用一些词代替。比如,"你"可以称为某某仁兄、某某砚兄或阁下。在信中应该称自己为"在下""小弟"。信中的"他"应该用"渠"来代替。

古人"自谦而敬人"的做人原则在书信中表现为:在对别人用敬称的同时,对自己用谦称。比如,称自己给别人的东西应该用"菲""芹""寸""薄",如"薄酒一杯""聊表芹献"。请人家吃饭叫作"略具菲酌"。信的正文中,在称谓自己的亲属时应使用谦称。遵循"家大舍小令外人"的七字诀。而"愚""鄙""敝""拙"也常用于自称,如"愚兄""鄙人""敝姓""拙见"。

敬辞则用在称呼对方及和对方有关的人和事上。对尊幸、平辈或晚辈可用"贤"字,如称对方为"贤家""贤弟";敬称别人的亲属或事物则用"高"字,如"高堂""高就""高论"。称老人的年龄(多指60岁以上)为"高龄",而"高寿"则用于问老人的年纪,"高足"用于称呼别人的学生;用于对方对待自己的行动则可用"雅"或者"惠",如称对方的指教为"雅教""雅正",称别人的光临为"惠顾",而称别人的赠送则说"惠赐""惠赠",称别人写来的书信为"惠音",称别人的指点为"惠示""惠教"。

书信结尾时,要用"即颂近安""祝你进步"之类祝词对收信人表示祝愿。比如,对文人学士,用"道安""撰安""文安"等,取其文以载道、著述日丰之意;对医生可用"诊安""壶安"等;对政界人士使用"政安""勋安""升安"等,取其功勋卓著及升阶晋爵之意。

2. 请柬礼仪

请柬是一种礼貌性的书面通知。在我国古代,人们每遇到重大事件,均以文字请友邀亲,用来表示敬意和隆重的就是所谓的请柬或柬帖。如今,人们举行宴会、酒会、茶话会、招待会、舞会、婚礼,以及各种专题性的活动,如博览会、订货会、展销会、联欢会、新闻发布会等,都用柬帖邀请各界宾朋。当然,邀请宾朋的方式很多,如打电话、写信等,但是柬帖这种方式比较正式、礼貌,显示了对所邀宾朋的重视和尊重,是一种比较流行且很受欢迎的社交方式。

>>>>>>>>>

　　请柬的形状、大小可根据各自喜好自行确定,没有统一标准。请柬最好自己设计、制作,极具纪念意义。其基本格式包括以下几个部分:①封面。颜色、图案可自行设计,封面上写明"请柬"二字。②称谓。与信函称谓基本相同。③正文内容。主要包括活动性质、规格、活动时间、地点及其他有关事项。④祝颂语。与信函的祝颂语基本相同,但较之于信函要简单些。最常用的祝颂语是"敬请光临"。⑤署名和日期,与信函相同。

　　请柬范例如下。

请　　柬

×××总裁先生:

　　谨定于 2021 年 4 月 16 日至 4 月 22 日,在会展中心召开 ×× 集团机械设备展销会,并于 4 月 16 日中午 12 点 30 分在 ×× 大酒店举行开幕典礼。

　　恭请届时光临。

×× 集团公司总经理金 ×× 鞠躬
2021 年 4 月 9 日

　　请柬是一种比较正规、隆重的文书,是一种具有特殊意义的书信,常为应邀者当作纪念品收藏。因此,发请柬者一定要注意请柬的设计、制作,因为它代表着你对所邀者的真诚、重视,也体现着你自身的形象。请柬上的文字最好由发柬者自己书写。请柬一般应提前 4 ～ 10 天寄出或亲自送达,以便受邀请者及早做出应邀与否的决定或准备。

【小案例】

庆典活动发出请柬没人来的原因

　　某单位为销售额突破百万元举行庆功联谊会,特发送了请柬给相关单位,邀请其参加,并准备了精美的礼品,用来感谢相关单位一直以来的帮助。结果有些单位没有接受邀请,到场的人数不多,气氛不是很热烈,活动没有达到预期的效果。

　　单位领导感到很困惑。后来,经与有关人士沟通,方知所送请柬有问题。一是落款时间用阿拉伯数字书写,且中间用顿号来代替"年、月、日",给人以活动不正式、主人本身就不够重视的感觉;二是请柬中的事由没有表达清楚,使人误以为是该单位的内部活动,别人可有可无,当然就不肯应邀前来了。

【实训项目】电话和手机的使用

1. 实训要求

　　本训练为"电话(手机)使用模拟训练",其目的是让学生掌握使用电话(手机)的礼仪。训练前应准备好固定电话或手机。具体训练方法是:两人一组,用固定电话或手机现场表演各类情形的通话,如双方第一次进行业务联系、下级向上级通过电话汇报工作、正在与客户交谈时电话震动提示有来电等情形(也可发挥想象,设计其他情形),其他同学观摩,表演结束后,由同学们点评,最后老师总结。

2．实训内容

【小贴士】

电话的语言要求

（1）态度礼貌友善。当我们使用电话交谈时，我们不能简单地将对方视作一个"声音"，而应看作是面对一个正在交谈的人。尤其是对办公人员来说，我们面对的是组织的一名公众。如果你们是初次交往，那么，这样一次电话接触便是你给公众的第一次"亮相"，应十分慎重。因此，在使用电话时，多用肯定语，少用否定语，酌情使用模糊用语；多用些致歉语和请托语，少用些傲慢语、生硬语。礼貌的语言、柔和的声音，往往会给对方留下亲切之感。正如日本一位研究传播的权威所说："不管是在公司还是在家庭里，凭着个人在电话里的讲话方式，就可以基本判断出其'教养'的水准。"

（2）传递信息简洁。电话用语要言简意赅，将自己所要讲的事用最简洁、明了的语言表达出来。因为通话的一方尽管有诸如紧张、失望而表情异常的体态语言，但通话的另一方不知道，他所能得到的判断只能是来自他听到的声音。在通话时最忌讳发话人吞吞吐吐，含糊不清，东拉西扯。正确的做法是：问候完对方，即开宗明义，直言主题，少讲空话，不说废话。

（3）控制语速语调。通话时语调温和，语气、语速适中，这种有魅力的声音容易使对方产生愉悦感。如果说话过程语速太快，则对方会听不清楚，显得应付了事；太慢，则对方会不耐烦，显得懒散拖沓；语调太高，则对方听得刺耳，感到刚而不柔；太低，则对方会听不清楚，感到有气无力。一般说话的语速、语调和平常的一样就行了，即使是长途电话，也无须大喊大叫，把受话器放在离嘴两三厘米的地方，正对着它讲就行了。另外通电话时，周围有各种异样的声音，会使对方觉得自己未受尊重而变得恼怒，这时应向对方解释，以保证双方心情舒畅地传递信息。

（4）使用礼貌用语。在电话交际中应使用礼貌用语，尤其是"你好""请""谢谢""对不起""再见"等十个字礼貌用语应该常用不懈。

（1）接听电话的礼仪。

① 及时接听。电话铃声一响，应该立即去接，最好不要让铃声响过三遍，即所谓的"铃响不过三"。若电话铃声响过数遍后才做出反应，会给人以不愉快的感觉。如果因为其他原因在电话铃声响三声之后才接起电话，在接起电话后首先要说声："对不起，让您久等了！"在工作岗位上遇到距离自己较近的电话铃声鸣响的情况下，即便不是自己的专用电话，也应主动接听，帮助传达消息。

② 自报家门。接听电话时，首先要问好和自报家门，例如，"您好，这里是 ×××公司，请问您找谁？"严禁以"喂"字开头，因为"喂"字表示是希望先知道对方是谁，在等着对方告诉你。而且，如果"喂"时语气不好，就极易让人反感。所以，接听电话时的问候应该是热情而亲切的"您好！"。如果对方首先问好，则要立即问候对方，不要一声不吭，故弄玄虚。

③ 热情友好。接听电话要使用文明用语，要对对方礼貌、热情，态度要谦和、诚恳，语调要平和，音量要适中。可用"请问您找谁？""我能为您做什么？"等礼貌用语。对方说

明要找的人,可回答"请稍等",然后去找。如遇人不在,可婉转告诉对方:"×××人不在办公室,请问您有什么事情需要转告吗?"假如要找的人正在开会,则应礼貌地告诉对方并让对方迟些时候再打过来。不要用生硬的口气说话,如"他不在""打错了""没这人""不知道"等。

④ 认真记录。代接他人电话时,若对方有重要事情转告或需要记录时,应认真予以记录,如时间、地点、联系事宜、需要解决的问题等。记录完毕后,应将重点内容再复述一遍,以证实是否有误。电话记录还应包括对方的姓名、单位、联系方式、致电时间、是否需要回电等内容。之后还应注意向相关人员及时转达电话内容,不可延误。

⑤ 礼貌结束。要结束电话交谈时,一般应当由打电话的一方提出,然后彼此客气地道别,说一声"再见",再挂电话,不可只管自己讲完就挂断电话。如果确实需要自己先行结束谈话,要向对方做出解释,并真诚致歉。通话完毕后,应等对方放下话筒后再轻轻放下电话,以示尊重。

【小案例】

接到不懂礼仪的人打来电话时……

总是有一些不懂得礼仪的人,在打电话时不考虑对方的感受,遇到这种情况时应如何应对呢?

(1) 反复陈述型。接到"反复陈述型"的电话,应适时说:"×先生,容我对你刚才所讲的做个总结,如果有遗漏或错误的地方,请随时更正或补充。"

(2) 一心二用型。有的人在和你通电话时又和别人讲话。应付这样的人,可以建议他在不忙时和你见面再谈,或要求他重复刚刚说的话:"×小姐,我这里听得并不是很清楚,请你再说一遍好吗? 听起来你好像也在和其他人说话。"

(3) 避重就轻型。当对方避重就轻时,你可以直接切入主题:"×先生,你到底需要什么? 我要如何才能帮您的忙?"

(4) 喋喋不休型。接到"喋喋不休型"而又与己无关的电话,应立刻打断他的话:"对不起,×太太,我不认为这件事我能帮什么忙,但听起来应该和我们的业务部有关,请您稍等,我帮您转业务部李小姐。"

【小案例】

问询员的委屈

北京某饭店的一位问询员,每天都要接到若干问询电话。一次,他接到驻外地的一位外商打来的长途电话,询问他夫人所住的房间号。问询员几经翻阅登记簿,未有其人,便如实相告。不料这位外商竟然用不怎么熟练的中国话骂了起来。问询员感到十分委屈,但考虑到对方可能是有急事,为急宾客之所急,便强忍委屈,继续查找。后来终于知道,原来这位外商的夫人是用另一个名字登记入住的。当外商谈完事后,又专门打电话向问询员道歉。

(2) 拨打电话礼仪。

① 选好时间。打电话给别人,首先要注意选择好恰当的时间。通常情况下,公务电话

最好避开临近下班以及用餐时间,因为这些时间段打电话,对方往往急于下班或用餐,极有可能得不到满意的答复。

公务电话应尽量打到对方单位,如果确实需要往家里打电话,则需避开吃饭以及睡觉的时间。通常,最佳打电话的时间是上午 9:00—12:00;下午 2:00—5:00;晚上 8:00—10:00。

如果知道对方的上下班时间,则应避免对方刚上班半小时或下班前半小时通话。

如果不是十万火急的情况,一般不要在节假日、用餐时间和休息时间给对方打工作电话。

若是拨打国外电话,则还应该注意时差。

② 事先通报。电话接通后,要先通报自己的姓名、身份,如"您好,我是 ×××公司销售部小陈"。必要时,还要询问对方现在是否方便接听电话。若对方现在不方便接听电话,则应等对方方便时再打电话。

③ 控制时间。打公务电话时,必须对通话的时间进行控制,基本要求是"以短为佳,宁短勿长",即所谓的电话礼仪的"三分钟原则"。

作为商务场合的电话,刚开始的寒暄是必不可少的,但是要点到为止,不能没完没了,本末倒置。

然后开门见山,直奔主题。特别是打重要电话或国际长途电话时,最好事先做好充分准备,把需要的谈话内容要点先罗列在纸上,打电话时就不会出现丢三落四的现象。

通话时要干脆利落,不要东拉西扯,既浪费时间,又给对方留下不良印象。

交谈完毕后,再简单复述通话内容,然后就结束通话。

④ 文明礼貌。通话过程中态度要热忱,吐字要清晰,语气要亲切。通话时要集中精力,不可边吃边说,更不可一边打电话一边同旁人聊天,或兼做其他工作,给人心不在焉的感觉。

打错电话时,要主动向对方道歉,不可一言不发,挂断了事。

无论哪一方原因掉线,都应主动再打一遍,并说明原因,而不要等对方打来。

通话完毕时要说"再见""打扰您了"等礼貌性用语。

⑤ 举止得体。通话时,要站好或坐端正,举止得体。不可以坐在桌角上或椅背上,也不要趴着、仰着、斜靠着或双腿高架着。

使用电话要轻拿、轻放。

不要在通话的时候把话筒夹在脖子下,抱着话机随意走动。

通话的时候,不要发声过高,免得让受话人承受不起。标准的做法是:使话筒和嘴保持 3cm 左右的距离,以正常、适中的音量就可以。

【小贴士】

拨打电话的空间环境考虑

拨打电话时,也应考虑自己所处的空间环境。

(1) 一般而言,工作电话在办公室内打,私人电话在家中打。

(2) 在电影院、音乐厅、剧院等公众场合时,无紧急情况不要拨打电话。

    （3）拨打电话时，要同时考虑及留意对方接听电话所处的空间环境。

    （4）谈论机密或敏感的商业问题时，应在保密性强、安静的环境中拨打电话，且在接通后询问对方是否方便。

【小案例】

一时口误遭冷遇

    王先生在兴发公司购买的产品出了一点小问题，于是他打电话找兴发公司的业务员寻求解决办法。

    王先生拨通了兴发公司的电话后，一时口误将兴发公司说成了倾鑫公司。兴发公司的业务员小李一听对方要找的是自己的竞争对手，于是冷冷地说了句"你打错了"，还没等王先生回过神来，便"啪"地一下挂断了电话。对此，王先生觉得心里很不舒服。他之前购买产品时就是与业务员小李联系的，当时小李表现得温文尔雅，而这次就因为一时的口误，小李便表现出这副德行，实在令人寒心。此事之后，王先生再也不想购买兴发公司的产品了。

    （3）使用手机礼仪。手机是一种移动电话，它已成为现代商务人员使用最频繁的电子通信工具。商务人员在使用手机时，应当注意以下几个方面的礼仪。

    ① 遵守秩序。使用手机时不允许有意、无意之间破坏了公共秩序，具体来说，此项要求主要是指以下几点。

    在会议中，和别人洽谈的时候，最好的方式还是把手机关掉，起码也要调到震动状态。这样既显示出对别人的尊重，又不会打断发言者的思路。而那种在会场上铃声不断，像是业务很忙，使大家的目光都转向他的，实际给人的印象只能是缺少教养。

    注意手机使用礼仪的人，不会在公共场合或座机电话接听中、开车中、飞机上、剧场里、图书馆和医院里接打手机，在公交车上大声地接打电话也是有失礼仪的。

    公共场合特别是楼梯、电梯、路口、人行道等地方，不可以旁若无人地使用手机，应该把自己的声音尽可能地压低一下，而绝不能大声说话，同时不要妨碍他人通行。

    在一些场合，比如在看电影时或在剧院打手机是极其不合适的，如果非得回话，或许采用静音的方式发送手机短信是比较适合的。

    在餐桌上，关掉手机或是把手机调到震动状态还是必要的。避免正吃到兴头上的时候，被一阵烦人的铃声打断。

    在体育比赛场馆，观看射击等比赛项目，运动员需要安静的环境，这时也应注意使手机关机或处于静音状态。

    ② 考虑对方。给对方打手机时，尤其当知道对方是身居要职的忙人时，首先想到的是，这个时间他（她）方便接听吗？并且要有对方不方便接听的准备。在给对方打手机时，注意从听筒里听到的回音来鉴别对方所处的环境。如果很静，应想到对方在会议上，有时大的会场能感到一种空阔的回声，当听到噪声时对方就很可能在室外，开车时的隆隆声也是可以听出来的。有了初步的鉴别，对能否顺利通话就有了准备。但不论在什么情况下，是否通话还是由对方来定为好，所以"现在通话方便吗？"通常是拨打手机的第一句问话。其实，在没有事先约定和不熟悉对方的前提下，我们很难知道对方什么时候方便接听

电话。所以,在有其他联络方式时,还是尽量不打对方手机好些。

不要在别人能注视到你的时候查看短信。一边和别人说话,一边查看手机短信,是对别人不尊重的表现。

当与朋友面对面聊天时,不要正对着朋友拨打手机,避免发射高频大电流对他产生辐射,让对方心中不愉快。

③ 注意安全。使用手机时必须牢记"安全至上",否则不但害人,还会害己。要注意以下几点。不要在驾驶汽车时,用手机通话,或是查看微信内容,以防止发生车祸。不要在病房、油库等地方使用手机,免得他们所发出的信号有碍治疗,或引发火灾、爆炸。不要在飞机飞行期间使用手机,否则极可能使飞机"迷失方向",造成严重后果。

④ 放置到位。在一切公共场合,手机在没有使用时,都要放在合乎礼仪的常规位置。不要在没有使用的时候放在手里或是挂在上衣口袋外。放手机的常规位置有:一是随身携带的公文包里,这种位置最正规;二是上衣的内袋里;三是可以将手机暂放腰带上,也可以放在不起眼的地方,如手边、背后、手袋里,但不要放在桌子上,特别是不要对着对面正在聊天的客户。

3．训练自查

电话（手机）礼仪自查见表6-3。

表6-3 电话（手机）礼仪自查

序号	自查项目	不足和缺陷	改进措施
1	接听电话		
2	拨打电话		
3	使用手机		

训练总结：

【课后练习】

1．案例分析。

请 客

某人请五人吃饭,还有一个左等右等也没到。见此情景,主人说道:"该来的怎么还不来?"

客人甲听了,心想:这不是说我们不该来的倒来了吗?真气人!于是说:"对不起,我有点儿事,得先走了!"

主人见他走了,很着急,就说道:"不该走的怎么走了呢?"

客人乙心想,这分明是暗示我该走却赖着不走,于是说:"我有点儿事,失陪了。"

主人更着急了,脱口而出:"唉,他俩真多心,我说的又不是他们!"

客人丙、丁大怒,心想:那你说的肯定是我们俩了!于是他们铁青着脸一言不发,拂袖而去。

一场宴席就这样还没有开始就不欢而散了。

>>>>>>>>>

思考题:

(1) 主人因何把客人气跑了?

(2) 主人的语言表达应注意什么问题?

电话里的女高音

某杂技团计划于下月赴美国演出,该团团长刘明就此事向市文化局作请示,于是他拨通了文化局局长办公室的电话。

可是电话响了足足有半分多钟时间,不见有人接听。刘明正纳闷着,突然电话那端传来一个不耐烦的女高音:"什么事啊?"刘明一愣,以为自己拨错了电话:"请问是文化局吗?""废话,你不知道自己往哪儿打的电话啊?""哦,您好,我是市歌舞团的,请问王局长在吗?""你是谁啊?"对方没好气地盘问。刘明心里直犯嘀咕:"我叫刘明,是杂技团的团长。"

"刘明?你跟我们局长什么关系?"

"关系?"刘明更是丈二和尚摸不着头脑。

"我和王局长没有私人关系,我只想请示一下我们团出国演出的事。""出国演出?王局长不在,你改天再来电话吧。"没等刘明再说什么,对方就"啪"地挂断了电话。

刘明感觉像是被人戏弄了一番,拿着电话半天没回过神来。

思考题:

(1) 本案例中"女高音"接电话哪些地方不符合礼仪规范?

(2) 接电话与塑造组织形象有怎样的关系?

老师的提醒

一名学生发了一封电子邮件给他的老师,信件开头就是"Hi",然后直呼老师的名字。老师说,从信件用词看,这名学生的英文水平不低,怎么就不懂基本的通信礼仪呢?

为了证实自己的猜测,他回信要求这名学生打印或手写一封信给他。对比两封信,老师感慨不已:这名懂得通信礼仪的学生,为什么在虚拟世界里不遵守通信礼仪呢?

他再次回信提醒这名学生,传统的通信礼仪完全适用于现代的网络世界。

思考题:

请结合案例谈谈你对电子邮件礼仪规范的认识。

装错的请柬

王芳是天地公司的销售秘书。这天,销售部经理交给她一项任务:为了庆祝公司成立四周年,将举办大型客户联谊会,以宣传公司形象、增进与各地客户的联系。届时,将举办一系列的庆典活动。销售部经理列出了邀请名单,让王芳负责拟请柬并按照名单发送。王芳急忙上街买了精美的请柬若干,按照名单填写好之后,急忙寄出。由于填写请柬时忘记了写上每人的桌号,并且有几个信封由于匆忙装错了,所以到庆典当天,宴会厅里好多客人找不到自己的座位,有些客人由于收到了不是寄给自己的请柬而没有出席,使得这次庆典活动的效果大打折扣。公司领导对此十分恼火,王芳心理则惴惴不安,她不知道会有怎样的命运在等待着自己。

思考题：

(1) 发送请柬应该注意什么？

(2) 怎样才能避免王芳犯的错误？

2．请根据交谈礼仪的要求与同学模拟一次交谈。

3．在人际交往中，语言文明是处理好人际关系的基本要求，语言文明应以真诚自然为最高准则，避免烦琐。在宴请时客人到来或舞会结束且舞伴要离开这两种常见的情景下，请说明应分别以怎样的文明用语应对。

4．讨论在交谈中遇到以下三种情况该如何处理。

(1) 对方不知不觉将话题扯远了。

(2) 对方心血来潮，忽然想到了他得意的事。

(3) 对方故意转变话题，不愿意再谈原来的事。

5．欣赏相声表演艺术家马季的经典相声《打电话》，讨论打电话应该注意的礼节。

6．在网络这个虚拟世界中，应该注意哪些礼仪？

7．自拟情景，请为你的客户拟一份商务信函。

8．请课下通过各种途径收集不同情景下的真实请柬样本，分析这些请柬在内容、形式等方面的礼仪得失。

第7章　天下谁人不识君——求职礼仪

礼节乃是一封通行四方的推荐书。

——[英]弗朗西斯·培根　《人生论·论礼貌》

莫愁前路无知己,天下谁人不识君?

——(唐)高适　《别董大二首》

【学习目标】

知识目标

- 做好求职面试的各项准备;
- 根据自身实际设计出引起用人单位关注的简历;
- 面试符合礼仪规范,拥有职业化的举止;
- 在面试中得体地与面试官沟通交流,展现良好的职业形象。

能力目标

- 能规范自身言行,提升人际沟通能力;
- 自主学习新知识,能够利用网络媒体资源查找与面试礼仪相关的知识。

素质目标

- 树立传承文化、开拓创新的意识;
- 具有良好的审美情趣,努力提升个人整体形象;
- 具有团队意识和协作精神。

【案例导入】

小徐的面试经历

"第一次求职就成功了,很多人都觉得我很幸运,当然主要得益于自己'诚信的简历'。"同样是应届毕业生,小徐算是最早找到工作的一批了。

面试在下午4点,肚子比较饿,别人都紧张地在走来走去,小徐却拿出巧克力来吃,一边闭目养神。对面墙上贴着一张上海国际艺术节演唱会的海报,作为一名"追星族",她心情格外的好。进去之后,面试官对她也很客气。

双方的交流在一种自然、平和的状态下开始。那天,她和面试官除了讲到了她在国内核心期刊发表的论文、自己大学期间的成绩,更多的是讲到了她喜欢的巧克力,讲到了崇拜的歌星,讲到了她在上海电视台参与拍摄的短剧……这些经历足够让面试官了解她是一个兴趣广泛、精力充沛、热爱生活的人。

由于专业不是会计,而是经济学,她在简历上明确写出了自己没有在会计师事务所工作或实习的经历,本来这是个劣势,面试官却认为她具备了一个会计师需要的品德:诚实。在她离开的时候,她拿到了面试官递过来的入职通知书,她成功了。

问题:小徐面试成功得益于哪些方面?

现代社会对每个人提出了种种挑战的同时,也提供了各种各样难得的机遇。如何在竞争激烈的人才市场中力挫群雄,一举应聘成功,在具备良好的专业素养的前提下,掌握必要的惯例与技巧也不容忽视,尤其是求职面试中的礼仪礼节,它往往起着举足轻重的作用。

7.1 求职的心理准备

1．调整心态

求职面试前的准备首先是求职心态上的准备,要调整择业心态,端正择业态度,正确评价自己,对理想值与期望值不要过高,特别是大学生要先就业,再择业,自我定位过高不行。

【小案例】

不同的回答

在上海某单位组织的一次面试中,某主考官先后向两位考生提出了同样的问题:"我们单位是全国数一数二的大公司,下面有很多子公司,凡被录用的人员都要到基层去锻炼,基层条件比较艰苦,请问你们是否有思想准备?"

毕业生 A 说:"吃苦对我来说不成问题,因为我从小在农村长大,父亲早逝,母亲年迈,我很乐意到基层去,只有在基层摸爬滚打才能积累丰富的工作经验,为今后发展打下基础。"

毕业生 B 则回答:"到基层去锻炼我认为很有必要,我会尽一切努力克服困难,好好工作,但作为年轻人总希望有发展的机会,不知贵公司安排我们下去的时间多长? 还有可能上来吗?"

结果,显而易见,哪位学生被录取了呢? 当然是前一学生被录用,后一学生被淘汰。

现在有许多大学生求职时把自身看得很重,一味地追求待遇,你能给我什么待遇,每月少于多少钱不去,有的还挑剔岗位和专业。其实你站在企业的角度考虑一下,企业用人,那叫人力资源管理,也是有成本的,劳动力的价格是由什么决定的? 是由你这个劳动力的价值决定的,你刚毕业,谈不上有什么工作实践、工作经历,有点儿实习经历也很有限,只是在课堂上学了点东西,考试靠突击,考完试就忘了。企业不知道你有什么本事,你有多大能耐,它不可能给你高工资。

2．知己知彼

每一个求职的人,都希望在面试时留给主考官一个好印象,从而增大录取的可能性。

>>>>>>>>>

孙子说："知己知彼,百战不殆。"面试就如同一场试探性的战斗,战斗的双方就是面试单位的主考官和参加面试的你自己。你事先要了解用人单位的基本情况,研究好主考官,研究好你自己,才能在求职中争取主动。可以说,这是求职者迈向成功的第一步。

（1）了解用人单位。求职前要了解一个单位的规模、声誉、发展潜力、人员构成、业务范围、硬件设施、工作性质、岗位培训、晋升机会、福利待遇等,并在此基础上制订相应的应聘策略。

（2）研究主考官。首先,应聘者要明确主考官会从以下方面来考察、评价自己。

① 主考官可能会先评价一个应聘者的衣着、外表、仪态和行为举止。

② 主考官会对应聘者的专业知识、口才、谈话技巧做整体的考核。

③ 主考官可能会从面谈中来了解应聘者的性格和人际关系,并从谈话过程中了解应聘者的情绪状况以及人格成熟的程度。

④ 主考官会在面试时,观察应聘者对工作的热情程度和责任心,了解应聘者的人生理想、抱负和上进心。

其次,面对不同类型的主考官,应预先制订相应的策略。主考官不同,注重的能力方面也不同。如果主考官是技术干部,他就会注重专业和处世能力;若是人事干部,就会注重应试者的社会意识和处事能力;若是领导干部,则注重合作精神、办事能力及处理紧急事件的应变能力。在面试时要学会察言观色,注意主考官更加注意哪一方面,在他感兴趣的方面充分表现一下。

（3）研究自己。这包括以下几个方面。

① 了解自己的长处、兴趣、人生目标、就业倾向等。许多学校都会为毕业生就业求职开设一些辅导,帮助毕业生分析个人的专业和志向,作为毕业生的你,可以充分利用这个渠道,为求职预先做好准备。

② 听取家人和有社会经验的亲友的意见和建议,修正个人的志愿,也是很有必要的。

③ 参加面试一定要抱着谨慎的态度,不浪费每一次机会,并把每一次面试当作重要的经验积累起来。

④ 了解并演练一下必要的面试礼仪,可以放松紧张的心情,在面试时表现得轻松自如。

【小贴士】

招聘的绝招

用人单位为了招聘到合适的人才,在招聘过程中使用各种招数。下面这个故事就是用人单位考验人的意志和毅力的招数,能够吃苦者经受住了考验,成为笑到最后的人。

某家企业招聘推销员,来了许多应聘者。然而,企业人事经理刚和大家见面,便说:"对不起,电梯坏了。"于是,一部分人不慌不忙地待在一楼等修理电梯,另外一部分人拾级而上。可是,该企业位于第32楼,的确太难爬了,一些人半途而废,只有少数应聘者从一楼爬到32楼。结果,这些不怕累的应聘者被企业聘用。

7.2　求职的材料准备

1．求职信

求职信是求职者为了寻求一份比较理想的工作，或是谋求一个比较合适的职业，而向有关单位或领导集中介绍自己的实际才能、专长，表达自己的就业愿望的一种专业文书。写好它是求职者开启成功求职的第一步，同时也是求职者和用人单位接触和联系的桥梁、纽带。写好求职信要注意以下方面。

（1）写全求职信的结构。求职信作为专用书信，为突出其目的性，一般要写明标题"求职信"；另外，在成文日期下靠左处要写清求职人的"联系方式（地址、电话、电子邮箱等）"，以便用人单位与求职者本人联系。

此外，为了更好地展示自己，求职者可以将有关证明材料，如学历证书、荣誉证书、技能证书等资料的复印件，附于求职信的后面。因此，在求职信的结尾部分或正文之后写明附件说明，说明求职信具有的附件数量和名称等。

（2）写准求职信的称谓。求职信中，求职者和应聘单位的人事主管（经理）之间是一种特殊的人际关系，他们之间的人际关系不是建立在血缘或情缘基础上的人际交往，而是建立在机缘关系、平等基础上的人际往来，且双方多数是初次接触。所以，求职信的称谓多用"尊敬的 ×××"，而不使用"亲爱的 ×××"。

（3）写好求职信的内容。求职者必须围绕"岗位"的需要，充分展示自己能够胜任该职位所必须具有的职业知识、职业能力、职业素养、工作经历等，这是求职信的核心内容。

① 职业知识，就是在社会实践中，人们完成职业岗位任务所必须具备的知识，一般包括基础知识和专业知识。

② 职业能力，是指人们从事某一职业或专业所需要的能力，它直接影响着人们工作的质量和效率。因此，招聘方对求职者的"职业能力"最为关注。

③ 职业素养，是指职业内在的规范和要求，是在职业过程中表现出来的综合品质，包含职业道德、职业行为、职业作风和职业意识等方面。具体体现为多个方面，如责任心、敬业精神、团队意识、职业操守等。求职者在《求职信》的写作中要有所关照。

④ 工作经历，是指应聘者的所有工作历史，无论是有偿的还是无偿的，全职的还是兼职的。之所以要提供一些重要的工作经历，其目的是证明求职者自身的能力及其具备的职业经验，从而进一步提升自身的价值。如果是一位应届毕业生，则可以适当介绍自己的专业实习或实训经历、经验。

正文结尾部分可提醒用人单位回复消息，并且给用人单位更为肯定的确认，在"您给我一个机会，我会带给您无数个惊喜"结束语后面写表示敬意的话，如"此致""敬礼"。

【小贴士】

求 职 信

尊敬的 ×× 货运公司领导：

您好！感谢您在百忙中阅读我的求职信！

＞＞＞＞＞＞＞＞＞

从贵公司网站发布的招聘启事中得知贵公司要招聘 4 名报关员,我学的专业对口,所以我很想应聘这一岗位。我叫张××,是一名 2021 届专科毕业生,将于今年 6 月底从××职业学院经贸管理专业毕业。回首三年的大学生活,勤奋与收获同在,充实与快乐并存。三年中,我的学习成绩一直在本专业中排在前 10 名,并在大一时顺利通过普通话二级甲等、大二顺利通过全国计算机二级 (VFP) 考试,大三通过英语四级,并能熟练使用英语,同时已取得报关员和报检员资格证书,学习成绩和各种证书有附件中的复印件为证。

我性格开朗、乐观向上、自信稳重、勤奋务实,待人真诚。大一、大二时在系学生会担任办公室主任职务,工作认真负责,积极主动,培养了我吃苦耐劳、在高强度工作环境下的抗高压能力。大二下学期我发起成立了××志愿者协会,在组织活动的过程中,锻炼了组织协调能力、实际动手能力和迅速适应环境的能力,培养了团队协作精神。在学校与同学关系融洽,在各类社会实践活动如家教、企业产品的销售和推广等工作中,与同事建立了良好的人际关系。这些社会实践工作培养了我敏锐的洞察力、独立的思考判断能力、果断的行事作风,学会了为人处世之道。

最后,再次感谢您对我的关注,并真诚地希望我能成为贵公司的一员,为贵单位的繁荣昌盛贡献自己的绵薄之力,期待您的回复并盼在面试中相见。

祝贵公司事业蒸蒸日上!

附件:

1. 大学三年学习成绩单。

2. 普通话二级甲等证书、英语四级证书、计算机二级证书、报关员和报检员证书复印件。

联系方式 (略)

张××

2021 年 3 月 18 日

以上是一封规范而不失个性的求职信。它格式规范,通顺流畅,简洁质朴,语气真诚而委婉。其个性有三方面:一是信息量丰富,除必要的"软、硬件"外,还将大学三年中取得的成绩按时间顺序列举出来,让人感觉这是一位勤奋学习、吃苦耐劳的好学生;二是自我分析不虚不矜,有理有据,没有套话空话,显得真实可信;三是礼仪周全,表达贴切,有问候,有致谢,有祝愿,产生了"以诚感人"的效果。这种知道对方"要什么",自己能"给什么",明确"为什么要我"的求职信,无疑会赢得招聘者青睐。[①]

(4) 写好求职信的注意事项。写求职信时最好选用署有本校校名的信封、信纸,避免选用带有外单位名称的信封、信纸。字迹要清晰工整,如能写一手漂亮的书法,手写求职信是很不错的选择,因为更多的人相信"字如其人"。如果字写得不好看,宜用打印件。篇幅要适中、不宜过长,1000 字左右较为合适。

求职信是求职者与用人单位的第一次沟通,所以,文笔要自然流畅,既不要过高评价自己,也不要过于谦虚。行文可带有鲜明的个人风格,以给用人单位留下深刻的印象。

---

① 赵玉柱. 写出好的求职信需"三思"[J]. 应用写作,2015 (4):30-31.

【小故事】

达·芬奇的求职信

1482年，31岁的达·芬奇离开故乡佛罗伦萨，来到米兰。他给当时的最高统治者、米兰大公鲁多维柯斯查写了一封求职信——《致米兰大公书》，希望谋得一个军事工程师的职位。

尊敬的大公阁下：

来自佛罗伦萨的作战机械发明者达·芬奇，希望可以成为阁下的军事工程师，同时求见阁下，以便面陈机密。

一、我能建造坚固、轻便又耐用的桥梁，可用来野外行军。这种桥梁装卸非常方便。我也能破坏敌军的桥梁。

二、我能制造出围攻城池的云梯和其他类似设备。

三、我能制造出一种易于搬运的大炮，可用来投射小石块，犹如下冰雹一般，可以给敌军造成重大损失和混乱。

四、我能制造出装有大炮的铁甲车，可用来冲破敌军密集的队伍，为我军的进攻开辟道路。

五、我能设计出各种地道，无论是直的还是弯的，必要时还可以设计出在河流下面挖地道的方法。

六、倘若您要在海上作战，我能设计出多种适宜进攻的兵舰，这些兵舰的防护力很好，能够抵御敌军的炮火攻击。

此外，我还擅长建造其他民用设施，同时擅长绘画和雕塑。

如果有人认为上述任何一项我办不到，我愿在您的花园，或您指定的其他任何地点进行试验。

向阁下问安！

达·芬奇

米兰大公收到此信不久，就召见了达·芬奇。在短暂的面试后，正式聘用达·芬奇为军事工程师，待遇十分优厚。

当时，米兰大公的处境可谓强敌环伺，他需要军事制造方面的人才。达·芬奇深切地了解他的需要，有针对性地设计了求职信，无比自信地在求职信中一连使用了6个"我能"，一项一项有条不紊地列举出自己军事工程方面的才能，精炼简洁，让人一目了然，就等于告诉米兰大公："我清楚您的处境，我会帮助您赢得战争！"所以，后者毫不犹豫地给了达·芬奇面试的机会。

2. 简历

求职简历是求职者将自己与所求职岗位紧密相关的信息，经过分析整理后清晰简要地表述出来的书面求职资料。求职者到招聘单位要做的第一件事情就是投递简历，而简历则成了招聘单位了解求职者的最初载体。一份优秀的简历，往往可以在众多求职简历中脱颖而出，给招聘单位人力资源部门或人员（以下简称HR）留下深刻印象，从而帮助求职者成功谋取职位。

>>>>>>>>>>

(1) 形式赏心悦目。传统的表格式简历因信息散落于表格之中,不宜让 HR 立即发现求职者的闪光点,且线条过多,显得不够简洁明了。赏心悦目是简历在形式上的设计目标,这里建议将传统表格的线条去除,改散点式表格为模块式形式,这样因信息集中会让 HR 很容易找到关注点。且去除表格后的简历更显简洁、新颖、大气,收到传统表格式简历所达不到的效果。

模块式简历,即根据简历的内容划分为若干块状结构进行信息描述。模块式简历首先要考虑的是布局及框架的问题,一份简历大致包括姓名、性别、年龄、籍贯、照片、联系方式、自我评价、求职意向、教育背景、个人技能及所获奖项、在校及社会工作经历或项目经历等内容。从逻辑关系角度来看,简历中的姓名、性别、年龄、籍贯、照片、联系方式等一般都可归为基本信息范畴。弄清这种逻辑关系后,就可以将基本信息与其他模块进行切割,即将基本信息作为首部,将其他模块作为主体进行设计。在设计时,可以将基本信息置于简历的上部,或者分栏后放于左边或右边,有时为了突出其他模块也可将基本信息放在尾部。模块式结构不仅让简历从视觉上更显鲜明,重要的信息更加突出,布局更加合理,而且降低了阅读障碍。

【小贴士】

加入个性化因素的简历

设计简历时可加入个性化元素,个性突出、特征鲜明的简历往往会散发出独有的光芒,从而吸引 HR 的目光。个性化简历可从以下几个方面来构思。

(1) 从招聘单位角度构思。设计者事先要对应聘单位有所了解,设计新产品、企业标识、企业名称等企业识别元素,激发 HR 的好感和注意,比如将简历设计成新产品说明书的形式来应聘某制药企业。

(2) 从应聘的岗位角度构思。求职者可以根据岗位特征来设计带有岗位元素的简历,比如针对人力资源管理岗位,求职者可将简历做成计划引进的人才档案,内容可以是人才引进原因及人才主要成绩等。

(3) 从专业角度构思。求职者可以根据专业特征来设计带有专业色彩的简历形式,比如针对广告专业,求职者可将简历设计成一份精美的广告。但创新应有"度",不可让形式淹没了内容,过于花哨反而会带来负面效果。

(2) 内容简洁明了。形式只是外表,简历的内容才是关键。求职者在描述内容时务必简洁明了,对 HR 来说,每天可能会浏览数以百计的简历,一般不可能有时间把每份简历都仔细看完,如果写得繁芜冗长、词不达意、空洞无物,反而会使简历的亮点被忽视。下面分别介绍各模块的写法。

① 基本信息。基本信息主要包括姓名、性别、年龄、籍贯、照片、联系方式等。

照片:照片一定要采用穿正装的证件照,要给 HR 以正式、严肃之感,不宜采用大头照或生活照。照片往往具有文字无法比拟的优势,网上投递简历的求职者更要加以重视。

联系方式:一般可以依次注明手机号码及 E-mail,邮箱不宜选择 QQ 邮箱,宜选择比较正式的网易邮箱、新浪邮箱等。

② 求职意向。求职意向宜适当宽泛,采用岗位群(核心岗位与相关岗位相结合)的形式描述会比较好,特别是参加招聘会的大学毕业生的简历更应如此。但如果应聘者已获悉确定的岗位,此时的求职意向应明确。

③ 教育背景。教育背景一般应注明最高学历、专业、毕业学校,对于所学课程,可以列核心或特色专业课,公共课、基础课等可不列。

④ 个人技能及所获奖项。个人技能主要从语言能力、计算机应用能力、专业能力三个方面介绍。语言能力包括中文、外语等,计算机应用能力包括各类计算机软件的使用技能等, 专业能力包括与专业相关的各项能力或相关证书。所获奖项应列举级别较高、分量较重的奖项,为突出自身能力可以在奖项之后注明级别或获奖名次/参赛人数等。

⑤ 在校及社会工作经历或项目经历。大学毕业生的经历一般包括在校工作经历、课外活动、义务工作、参加的社团、勤工俭学、实习经历等;社会人员则应强调自身的社会工作经历或项目经历等。为简洁起见,每一部分只需列出最重要、最具代表性的 3 ~ 4 条即可,不宜过多。

描述经历时,宜用动宾结构的分句,按由近及远的顺序分条列举。可按照 4W(when、where、what、how)法则或 STAR(situation、task、action、result)法则来描述,即以一句话概括时间段、单位、从事的职位及做了什么、如何做的及结果如何,确保描述的清晰性、条理性和逻辑性,让人一目了然。其模式为:时间段 + 单位 + 职位 + 工作内容 + 能力的提高 + 评价或成绩。例如:

2019.6—2020.7:×× 自动化股份有限公司。职位为技术人员,负责生产流水线的现场监控。实习后本人的适应能力更强,做事效率更高。实习成绩为优。

社会人员还要特别注意项目经历的描述,其模式为:时间段 + 单位 + 项目名称 + 职位 + 工作内容 + 工作业绩等。例如:

2019.7—2020.8:中国农业农村部重点农产品加工与贮藏实验室项目(北京)。职务为研究助理,负责制订工作计划进度表,亲自参与采样测定鸭梨果肉和种子经过不同处理的各种酶指标,初步判断"早采收、急降温"为防止黑心病的有效方案,创造性地提出微波处理钝化酶活力的方法,得到教授和博士的认可。增强了办事能力、科研能力及团队合作意识。

⑥ 自我评价。自我评价主要包括爱好、特长、性格、能力等,要根据自己的专业特点及求职岗位进行有针对性地介绍。

3.注重细节

(1)仔细对照所投公司岗位的要求,突出自己的能力,增强简历的针对性、目的性。

(2)多使用数字语言提高简历含金量,在强调工作经历或与之相关的技能时,尽量将自己的经历具体化、数字化,增强简历的说服力。

(3)简历要精益求精,不断修订,确保没有语法错误、字词错误及标点错误等。

(4)简历的语体应使用事务语体,做到准确平实、简明扼要。

(5)简历宜多用名词性短语及动宾结构的短语,少用修辞。

(6)简历要注意编辑排版,注意字体、字号、行距及颜色的搭配,做到疏密有致、主次分明。

>>>>>>>>>

（7）字体宜选微软雅黑，需要引起注意的地方可以加黑突出。网上投递简历时，应制成 PDF 格式文件连同 Word 文档一起投递，以免因版本或字体不同带来格式上的改变，从而影响阅读效果。

（8）简历要用 A4 纸制作，页数不宜过多，专科毕业生的简历一般以 1 页为宜，本科毕业生或社会人员的简历宜控制在 2 页之内。

【小贴士】

HR 筛选简历

HR 筛选简历有两个步骤：先是初选。这个过程很快，每份简历只看几个关键词，10 ~ 20 秒就会看完一份简历，大概选出 20% 的简历进行复选。复选时 HR 对每份简历看得比较仔细，主要是为了进一步了解每位求职者，在简历中寻找几个有针对性的面试问题。这个阶段，淘汰率不是很高，基本上都会得到面试机会。

7.3 面试的仪表礼仪

1．妆容适度

求职时，妆容应简洁、大方、淡雅、自然，以给人庄重感。对刚毕业的大学生而言，充满朝气的青春之美是任何化妆品都不能取代的。当然，如在此基础上适当加些修饰，增加美感也是可行的。

女士妆容要有"度"，宜化淡妆，追求一种雅致的感觉，妆不要过分的浓烈，化妆过度，效果会适得其反。例如，口红涂得太红，指甲油颜色太刺眼，香水味刺鼻，都会使人反感。女性求职者"浓妆艳抹"去面试不可取，但"素面朝天"容易给考官一种为人不拘小节甚至懒散的印象，也不足取。

男士要剃须，保证面部清爽，鼻毛不可外漏。男女求职者均要注意保持手部卫生，女性尤其不能留长指甲或染指甲。

2．发式适宜

发式是仪表的重要方面，求职者应保持头发的清洁，并加以修饰，充分显示自己的生机和活力。

男士的头发，前面不可以遮住眉毛，不可过于凌乱，保证头发的整洁无头屑。发型要大方又有朝气，不可求新、求怪，更不能染发。

女士要保证头发柔顺，不凌乱，不染夸张的颜色，发式美观大方，不要太过新潮、前卫，如有职业要求，最好将头发束起。

3．服装得体

服装得体就是要做到简洁、大方、雅致。男士面试以西装、衬衫、皮鞋为主。可以穿着一套深色的西装。西装颜色不要过于艳丽，以藏青、深蓝、深灰冷色调为主，做工精细、质量考究的套装为佳，过于艳丽的颜色会给人轻浮之感。女士以得体大方的职业套装和连衣裙为主。如果穿裙子,不可过短,最好也不要太长,短的容易显得轻浮,长的可能会显得邋遢。刚到膝盖上或者膝盖下为最好。女士可以穿着颜色较为鲜艳和款式较为时尚的服装,但不能穿着奇装异服,不能追求所谓的前卫、新潮、另类。

求职者的装束应与自己的个性相符合。女性如拥有一张"娃娃脸",应选择颜色深沉的套装,给人一种稳重的印象;如果相貌老成,应选择色调柔和的套装,显得充满活力,以免给对方造成跟不上时代节拍的感觉。

服装还要与谋求的职位相适应。在应聘与艺术有关的行业时,如广告设计、室内装饰或化妆品公司等,服装应尽量穿得时尚而富有创意,以凸显个性;而应聘企业文化比较传统保守的行业,如金融、保险、国际贸易、法律等,应穿着能展示权威和能力的传统而保守的服装,西装与套装是面试的适宜服装。

4．佩饰得当

佩饰在人的整体装束中很重要,佩饰用得好,似画龙点睛,使人更加潇洒飘逸;反之,如画蛇添足,会破坏人的整体形象。领带在男性求职者的佩饰中占重要位置,在选择领带颜色时要考虑与西装颜色搭配,领带的质地、图案也要与西装颜色和个人的身材、体型协调。鞋袜的处理要注意,鞋子一定要干净,如是皮鞋要擦干净、光亮,鞋带要系好。女性的皮鞋注意要款式简单、大方。鞋跟高度为 3～5 厘米为佳。注意不要穿走路会发出声音的鞋子。袜子颜色以与上衣颜色接近为好,不要过于鲜亮,一般以肉色为佳。去面试的时候要多准备一双袜子,以防袜子被钩破的尴尬。

一般除手表外,不要佩戴过多饰品,且不能佩戴过于炫目、过于怪异的首饰。求职者的妆饰要衬托出自身的青春朝气,又不至于浮华浅薄。

7.4　面试后的礼仪

在求职的过程中,许多求职者只留意面试过程中的礼仪,而忽略了面试后的工作。事实上,用人单位决定录用名单的过程相当复杂,面试后注意跟进,完全有可能改写面试结果。所以,面试者要注意以下方面。

1．及时总结

面试之后,应该仔细记录整个面试经过。面试成功与否并不是最重要的,最重要的是从上一次面试中总结经验,吸取教训,下次面试才会做得更好。

2．调节情绪

一般来说,一位求职者会同时向几家公司求职。因此,一次面试结束后,要及时调整自己的情绪,全身心投入第二家单位的面试。在接到聘用通知前,面试结果都是个未知数,求职者不应该放弃其他机会。

3．耐心等待

从面试结束到最后确定录用人选,这个阶段可能需要四五天的时间。求职者在这段时间内一定要耐心等待消息,不要过早地打听面试结果。

>>>>>>>>>

4．主动联系

如果过了一两个星期或者已过了承诺答复期，我们必须与用人单位联系，询问录取结果。也许这时用人单位正好难以取舍，主动联系就让我们取得了被录取的主动权。另外，主动联系还可以有效地避免用人单位通知不到或是忘了通知的情形。

5．做好再冲刺的准备

求职过程是艰辛的，不可能人人都获得成功的机会，每一个人都要坚信一点："道路是曲折的，前途是光明的"。困难是暂时的，关键是要找出失败的原因，找出差距，并积极准备下一轮的面试，以求"东山再起"。

【小贴士】

鞠 躬 道 别

研究生小何硕士毕业那年，就业形势严峻，连续几次应聘失败，但是她依然鼓起勇气继续找。一天，按照银行招聘通知，她来到某银行面试，应聘者很多。排在前面的女孩儿长得很漂亮，身材凹凸有致，而她相貌平平，身材一般。轮到她，她整理好衣服，鼓起勇气大胆走进考场……很幸运，问题很简单，答完后主考官点点头，面无表情地说："你可以走了。"她心想没戏了，走到门口，出于礼貌又返身朝他们鞠一躬说："谢谢！"然后轻轻开门，又随手关门。

20天后，小何被该银行录取了。她上班的第一天遇到了主考官，他向小何祝贺。小何好奇地问录用她的原因，他说："那天接待了300多个应聘者，你是唯一向我们鞠躬道别的应聘者，并且关门那么有礼貌。我们是服务业，礼貌待人是我们对员工的基本要求。"

【实训项目】面试过程中的礼仪

1．实训要求

本训练通过举行模拟招聘会的形式考查学生面试礼仪掌握情况，锻炼学生自我推销能力，积累应聘经验，掌握应聘礼仪，增强自信心，全面认识自我。需要准备模拟招聘企业情况、需求岗位、面试问题、面试桌椅等。具体实训方法如下。

（1）选3～4名学生担任某企业面试考官，其他同学担任求职者。

（2）面试考官先介绍单位及岗位需求情况，然后求职者依次进行1分钟自我介绍，面试考官提问，求职者回答问题。

（3）最后教师总结、点评。

2．实训内容

（1）提前到达。参加面试时要按照事先约定的时间、地点准时到达，而且一定要计划出提前量。至少应该提前15分钟到达，以表示求职者的诚意，给用人方以信任感，增加对用人单位的一些感性了解；同时也有利于自己做好充分的个人准备，简单修整仪表，调整可能紧张的心态。如果迟到了，肯定会给用人方留下不好的印象。尤其是有吸引力的单位，组织一次面试往往要安排很多人，迟到几分钟，就可能会失去面试的机会。

　　但是,我们要允许和宽容招聘人员迟到。招聘人员迟到了,无论什么原因,我们都不能流露出不满情绪,要表现得大度、开朗和宽容,否则招聘人员对我们的第一印象就会大打折扣,尤其有时面试官出于某种目的而故意迟到,更应当警惕。

【小案例】

面 试 迟 到

　　张杰第二天要到恒达商业集团公司应聘秘书一职。他本打算要早点休息,第二天早点到。谁知晚上几个同学约他出去吃饭,吃过饭又一起去唱歌,很晚才回去睡觉。第二天张杰没被闹钟叫醒,等他醒来时,发现离约定的面试时间已经不足1小时了。他慌忙地穿衣、洗漱,匆匆忙忙地往恒达商业集团公司赶。等他赶到的时候,已经迟到了将近20分钟。他急忙向面试官道歉,然后面试开始了。

　　(2) 耐心等待。等待面试的过程应注意以下方面。

　　① 到了办公大楼,最好径直去面试单位,而不要四处张望,甚至被保安盯上。

　　② 走进面试单位之前,把口香糖和香烟都收起来,因为大多数的面试官都无法忍受你在办公场所嚼口香糖或吸烟,何况现在公共场所是禁烟的。

　　③ 坚决不要开手机,避免面试时造成尴尬局面,同时也分散你的精力,影响你的成绩。

　　④ 一进面试单位,若有前台,则开门见山说明来意,报上来访的目的、有无约定、被访者的名字和自己的名字。经指导到指定区域落座,若无前台,则找工作人员求助,这时要注意用语文明,开始的“你好”和被指导后的“谢谢”是必说的,这体现了你的教养。

　　⑤ 到达面试地点后应在等候室耐心等候,并保持安静及正确的坐姿。如果此时有的单位为使面试能尽可能多地略过单位情况介绍这一步骤,尽快进入实质性阶段,准备了公司的介绍材料,应该仔细阅读以先期了解其情况。也可自带一些试题重温,而不要来回走动表现得浮躁不安,也不要与别的应聘者聊天,因为这可能是你未来的同事,甚至是决定你能否称职的人。你的谈话对周围的影响是你难以把握的,这也许会导致你应聘的失败。更要坚决杜绝的行为是:在接待室恰巧遇到朋友或熟人,就旁若无人地大声说话或嬉闹。

　　⑥ 一些小企业若没有等候室,就在面试办公室的门外等候;当办公室门打开时应有礼貌地说一声“打扰了”,然后向室内考官表明自己是来面试的,绝不可贸然闯入;假如有工作人员告诉你面试地点及时间,应当表示感谢;不要驻足观看其他工作人员的工作,不要询问单位情况或向其索要材料,且无权对单位加以品评,以免给人肤浅、嘴快的印象。

　　(3) 礼貌入场。进入面试场合要礼貌得体而不紧张焦虑。如果没有人通知,即使前面一个人已经面试结束,也应该在门外耐心等待,不要擅自走进面试房间。

　　自己的名字被喊到,就有力地答一声“是”,然后再敲门进入。即使面试房间的门是虚掩的,也应敲门。敲门时要注意敲门声的大小和敲门的速率。正确的是用右手背的手指关节,主要是食指和中指的手指关节轻轻地敲三下,不可敲得太用劲儿了,以里面听得见的力度为准。听到里面说“请进”后,要回答“打扰了”,再进入房间。千万不要用巴

>>>>>>>>>>

掌拍门,这样很不礼貌。

开门、关门尽量要轻,进门后不要用后手随手将门关上,应转过身去正对着门,用手轻轻将门合上。回过身来将上半身前倾30°左右向面试官鞠躬行礼,面带微笑称呼一声"你好",彬彬有礼而大方得体,不要过分殷勤、拘谨或过分谦让。

应等主考官示意坐下才可就座,并应道声"谢谢"。如果有指定座位,则坐上指定的位子;若无指定位置时,可以选择主考官对面的位子坐定,如此方便与主考官面对面交谈。坐下后要保持良好的体态,正襟危坐,双手自然放在膝盖上,千万不要大大咧咧,满不在乎。

入场后与面试官打招呼,还要注意正确称呼对方。如果考官有职务,一般采用姓氏加职务称呼的形式,如"张部长""刘经理"等;如果考官职务较低,可以不采用职务称呼,而以"老师"相称;如果对方职务是副职,则按照就高不就低的习惯略去"副"字,以正职相称。

【小幽默】

英 语 面 试

有三位同学去外企面试,面试前互相叮嘱:"千万别忘了老师传授的面试秘籍第一条:进去后,必先向面试官问好!"

同学 A 面试完了,垂头丧气地出来,望着初升的太阳,说:"一进门,本来想说 good morning,结果一紧张说成了 good afternoon。"其他两位同学报以鄙视的表情。

同学 B 面试完了,时间比同学 A 还要短。他垂头丧气地出来,说:"还真容易紧张,我说 good evening 了,面试官疑惑地说我连时间都搞不清。"

大家都想这下该职位非同学 C 莫属了,谁知他刚进去就又出来了,他垂头丧气地说:"我一进去就直哆嗦,不小心说了 good bye!"

(4) 自我介绍。求职者自我介绍的根本目的,是使面试考官对自己有个初步的、大概的了解,并且尽可能留下好的印象,以便使面试能够深入进行下去,最终赢得面试的成功。求职面试的自我介绍必须讲究技巧,成功的自我介绍往往会给面试考官留下深刻的印象,那样求职就成功了一半。在人的思想意识中,往往存在这样的误区,认为最了解自己的人一定是自己,把介绍自己当成是一件很容易的事。其实不然,说人易,说己难。在求职面试中,介绍自己是最难的部分,要成功地进行自我介绍,就要从以下几个方面着手。

① 礼貌地问候。在进行自我介绍之前,求职者先要向面试主考官问好,这是最起码的礼貌。比如,"经理,您好,谢谢您给我这个机会,现在,我向您作个简单的自我介绍……"介绍完毕以后,要注意向面试主考官致谢,并且还要向在场的其他面试人员致谢。

② 主题要鲜明。求职面试中的自我介绍一般包括以下基本要素:姓名、年龄、籍贯、学历、学业情况、性格、特长、爱好、工作能力和工作经验等。在自我介绍时,不必面面俱到,而要主题鲜明,直截了当,切入正题,不拖泥带水,对于材料的组织要合理,做到详略得当、重点突出。一般来说应按招聘方的要求来组织介绍材料,围绕中心说话。假如招聘单位对应聘的人的工作能力和工作经验很重视,那么,求职者就得从自己的工作能力及经验出

发作详细的叙述,而且整个介绍都是以这个重点为中心。

求职者一般应从最高学历讲起,只要面试考官不问,完全没有必要谈及小学、中学甚至是大学。谈所学的专业、课程时,不必说明成绩。谈求职的经历,不要漫无边际、东拉西扯,最好在 1 ~ 3 分钟完成自我介绍,要简洁、明快、干脆、有力。

③ 让事实说话。在面试时,有的人为了能给面试考官留下深刻的印象,往往喜欢对自己进行过多的夸张,动辄就"我的业务水平是很高的""我的成绩是全年级最好的",其实,这样反倒会给面试考官留下不好的印象。现在的用人单位往往更注重应聘者的真本事。"事实胜于雄辩",虽然面试的时间很有限,不可能完全展示出求职者的才能,但是求职者可以通过实际的事例来证明自己的能力,把自己的才华展示给面试考官。

【小案例】

小刘的独到之处

某大学中文系学生小刘,毕业后到报社应聘记者,面对着上百个新闻专业出身的应聘者,可以说小刘并没有什么优势。但小刘对此早有准备,他对面试考官介绍自己时是这样说的:"我叫刘晓明,山西人,毕业于 ×× 大学中文系。虽然我不是新闻专业的,但我对记者这个行业十分感兴趣。在大学期间我是学校校报的记者。4 年间,我进行了多次较为重大的校内外采访,积累了一定的采访经验,再加上我的中文功底,我相信我可以胜任贵报的工作。这是我在大学期间发表过的报道稿,请各位编辑领导批评指正。"

面试考官们看过小刘的报道材料后,觉得他眼光独到、语言深刻,都很满意。结果小刘击败了众多的竞争者,不久后就收到了录用通知。

④ 给自己留条退路。面试中的自我介绍既要坦诚,又要有所保留;既要介绍自己的能力,也不要把自己搞成事事皆能,使自己进退维谷。在自我介绍中,求职者要尽可能客观地显示自己的实力,但同时应尽可能地避免使用保证式或绝对式的语言,如"我非常熟悉这项业务,我保证让部门改变面貌!"这些话往往没有具体内容,反倒会引起面试考官的反感,如果遇到较为平和、内敛的面试考官也许不会为难你,但是如果遇到个性较强的面试考官进行追问时,求职者会因无法回答而张口结舌、尴尬万分。

【小贴士】

教 训

小赵去面试一家国际旅行社的导游。他自我介绍说:"我这个人喜欢旅游,熟悉各处的名胜古迹,全国的风景名胜几乎都去过。"面试考官很感兴趣,就问:"那你去过云南大理吗?"因为面试考官就是大理人,对自己的家乡再熟悉不过了。可惜小赵根本就没去过大理,心想若说没去过这么有名的地方,刚才的话不就成了吹牛了吗?于是硬着头皮说:"去过。"面试考官又问:"你住的是哪家宾馆?"小张再也回答不上来,只好说:"那时我是住在一个朋友家的。"面试考官又问:"你的这位朋友在大理的什么地方啊?"小赵这下没词儿了,东拉西扯答非所问,结果可想而知。

>>>>>>>>>

（5）谈吐文雅。求职者在与考官交谈的过程中，一定要重视自己的语言、语气、语调等，追求标准和礼貌。回答问题要完整准确，不东拉西扯；要讲普通话，不说方言土语，少用虚词、感叹词等；要注意说话连贯有序，一气呵成，不吞吞吐吐，首尾不衔。无论是自我介绍还是回答问题，力求简明扼要，不可拖泥带水，不说废话，不多说话，不说重复话，还要使用必要的谦辞敬语。

（6）学会倾听。倾听是与考官进行有效交流的前提，尤其在回答考官提出的问题时，只有专心致志地倾听，才能够抓住问题的实质，同时也无声地表达了对考官的尊重。倾听过程中，要做到以下几点。

① 抓住重点。集中精力，认真去听主考官的每一句话，抓住说话人讲话的内容重点。

② 目光专注。有礼貌地注视考官并与之进行眼神交流，不要目光游离，也不能死盯着考官。

③ 面带笑意。微笑是最好的表情，具有打动人心的力量，表情过分严肃不适于面试场合。

④ 适当回应。如用点头、会意地微笑等对考官的话做出反应，并适时辅以"对""是的"等简短而肯定的话语。

⑤ 察言观色。根据考官目光、表情等体态语的变化，揣测考官对自己的认识和态度，力争掌握主动权。

（7）应答得体。答问往往是面试中的重头戏，求职者除了把握紧扣问题、重点突出、观点鲜明、论据充分、见解独到、分析透彻、论证有力、有的放矢、简洁回答、多用数据和事实说话等基本要求之外，还需特别注意不要出现以下禁忌。

① 滔滔不绝。在面试官面前口若悬河，喋喋不休，使对方没有开口的机会。

② 打断对方。不等面试官把话说完，就插嘴抢答，怕失去表现的机会。

③ 贬低他人。试图以贬低以前的上司、同事或其他任何人来获得面试官的好感。

④ 不懂装懂。试图掩盖某些自己不懂的问题，结果往往欲盖弥彰。

⑤ 随声附和。试图"讨好"面试官，结果往往也失去了独立的个性。

⑥ 争强好辩。当自己的意见与面试官不一致时，直接反驳，据理力争，说话不讲技巧。

【小贴士】

面试经典问题解答

（1）你为什么选择我们公司？

思路：①面试官试图从中了解你求职的动机、愿望以及对此项工作的态度；②建议从行业、企业和岗位这三个角度来回答；③参考答案——"我十分看好贵公司所在的行业，我认为贵公司十分重视人才，而且这份工作很适合我，我相信自己一定能做好。"

（2）你有什么业余爱好？

思路：①业余爱好能在一定程度上反映应聘者的性格、观念、心态，这是招聘单位问该问题的主要原因；②最好不要说自己没有业余爱好；③不要说自己有那些庸俗的、令人感觉不好的爱好；④最好不要说自己仅限于读书、听音乐、上网，否则可能令面试官怀疑应聘者性格孤僻；⑤最好能有一些户外的业余爱好来"点缀"你的形象。

（3）谈谈你的缺点。

思路：①不宜说自己没缺点；②不宜把那些明显的优点说成缺点；③不宜说出严重影响所招聘工作的缺点；④不宜说出令人不放心、不舒服的缺点；⑤可以说出一些对于所应聘工作"无关紧要"的缺点，甚至是一些表面上看是缺点，从工作的角度看却是优点的缺点。

（4）谈一谈你的一次失败经历。

思路：①不宜说自己没有失败的经历；②不宜把那些明显的成功说成是失败；③不宜说出严重影响所应聘工作的失败经历；④所谈经历的结果应是失败的；⑤宜说明失败之前自己曾信心百倍，尽心尽力；⑥说明仅仅是由于外在客观原因导致失败；⑦失败后自己很快振作起来，以更加饱满的热情面对以后的工作。

（5）对这份工作，你有哪些可预见的困难？

思路：①不宜直接说出具体困难，否则可能令对方怀疑应聘者不行；②可以尝试迂回战术，说出应聘者对困难所持有的态度——工作中出现一些困难是正常的，也是难免的，但是只要有坚韧不拔的毅力、良好的合作精神以及事前周密而充分的准备，任何困难都是可以克服的。

（6）如果我录用你，你将怎样开展工作？

思路：①如果应聘者对于应聘的职位缺乏足够的了解，最好不要直接说出自己开展工作的具体办法；②可以尝试采用迂回战术来回答，如："首先听取领导的指示和要求，然后就有关情况进行了解和熟悉，接下来制订一份近期的工作计划并报领导批准，最后根据计划开展工作。"

（7）我们为什么要录用你？

思路：①应聘者最好站在招聘单位的角度来回答；②招聘单位一定会录用这样的应聘者，即基本符合条件、对这份工作感兴趣、有足够的信心；③如："我符合贵公司的招聘条件，凭我目前掌握的技能、高度的责任感和良好的适应能力及学习能力，完全能胜任这份工作。我十分希望能为贵公司服务，如果贵公司给我这个机会，我一定能成为贵公司的栋梁！"

（8）你能为我们做什么？

思路：①基本原则是"投其所好"；②回答这个问题前应聘者最好能"先发制人"，了解招聘单位期待这个职位所能发挥的作用；③应聘者可以根据自己的了解，结合自己在专业领域的优势来回答这个问题。

（9）你是应届毕业生，缺乏经验，如何能胜任这项工作？

思路：①如果招聘单位对应届毕业生的招聘提出这个问题，说明招聘单位并不真正在乎"经验"，关键看应聘者怎样回答；②对这个问题的回答最好要体现出应聘者的诚恳、机智、果敢及敬业；③如："作为应届毕业生，在工作经验方面的确会有所欠缺，因此在读书期间我一直利用各种机会在这个行业做兼职。我也发现，实际工作远比书本知识丰富、复杂。但我有较强的责任心、适应能力和学习能力，而且比较勤奋，所以在兼职中均能圆满完成这项工作，从中获取的经验也令我受益匪浅。请贵公司放心，学校所学及兼职的工作经验使我一定能胜任这个职位。"

(10) 你在前一家公司的离职原因是什么?

思路:①最重要的是应聘者使招聘单位相信,应聘者在过往的单位的"离职原因"在此家招聘单位里不存在;②避免把"离职原因"说得太详细、太具体;③不能掺杂主观的负面感受,如"太辛苦""人际关系复杂""管理太混乱""公司不重视人才""公司排斥我们某某员工"等;④但也不能躲闪、回避,如"想换换环境""个人原因"等;⑤不能涉及自己负面的人格特征,如不诚实、懒惰、缺乏责任感、不随和等;⑥尽量使解释的理由为应聘者个人形象添彩;⑦如:"我离职是因为这家公司倒闭。我在公司工作了三年多,有较深的感情。从去年开始,由于市场形势突变,公司的局面急转直下。到眼下这一步我觉得很遗憾,但还要面对现实。重新寻找能发挥我能力的舞台。"

同一个面试问题并非只有一个答案,而同一个答案并不是在任何面试场合都有效,关键在于应聘者掌握了规律后,对面试的具体情况进行把握,有意识地揣摩面试官提出问题的心理背景,然后投其所好。

【小贴士】

谈薪酬典型问题及其辅导

(1) 典型问题:在我们公司工作,你希望得到什么样的薪金待遇?

辅导:面试前要早做准备,在心里确定好自己希望的薪金范围。先了解该公司的所在地区、所属行业、公司规模,然后尽量了解本行业现在的工资水平。在告知对方自己希望的薪金待遇时,尽可能给出一个你希望的薪水范围,避免说出具体的数字,除非对方有这样的要求。

参考答案:工资并不是我决定是否加入的唯一因素,如果您一定要我回答,那我当然希望自己的薪水符合我的学历水平和实践经验,我希望自己的工资不低于年薪××万元。

(2) 典型问题:你觉得自己每年加薪的幅度是多少?

辅导:通常情况下,面试官可以接受的答案是"收入的增长和生活水平提高保持一致"。除此之外,你还应该提到,自己工作业绩的提高是加薪的决定性因素。

参考答案:我想,自己薪水的提高取决于所在公司的经营业绩和赢利状况,但我也希望自己收入的增长至少和我生活水平的提高保持一致。

(3) 典型问题:你愿意降低自己的薪水标准吗?

辅导:如果确实非常想得到眼前的这份工作,那开始工作时降低自己的薪金标准是可以考虑的。面对面试官,你要首先强调自己可以把工作做好,并且设法了解公司什么时候能够给你调整工资待遇。此外,对自己能够承受的工资底线要心中有数,但是不要把这个底限告诉你的面试官。

参考答案:我对这个职位非常感兴趣,所以我可以考虑降低自己的薪金标准,但我也希望公司能给我时间让我证明自己的能力。我相信自己可以让公司满意我的工作,如果我出色地完成了自己的任务,您是否会考虑对我的薪水做一些调整呢?

(4) 典型问题:从现在开始的三年内,你的薪金目标是什么?

辅导:在面试前最好能了解一下同行业从业人员工资的增长情况,如果你能通过朋友打听到这家公司的薪金增长幅度更好。可以对面试官说出一个大概的数字范围或者百分比。

参考答案：我相信通过一段时间的实践，自己将成为这个行业中的佼佼者，我也希望自己以后的收入能和我的能力相符合。我希望自己的年收入在××元到××元之间。

(8) 举止得体。一家医疗机构为了选拔护士长进行了一次面试。一位应试者在笔试中是佼佼者，但在面试过程中，她不但拍桌子，脚不断地敲打地板，身体还时不时地扭动。她认为自己很有希望，结果却落选了。她为什么会落选呢？原因就是她缺乏职业化的举止。许多面试者往往只注重衣着和话语，而忽略了胜过有声语言的形体语言。举止得体要着重从以下方面入手。

① 站姿。站姿给人的印象非常重要，可人们往往认为其简单而忽略它的重要性。站立时应当身体挺直、舒展、收腹，眼睛平视前方，手臂自然下垂，这样的站姿给人一种端正、庄重、稳定、朝气蓬勃的感觉。如果站立时歪头、扭腰、斜伸着腿，会给人留下轻浮、没有教养的印象。

② 坐姿。进入面试房间之后应等主考官示意坐下才可就座。如果有指定座位，则坐在指定的位子，但如觉得座位不舒适或光线正好直射，可以对主考官说："有较强光线直接照射我的眼睛，令我感觉不舒服，如果主考官不介意，我是否可换个位置？"若无指定座位，可以选择主考官对面的位子坐定，这样方便与主考官面对面交谈。

面试时的坐姿，不要贪图舒服。许多人养成了瘫坐的习惯，在面试中一下子就表现出来了。正确的坐姿从入座开始，入座的动作要轻而缓，不要随意拖拉椅子，身体不要前后左右晃动，背部要与椅背平行，沉着安静地坐下。落座后，上身要保持直立状态，既不前倾，也不后仰，双手自然下垂，肩部放松，五指并拢。男女的坐姿还有一定的区别：男士可以微分双脚，这样给人以自信、豁达的感觉，双手可以随意放置；女士一般要并拢双膝，或者小腿交叉端坐，这样给人端庄、矜持的感觉，双手一般要放在膝盖上。

【小贴士】

面试中应避免的"坐"法

拖拉椅子，发出很大的声音；一屁股坐在椅子上；坐在椅子上，耷拉着肩膀，含胸驼背，给人萎靡不振的感觉；半躺半坐，男生跷着二郎腿，女生的双膝分开、叉开腿等，给人放肆和缺乏教养的感觉；坐在椅子上，脚或者腿自觉不自觉地颤动或晃动。

③ 走姿。走姿是在站姿的基础上展示人的动态美的极好方式。对于求职面谈而言，展现走姿主要是指从进入面谈室到入座或站定和面谈结束后离开房间的两个过程。求职者要注意，步入面谈室前先轻轻敲门，听见"请进"后，再轻轻推开门，并主动向屋内的人打招呼，然后神态自然、步履稳健、面带微笑地走进房间。面谈结束后，不管自己对于面谈的预感是怎样的，步履仍然应该自信从容，到门口时再轻轻把门带一下。切记不可失去常态，慌慌张张地快步走出，也不能漫不经心、一步三晃地下去，这样可能会使招聘人员对你的整个面谈失去好感。

面试时重要的是自信，这种自信也是通过面试者的走姿表现出来的。自信的走姿应该是，身体重心稍微前倾，挺胸收腹，上身保持正直，双手自然前后摆动，脚步要轻而稳，两眼平视前方。步伐要稳健，步履自然，有节奏感。

>>>>>>>>>

④ 手势。面试者在运用手势时要注意紧密配合有声语言,做到协调一致"该出手时就出手",不要"想出不敢出",反倒给人胆小拘谨之感。手势还要大方自然,幅度适中。手势过大让人觉得性格不稳定,无节制地挥手或无规律地乱摆都会让人觉得说话者轻浮或狂妄;过小显得呆板,缺少风度。

一些下意识的举动,如揉眼睛、玩手指、双手交叉在胸前、拉耳搔手、扯衣挠发,甚至腿无意识地抖动等,这些都可能反映出求职者内心的不安、慌张、窘迫,会分散人的注意力,给面试考官留下不好的印象。所以,上述情形一定要在面试中加以杜绝。

【小案例】

手插裤兜,帅小伙与名校失之交臂

沈阳某师范大学的小军,英俊帅气。小军口才很好,也有比较强的人际沟通能力。

小军的心很高,他准备到南方高薪私立学校去应聘。他主动来到广州一所私立高中毛遂自荐。学校领导很重视这个东北来的求职者,五个校领导亲自参与面试。在面试中无论是知识结构还是语言和表达能力,小军都很出色。唯一让五个校领导都觉得不舒服的是,小军站着时双手喜欢插在裤兜里,或者大拇指插在裤兜里,其余四个手指留在外面。

手插裤兜里,给人以傲慢、自负的感觉,也会让人觉得这样的人难以服从领导。小军远远地赶到了广州,却因为手势不当没有得到想要的工作,实在遗憾。

⑤ 眼神。在求职面谈中,求职者要敢于和善于同招聘人员进行视线接触,这既是一种礼貌,又能帮助维持一种联系,使谈话在频频的视线接触中持续下去。一般情况下,视线接触的范围是双眼与嘴部之间的三角形区域,这样既保持了接触又避免了因直直地盯着而引起对方的不快。正确地运用眼神目视对方,体现了你的礼貌,说明你对话题有兴趣而且不怕挑战。有的求职者总习惯于低着头看地板,几乎不看招聘方,或者左顾右盼,还有的总是窥探招聘人员的桌子、稿纸或笔记本,这些行为会传递出求职者性格不稳定、不诚实、怯懦、缺乏自信心等信息,很不利于面谈。

此外,面试者在面试时还要注意微笑,这显得亲切自然,是充满自信心的又一表现。

【小贴士】

不看考官,高才生失去"银行"的机会

辽宁某大学的小强面试某大银行的职位,参与面试的有一个行长、两个副行长,还有单位的人事部主任。小强在求职中亮出了多个获奖证书:英文大赛一等奖、三好学生、优秀学生干部。小强又高又帅,口才也比较好。可是,他不看考官说话。在面试现场,他的眼睛时而向下看,时而向上看,时而左右看。

通常来说,面试时喜欢向下看的人有自卑心理,向上看的人有傲慢的特点,而向左右看的人会给人以焦虑和惶恐的感觉。

银行行长很惋惜地对小强说:"你很优秀,可是你一直不看我,我以为你不喜欢我。我希望你以后无论和谁说话,要看着别人的眼睛。"

太可惜了,高才生就这样失去了银行工作的机会。

在面试时，一定要看着考官的眼睛说话。如果有很多考官，初见时要微笑着与每个人对视3秒，这样会给人以自信和稳定感。

总之，"此时无声胜有声"。面试者要用无声的、职业化的举止，向招聘考官表明"我是最适合的人选"。

【小贴士】

网络视频面试礼仪

网络视频面试是企业求职面试的方式之一，它可为外地求职者提供一个更为便捷的信息平台，让用人单位和外地求职者以最低廉的成本、最快捷的方式实现实时沟通。

网络视频面试相较于传统面试，求职者与面试官更多的是一种平等的交流，没有面试官高高在上的压力感。因此，网络视频面试相对来说还是比较轻松的。想从众多的网络竞争者中脱颖而出，就要掌握好网络视频面试的相关技巧。

(1) 调整好摄像头。这能把自己最具风采的一面展示给面试官。注意在使用中，不要把麦克风对着音箱，否则会产生杂音。另外，不要让强光直接对着摄像头的镜头，应该采用柔和明亮的灯光，这样整个面容会呈现一个很好的效果。

(2) 服饰。尽量做到干净整洁、朴素大方，符合大学生的身份，这是给面试官留下好印象的开始。

(3) 谈吐。注意口齿清晰，逻辑思维有条理。另外，可能由于网络不稳定，会出现没有听清楚或视频突然中断的情况，这时就要非常礼貌地解释清楚，然后也要很有礼貌地请面试官复述一次，面试官会通过这些小意外来判断我们的应变能力。

(4) 细节。面试官可能通过应聘者的言行举止来判断其个人素质。假若面试官很年轻，性格非常幽默，也很健谈，应聘者也不要放松警惕，不要将整个身体靠在椅子上，不要摇头晃脑，面试官很擅长捕捉这些小动作。另外，准备两份履历表，给自己的一份是用来提示自己各项成就或经历的细节；另一份则为备用，以免面试官手边没准备我们的履历表。

(5) 个人介绍。要突出重点，有的放矢。用事实说话，多说动词，如参加、组织、从事、担任等；少用副词或形容词，如很、非常、丰富等。另外，网络视频面试的时间有严格规定，注意语言要精练，把握好自我介绍的时间。如果有别具一格的才艺，可以借用视频做一个简单的展示，引起面试官的兴趣。

(6) 微笑。不要吝啬我们的微笑，微笑永远是职场制胜的法宝，它能将怀疑变为信任，使疏远成为亲近，要注意该笑则笑，但不能哈哈大笑。

(7) 投其所好。求职成功的奥妙在于如何使面试官满意，所以面试官喜欢什么就展示什么，应聘企业需要什么就提供什么，这也是他们录用员工最重要的因素。

3. 训练自查

面试礼仪自查见表7-1。

>>>>>>>>>

表 7-1　面试礼仪自查

序号	自 查 项 目	不足和缺陷	改进措施
1	面试的仪表		
2	入座		
3	自我介绍		
4	面试过程中的举止		
5	面试中的问答		
6	面试后的礼仪		

训练总结：_____

【课后练习】

1. 案例分析。

面试是从什么时候开始的

以下是某企业人力资源经理对求职者的忠告。

面试从你接到电话通知的那一刻就已经开始了。也许是等待就业的心情比较迫切吧，我在通知有资格参加下一轮面试的面试者时，一般从电话另一头听到的都是一些浮躁的声音，这里摘了一点我们的对话，供大家参考：

"喂！"

"喂，您好，请问是 ××× 先生么？"

"你是谁啊？"（当时，我的心里已经不高兴了，但是不会表露出来）"我是 ×× 公司的，请问您参加了我们公司的招聘吗？"

"哪个公司？"（肯定是撒大网了）"我们把您的面试时间安排在了明天的 ×××，地点在 ×××。"

"我记一下，你们是什么公司？"（噢，我的天）……

这样我就会把我的看法写在他（她）的简历上，供明天面试的时候参考，影响可想而知！

思考题：

(1) 应该怎样接通知你参加面试的电话？

(2) 你认为面试是从什么时候开始的？为什么？

诚实赢得好职位

某大公司招聘总经理助理，由总经理亲自面试。应聘者小张来到总经理办公室，总经理一见到小张就说："咱们好像在一次研讨会上见过，我还读过你发表的文章，很赞赏你所提出的关于拓展市场的观点。"小张一愣，知道总经理认错人了。但转念一想，既然总经理对那人那么有好感，不如将错就错，对我肯定有好处。于是就接着总经理的话说："对，对。我对那次研讨会也记忆犹新，我提出的观点能对贵公司有帮助，我感到很高兴。"

第二个来应聘的是小高，总经理对他说了同样的话。小高想："真是天助我也，他认错人了。"于是说："我对您也非常敬佩，您在那次研讨会上是最受关注的对象。"

第三个来应聘的是小孙,总经理再次说了同样的话。但小孙一听就站起来说:"总经理先生,对不起,您认错人了。我从来没有参加过那样的研讨会,也没提出过拓展市场的观点。"总经理一听就笑了,说:"小伙子,请坐下。我要招聘的就是你这样的人。你被录用了。"

思考题:

(1) 小孙为什么会应聘成功?

(2) 求职为什么还要遵循做人诚实的基本道理?

2．如果用人单位通知你明天去面试,你需要做哪些准备?

3．针对两个不同单位的招聘广告,给自己写两份侧重点不同的简历。

4．关于面试的基本程序你都清楚了吗? 找个机会,将面试过程中的这些礼仪悉数演习一遍吧。

5．假如你是一位将要到某酒店应聘大堂经理的毕业生,请设计一份简短的自我介绍。

6．请结合个人实际,试着回答下列面试问题。

(1) 你为什么来应聘本公司?

(2) 你如何评价自己的大学生活?

(3) 哪位老师对你的影响最大?

(4) 你最崇拜谁?

(5) 你的座右铭是什么?

(6) 与上级意见不一致,你将怎么办?

(7) 你对工资有什么期望?

(8) 恐怕我们不能录用你呀!

第8章　留连戏蝶时时舞——活动礼仪

礼貌是最容易做到的事,也是最珍贵的东西。

——[苏]冈察尔 《小铃铛》

礼貌使有礼貌的人喜悦,也使那些受人以礼貌相待的人们喜悦。

——[法]孟德斯鸠 《论法的精神》

【学习目标】

知识目标

- 组织洽谈会、发布会、展览会、联欢会、茶话会等会议,在会议进程中遵循礼仪规范;
- 签字仪式、开业仪式、剪彩仪式符合礼仪规范,成功地组织各类仪式活动;
- 根据宴会种类、形式的不同,选择合适的赴宴方式;
- 熟悉宴请的程序和规范,熟练、得体地遵守中、西宴会礼节。

能力目标

- 能规范自身言行,提升活动组织能力和人际沟通能力;
- 自主学习新知识,能够利用网络媒体资源查找与各类活动礼仪相关的知识。

素质目标

- 树立传承文化、开拓创新的意识;
- 具有良好的审美情趣,努力提升个人整体形象;
- 具有团队意识和协作精神。

【案例导入】

剪 彩 活 动

某公司举行新项目开工剪彩仪式,请来了张市长和当地各界名流嘉宾,请他们坐在主席台上。仪式开始时,主持人宣布:"请张市长下台剪彩!"却见张市长端坐没动,主持人很奇怪,重复了一遍:"请张市长下台剪彩!"张市长还是端坐没动,脸上还露出一丝恼怒。主持人又宣布了一遍:"请张市长剪彩!"张市长才很不情愿地勉强起来去剪彩。

问题:剪彩活动的主持人存在什么失礼行为?

各类仪式活动、会议活动以及宴请活动,是组织塑造形象、联络感情、广交朋友的重要方式。"留连戏蝶时时舞",组织只有重视这些活动的开展,才能收到良好的效果,而其中礼仪规范是必不可少的。

8.1 仪式活动

当今社会,对组织而言仪式有着重要的作用,它有利于提高组织的知名度和美誉度,塑造组织形象;有利于鼓舞员工的士气,激发员工对本组织的热爱,培育组织员工的价值观念,增强组织的凝聚力;有利于传递组织的信息,使组织赢得更多的成功机会和合作伙伴;有利于沟通情感,传达意愿,增进友情。讲究仪式礼仪是现代交际的一项重要内容,也是组织成功的关键。在现实生活里,我们可能接触到的仪式很多,诸如签字仪式、开业仪式、剪彩仪式等。

1. 签字仪式

签字仪式是组织与对方经过会谈、协商,形成了某项协议或协定,再互换正式文本的仪式。它是一种比较隆重的活动,应严格按照其礼仪规范来施行。

(1) 签字仪式的准备。签字仪式是组织具有"里程碑"意义的大事,组织应予以充分准备,做到万无一失。

① 准备待签文本。洽谈或谈判结束后,双方应指定专人按谈判达成的协议做好待签文本的定稿、翻译、校对、印刷、装订、盖印等工作。文本一旦签字就具有法律效力,因此,对待文本的准备应当郑重严肃。

在准备文本的过程中,除了要核对谈判协议条件与文本的一致性外,还要核对各种批件,主要是项目批件、许可证、设备分交文件、用汇证明、订货卡等是否完备,合同内容与批件内容是否相符等。审核文本必须对照原稿件,做到每字不漏,对审核中发现的问题,要及时互相通报,通过再谈判,达到谅解一致,并相应调整签约时间。在协议或合同上签字的有几个单位,就要为签字仪式提供几份样本。如有必要,还应为各方提供一份副本。与外商签订有关的协议、合同时,按照国际惯例,待签文本应同时使用宾主双方的母语。

待签文本通常应装订成册,并以仿皮或其他高档质料作为封面,以示郑重。其规格一般为大八开,所用的纸张务必高档,印刷务必精美。作为主方应为文本的准备提供准确、周到、快速、精美的条件和服务。

② 布置签字场地。签字场地有常设专用的签字厅,也有临时以会议厅、会客室来代替的。布置它的总原则,是要庄重、整洁、清净。签字厅布置如表 8-1 所示。

表 8-1 签字厅布置

项　　目	操 作 说 明
挂屏风式挂画	厅室正面挂屏风式挂画
布置签字桌	(1) 将长条桌摆放在离墙 2.5 米处,并居中; (2) 在长条桌上均匀铺上深绿色台呢:外侧长,距地面 10 厘米;内侧短,距地面 40 厘米
布置签字椅	将两张高背扶手椅摆放在签字桌后面,两椅相距 1.5 米
布置照相设备	(1) 在椅子背后 1.2 米处,根据人数多少摆上梯式照相脚架; (2) 照相架两侧陈设常青树
摆放待签文本	在两个座位前的台面上摆放待签文本,右上方放置文具

>>>>>>>>>>

续表

项　目	操 作 说 明
摆放旗架	签署双方性涉外商务合同时,需摆放旗架,将旗架摆放在两个文本中间的前方位置上,注意"客右主左"
摆放沙发	两侧可布置少量沙发,供休息用

③ 进行座次安排。签字仪式的座次安排最能体现礼仪的待遇,因此,主方应当认真安排签字仪式的座次。签字仪式的座次排列常有并列式、相对式和主席式三种。

a．并列式座次排列。并列式座次排列主要适用于双边签字仪式,其基本规则如下。

ⓐ 签约双方的主签人与其随席人员并列位于签字桌的一侧。

ⓑ 双方的主签人按照以右为尊(以室内面向正门的视角为基准)的惯例居中、面门而坐,客方居右,主方居左。

ⓒ 双方的助签人站在各自主签人的外侧。

ⓓ 双方的随席人员分别站在己方主签人的座位后面,并按照职位高低、由中间向两侧依次排开。

ⓔ 若是涉外双边签字仪式,则还应将签约双方的国旗分别插放在主签人的正前方,并与双方的主签人相对应,即客方国旗居右,主方国旗居左,如图 8-1 所示。

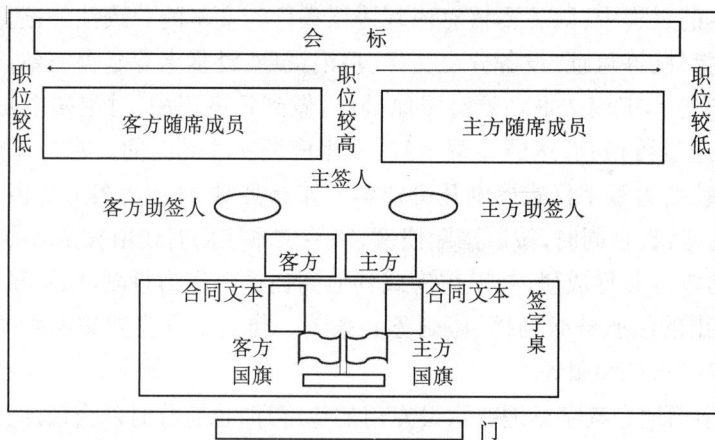

图 8-1　并列式座次排列

b．相对式座次排列。相对式座次排列与并列式的座次排列基本相同,二者唯一的差别在于:相对式座次排列将签约双方的随席人员移到了主签人的对面,如图 8-2 所示。

c．主席式座次排列。主席式座次排列主要适用于多边签字仪式,其基本规则如下。

ⓐ 签字桌前只设一张签字椅,签约各方的主签人按照各方事先同意的顺序(如按国家英文名称首字母的先后顺序等)站在签字椅后面、面向签字桌,其中,排在第一顺序的主签人居中,其他主签人按照先右后左的顺序向两侧由近及远地依次排开。

ⓑ 签约各方的随席人员背对正门、面向签字桌就座于主签人的对面,并按照职位高低从前往后依次排开,通常,每一方随席人员的位置与其主签人的位置相对应。

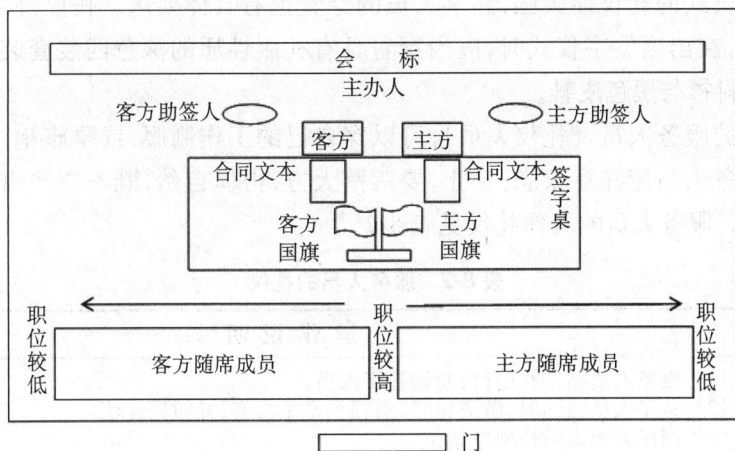

图 8-2 相对式座次排列

ⓒ 签字时,各方主签人按照签约各方事先同意的先后顺序依次入座签字,各方的助签
人则随其所在方的主签人上前助签,并按照以右为尊的原则站立在主签人的左侧。

ⓓ 若是涉外多边签字仪式,则还应在会标与主签人之间插放签约各方的国旗,国旗的
插放顺序应与各方主签人的位置相对应,如图 8-3 所示。需要注意的是,这种情况下只签
一份正本。

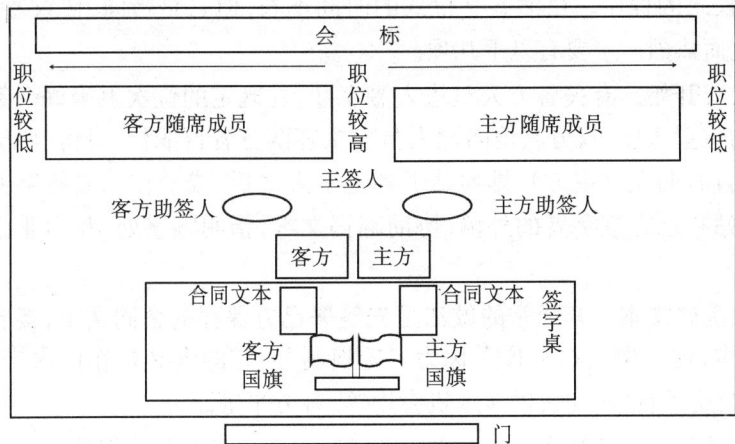

图 8-3 主席式座次排列

④ 安排签字人员。在举行签字仪式之前,有关各方应预先确定好参加签字仪式的人
员,并向其有关方面通报。客方尤其要将自己一方出席签字仪式的人数提前给主方,以便
主方安排。签字人要视文件的性质来确定,可由最高负责人签,但双方签字人的身份应该
对等。参加签字的有关各方事先还要安排一名熟悉签字仪式详细程序的助签人,并商定
好签字的有关细节。其他出席签字仪式的陪同人员,基本上是双方参加谈判的全体人员,
按一般礼貌做法,人数最好大体相等。为了表示重视,双方也可对等邀请更高一层的领导
人出席签字仪式。

由于签字仪式的礼仪性极强,签字人员的穿着也有具体要求。按照规定,签字人、助签人以及随员,在出席签字仪式时,应当穿着具有礼服性质的深色西装套装或西装套裙,并且配以白色衬衫与黑色皮鞋。

签字仪式的服务人员(礼仪人员),可以穿自己的工作制服,或是旗袍一类的礼仪性服装。签字服务人员应注意仪态、举止,要落落大方,得体自然,既不要严肃有余,也不要过分喜形于色。服务人员的具体礼仪见表8-2。

表8-2　服务人员的礼仪

项 目	操 作 说 明
门口候客	(1) 服务人员站立在门口,迎候签字人员; (2) 签字人员到达时,敬语相迎,引领至签字桌旁,并拉椅让座; (3) 照应其他人员按顺序就位
双方仪式开始	服务人员手托摆有香槟杯的托盘(杯中酒约七分满),站立两旁,在距签字桌两侧约2米远处
双方签字完毕	(1) 服务人员看到签字人员握手并交换文本时,迅速将签字椅撤除; (2) 立即将酒杯送到双方签字人员面前,并讲"请"; (3) 从桌后站立者的中间处开始,向两边依次分让; (4) 等干杯后,立即上前用托盘接收酒杯
送客	(1) 签字仪式结束,为签字人员开门; (2) 引领签字人员到电梯口按电梯,用敬语送别

(2) 签字仪式的程序。虽然签字仪式的时间不长,但它是合同、协议签署的高潮,其程序规范、庄重而热烈。主要有以下几项。

① 签字仪式开始。有关各方人员进入签字厅,在既定的位次上坐好。签字者按照主居左,客居右的位置入座,双方其他陪同人员分主客两方各自职位、身份高低为序,自左向右(客方)或自右向左(主方)排列站于各签字人之后,或坐在己方签字者的对面。双方助签人分别站在己方签字者的外侧,协助翻揭文本,指明签字处,并为业已签署的文件吸墨防洇。

② 签字人签署文本。其通常的做法是先签署己方保存的合同文本,接着再签署他方保存的合同文本,这一做法在礼仪上称为"轮换制"。它的含义是在位次排列上,轮流使有关各方有机会居于首位一次,以显示机会均等、各方平等。

③ 交换合同文本。双方签字人正式交换已经由有关各方正式签署的文本,交换后,双方签字人应热烈握手,互致祝贺,并交换各自方才使用过的签字笔,以志纪念。这时全场人员应该鼓掌,表示祝贺。

④ 共同举杯庆贺。交换完已签订的合同文本后,礼宾小姐会用托盘端上香槟酒,有关人员尤其是签字人当场喝一杯香槟酒,这是国际上通用的旨在增添喜庆色彩的做法。

⑤ 有秩序退场。举杯庆贺后,双方最高领导者及客方先退场,然后东道主再退场。整个签字仪式以半小时为宜。

签字仪式如图8-4所示(选自 http://news.163.com/11/0915/07/7DVPB98L00014AED.html)。

图8-4 签字仪式

【小贴士】

产权交易项目签约仪式的主持用语

女士们、先生们、朋友们：

(出让方)_____与(受让方)_____就(项目名称)_____出售(兼并、租赁、经营权转让、合资、合作)的项目签约仪式现在开始。

A. (项目简介)

该项目主要内容及规模如下。

该项目总资产_____万元。

成交额_____万元。

B. 出席签约仪式的受让方代表(外方)

单位_____(职务)_____(姓名)_____(先生、女士、小姐)

出席签约仪式的出让方代表：

单位_____(职务)_____(姓名)_____(先生、女士、小姐)

请二位先生(女士、小姐)到签约台前就座(待坐好后)。

C. 请各位嘉宾领导到签约台上就位(待坐好后)

D. 签约开始(待双方签约完毕)

E. 双方交换签约文本

F. 祝酒

G. 签约仪式结束

H. 鼓掌

2. 开业仪式

【小贴士】

独特的开业仪式

某公司新近开了一家露天水上游乐园,开业之日,其浩大的声势引起人们的瞩目,公司安排了10余辆造型逼真的彩车,在市区主要街道巡游。彩车上"去夏威夷太远,请来水上大世界"的横幅标语令人跃跃欲试,音响中播送着动听的乐曲和水上游乐园的介绍。不同的彩车上还分别安排了军乐队演奏、泳装模特表演、歌舞演出等节目,吸引了无数行人驻足

>>>>>>>>>

观看。彩车队途经市区几处广场时,还停下来集中进行节目表演,并配以礼仪小姐发放宣传材料及赠送招待券等活动,给市民留下了良好的印象。当地多家媒体报道了水上大世界开业的消息。

开业仪式是指在单位创建、开业,项目完工、落成,某一建筑物正式启用,或是某工程正式开始之际,为了表示庆贺和纪念按照一定的程序隆重举行的专门仪式。筹备和举行开业仪式应始终按着"热烈、隆重、节约、缜密"的原则进行。

(1)开幕仪式。它是开业仪式常见的形式之一,通常指公司、企业、宾馆、商店、银行等正式起用前,或各类商品的展示会、博览会、订货会正式开始之前所正式举行的相关仪式。开幕仪式举行之后,公司、企业、宾馆、商店、银行等将正式营业,有关商品的展示会、博览会、订货会将正式接待顾客与观众。一般举行开幕式时要在比较宽敞的活动空间中进行,如门前广场、展厅门前、室内大厅等处都是较为合适的地点。开幕式的主要程序如下。

① 宣布仪式开始,全体肃立,介绍来宾。

② 邀请专人揭幕或剪彩。揭幕时揭幕人行至彩幕前恭敬地站立,礼仪小姐双手将开启彩幕的彩索递交对方。揭幕人随之目视彩幕,双手拉起彩索,展开彩幕。全场目视彩幕,鼓掌并奏乐。

③ 在主人的亲自引导下,全体到场者依次进入幕门。

④ 主人致辞答谢。

⑤ 来宾代表发言祝贺。

⑥ 主人陪同来宾参观,开始正式接待顾客或观众,对外营业或对外展览宣告开始。开幕仪式如图8-5所示(选自http://news.163.com/15/0108/22/AFFKSR9400014JB6.html)。

图8-5　开幕仪式

(2)奠基仪式。它是指一些重要的建筑物,如大厦、场馆、亭台、纪念碑等,在动工修建前,正式举行的庆贺性活动。其举行地点应选择在动工修建建筑物的施工现场,一般在建筑物的正门右侧,在奠基仪式的举行现场设有彩棚,安放该建筑物的模型、设计图、效果图,并使各种建筑机械就位待命。

用来奠基的奠基石应是一块完整无损、外观精美的长方形石料。在奠基石上文字应当竖写,在其右上款,写上建筑物的名称,正中央应有"奠基"两个大字,左下款刻有奠基单位的全称以及举行奠基仪式的具体年月日。奠基石上的字体,大都用楷体字刻写,并且最好用白底金字或黑字。在奠基石的下方或一侧,还应安放一只密闭完好的铁盒,内装与该建筑物相关的各有关资料以及奠基人的姓名。届时,它将同奠基石一道被奠基人等培土掩埋于地下,以志纪念。奠基仪式的程序如下。

① 仪式正式开始,介绍来宾,全体起立。

② 奏国歌。

③ 主人对建筑物的功能、规划设计等进行介绍。

④ 来宾致辞道贺。

⑤ 正式进行奠基,奠基人双手持握系有红绸的新锹为奠基石培土,再由主人与其他嘉宾依次为之培土,直至将其埋没为止。奠基时应演奏喜庆乐曲或敲锣打鼓,营造良好的气氛,如图 8-6 所示(选自 http://pp.163.com/34345345/pp/18893054.html)。

图 8-6 奠基仪式

(3) 落成仪式礼仪。它也称竣工仪式,是指本单位所属的某一建筑物或某项设施建设、安装工作完成之后,或是某一纪念性、标志性建筑物——诸如纪念碑、纪念塔、纪念堂等建成之后,以及某种意义特别大的产品生产成功之后,所专门举行的庆贺性活动。落成仪式 如 图 8-7 所示(http://www.gd-info.gov.cn/shtml/dhq/dhqq/qqdt/2017/02/23/194124.shtml)。

图 8-7 落成仪式

落成仪式一般应在现场举行,如新落成的建筑物之外,纪念碑、纪念塔的旁边等。参加落成仪式要注意情绪,在庆贺工厂大厦落成、重要产品生产成功等时应表现出欢乐和喜悦,在庆祝纪念碑、纪念塔落成时应表现出庄严而肃穆。落成仪式的程序如下。

>>>>>>>>

　① 宣布仪式开始。全体起立,介绍各位来宾。

　② 奏国歌,并演奏本单位标志性乐曲。

　③ 本单位负责人发言,以介绍、回顾、感谢为主要内容。

　④ 进行揭幕或剪彩。

　⑤ 全体人员向刚刚落成的建筑物行注目礼。

　⑥ 来宾致辞。

　⑦ 全体人员进行参观。

　（4）下水仪式。这是指造船厂在吨位较大的轮船建造完成,验收完毕,交付使用之际,为其正式下水启航而特意举行的庆祝性活动。按照国际上目前所通行的做法,下水仪式基本上都是在新船码头上举行的。现场要进行一定程度的美化。例如,在船坞门口与干道两侧,应饰有彩旗、彩带。在新船所在的码头附近,应设置专供来宾观礼或休息之用的彩棚。对下水仪式的"主角"——新船,必须认真进行装扮。一般的讲究是要在船头扎上由红绸结成的大红花,并且在新船的两侧船舷上扎上彩旗,系上彩带,如图8-8所示(http://news.qingdaonews.com/zonghe/2017-10/26/content_20037249.htm)。下水仪式的主要程序如下。

图8-8　下水仪式

　① 主持人宣布仪式正式开始,介绍来宾,乐队演奏喜庆乐曲,或敲锣打鼓。

　② 全体肃立,奏国歌。

　③ 由主人简单介绍新船的基本状况。例如,船名、吨位、马力、长度、高度、吃水、载重、用途、工价等。

　④ 由特邀掷瓶人行掷瓶礼。砍断缆绳,新船正式下水。

　⑤ 来宾代表致贺词。

【小贴士】

掷　瓶　礼

　行掷瓶礼,是下水仪式上独具特色的一个节目。它在国外由来已久,并已传入我国。它的目的是要渲染出喜庆的气氛。具体做法是,由身着礼服的特邀嘉宾双手持握一瓶正宗的香槟酒,用力将瓶身向新船的船头投掷,使瓶破之后酒沫飞溅,酒香四溢,如图8-9所示(http://news.focus.cn/hn/2015-03-21/6127870.html)。在嘉宾掷瓶以后,全体到场者面向新船行注目礼,并随即热烈鼓掌。此时,现场可再度奏乐或演奏锣鼓,施放气球,放飞信鸽,并且在新船上撒彩花,落彩带。

图8-9 掷瓶礼

3. 剪彩仪式

剪彩仪式是指有关单位为庆贺公司成立,企业开工,银行开业,商场和酒店开张,大型建筑物启用,道路开通,展会或博览会开幕等而隆重举行的一项礼仪性程序。主要活动内容是邀请专人使用剪刀剪断被称为"彩"的红色缎带,故称为剪彩。剪彩作为一种庆典仪式,可以在开业典礼中举行,也可举行专门的剪彩仪式,以期引起社会各界的重视。

【小贴士】

剪彩仪式的由来

剪彩的由来有两种说法。一种说法是剪彩起源于西欧。在古代,西欧造船业比较发达,新船下水往往吸引成千上万的观众。为了防止人群涌向新船而发生意外事故,主持人在新船下水前,在离船体较远的地方,用绳索设置一道"防线",等新船下水典礼就绪后,主持人就剪断绳索让观众参观。后来绳索改为彩带。人们就给它起了"剪彩"的名称。

另一种说法是剪彩起源于美国。1912年,在美国的一个乡间小镇上,有家商店的店主独具慧眼,从一次偶然发生的事故中得到启迪,以它为模式开一代风气之先,为商家创立了一种崭新的庆贺仪式——剪彩仪式。当时,这家商店即将开业,店主为了阻止闻讯之后蜂拥而至的顾客在正式营业前耐不住性子,争先恐后地闯入店内,将用以优惠顾客的便宜货争购一空,而使守时而来的人们得不到公平的待遇,便随便找来一条布带子拴在门框上。谁曾料到这项临时性的措施竟然更加激发了挤在店门之外人们的好奇心,促使他们更想早一点进入店内,对即将出售的商品先睹为快。

事也凑巧,正当店门之外的人们的好奇心上升到极点,显得有些迫不及待的时候,店主的小女儿牵着一条小狗突然从店里跑了出来,那条"不谙世事"的可爱小狗若无其事地将拴在店门上的布带子碰落在地。店外不明真相的人们误以为这是该店为了开张志喜所搞的"新把戏",于是立即一拥而入,大肆抢购。让店主转怒为喜的是,他的这家小店在开业之日的生意居然红火得令人难以设想。

向来有些迷信的他便追根溯源地对此进行了一番"反思",最后他认定,自己的好运气

>>>>>>>>>

全是由那条被小女儿的小狗碰落在地的布带子所带来的。因此,此后在他旗下的几家"连锁店"陆续开业时,他便将错就错地如法加以炮制。久而久之,他的小女儿和小狗无意之中的"发明创造",经过他和后人不断地"提炼升华",逐渐成为一整套的仪式。它先是在全美,后是在全世界广为流传开来。在流传的过程中,它自己也被人们赋予了一个极其响亮的名字——剪彩。沿袭下来,就成了今天盛行的"剪彩"仪式。

(1) 剪彩的准备。剪彩仪式的准备工作一般与开业典礼的准备工作大同小异。在仪式开始前,要运用各种媒介进行广泛的宣传,制造轰动效应,以引起社会众多人士的关注,提高企业知名度。再者就是制订剪彩活动的具体执行方案要考虑周全。待剪彩活动的举行时间、地点确定之后,要向有关单位和个人发送请柬,特别应向剪彩者发出郑重邀请。剪彩者一般是上级领导、主管部门负责人或某一方面的知名人士,而且是有较高威望、深受大家尊敬和信任的人。接着应该进行场地的布置、环境的打扫、灯光和音响的预备、媒体的邀请、人员的培训等准备工作。

剪彩仪式的会场一般选在展销会、博览会等门口,如果是新建设施、新建工程竣工启用,会场一般安排在新建设施、工程的现场。会场标示上可写"某某商厦开张典礼"或"某某大桥通车仪式"等字样。会场四周可适当张灯结彩、悬挂气球等。

(2) 剪彩的必备用品。

① 红色缎带。剪彩仪式中的主角——"彩",应当是由一整匹未曾使用过的红色绸缎,中间结成数朵花朵而成,也有的稍微简单些,直接以长度为两米左右的细窄红色缎带或者以红布条、红线绳、红纸条作为"彩"。一般来说,红色缎带上所结的花团不仅要生动、硕大、醒目,而且其具体数目往往还同现场剪彩者的人数直接相关。基本情况有两种:一种是花团的数目较现场剪彩者的人数多一个;另一种是花团的数目较现场剪彩者的人数少一个。前者可使每位剪彩者总是处于两朵花团之间,尤显正式;后者则不同常规,也有新意。

② 新剪刀。即专供剪彩者在剪彩仪式上正式剪彩时所用的剪刀,必须崭新、锋利而且顺手,每位现场剪彩人员人手一把。在正式剪彩开始之前,应该对剪刀进行认真的检查。剪彩结束后,主办方可将每位剪彩者所使用过的剪刀经过包装之后,送给对方以示纪念。

③ 白色薄纱手套。即专门为剪彩者准备的手套。最好每位剪彩者都配上一副白色薄纱手套,以示郑重其事。有时,也可不准备白色薄纱手套。

④ 托盘。即剪彩仪式上助剪者手中用作盛放红色缎带、剪刀及白色手套的托盘。最好是崭新的、洁净的,通常首选银色的不锈钢制品,可以在使用时铺上红色绒布或绸布。就数量而论,剪彩时,可以用一只托盘盛放剪彩用品,并依次向各位剪彩者提供剪刀与手套,并盛放所有红色缎带;也可以为每一位剪彩者配备一只盛放剪刀和手套的托盘,而红色缎带则专由一只托盘盛放。通常采用后一种方法,显示更加正式一些。

⑤ 红色地毯。红色地毯主要用于铺设在剪彩者正式剪彩时的站立之处。其长度可视剪彩人数的多寡而定,其宽度则不应在一米以下。在剪彩现场铺设红色地毯,主要是为了营造一种喜庆的气氛,提升剪彩仪式的档次。有时,也可不予铺设。

(3) 剪彩人员的确定。剪彩人员主要是由剪彩者与助剪者两个部分的人员组成。

① 剪彩者。剪彩者的选择是剪彩仪式成功的关键,其身份地位与剪彩仪式的档次高

低有着密切的关系。根据惯例,剪彩者可以是一个人,也可以是几个人,但是不应多于5人。通常剪彩者多由上级领导、合作伙伴、社会名流、员工代表或客户代表担任。

确定剪彩者名单,必须是在剪彩仪式正式举行之前。名单一经确定,即应尽早告知对方,使其有所准备。在一般情况下,确定剪彩者时,必须尊重对方个人意见,切勿勉强对方。如果邀请多位剪彩者一起剪彩,应事先征求每位剪彩者的意见,得到同意后才能正式确定下来。否则,对剪彩者来说是失礼的,甚至会被误会,而把剪彩气氛搞僵硬。剪彩者应由本企业领导亲自或派代表专程邀请。

必要时,在剪彩仪式举行之前,应将剪彩者聚集在一起,告知对方有关注意事项,并稍微排练。剪彩者应穿着整洁庄重,精神要饱满,给人以稳健干练的印象。剪彩者应着套装、套裙或制服出席。不允许戴帽子,或者戴墨镜,也不允许其穿着便装。

若剪彩者仅为一人,则剪彩时居中而立即可。若剪彩者不止一人时,就必须对同时上场剪彩者位次的排序予以重视。一般的排序规矩是:中间高于两侧,右侧高于左侧,距离中间站立者越远,位次越低,故主剪者应居于中央的位置。需要说明的是,之所以规定剪彩者的位次"右侧高于左侧",主要因为这是一项国际惯例,剪彩仪式理当遵守。其实,若剪彩仪式并无外宾参加时,执行我国的"左侧高于右侧"的传统做法也是可以的。

【小贴士】

剪彩利落才能讨到好彩头

某企业为了使剪彩仪式隆重热烈,特意邀请了一位78岁高龄的著名人士参加剪彩,仪式当天当主持人宣布"剪彩"开始,老人手拿剪刀,却怎么也剪不断红彩带。当其他四位剪彩者已剪断彩带,把剪刀放回托盘时,这位老人还未剪断,情急之下,主持人才过去帮着老人剪断彩带。

② 助剪者。助剪者是指在剪彩仪式中为剪彩者和来宾提供服务的工作人员,主要是由主办企业的女职员担任,或者从专业的礼仪公司邀请专业的礼仪小姐担任。

礼仪小姐的基本条件是:容貌端庄、身材颀长、年轻健康、气质高雅、音色甜美、反应敏捷、机智灵活、善于交际。礼仪小姐的最佳装束应为:化淡妆、盘头发,穿款式、面料、色彩统一的单色旗袍,肉色连裤丝袜、黑色高跟皮鞋。除戒指、耳环或耳钉外,不佩戴其他任何首饰。有时,礼仪小姐身穿深色或单色的套裙也可以。但是,她们的穿着打扮必须尽可能地整齐划一。必要时,可向外单位临时聘请礼仪小姐。礼仪小姐的具体分工如表8-3所示。

表8-3 礼仪小姐的分工

岗 位	任 务	人 数
迎宾者	在活动现场负责迎来送往	不止一人
引导者	在进行剪彩时负责带领剪彩者登台或退场	可为一人,也可为每位剪彩者各配一人
服务者	为来宾尤其是剪彩者提供饮料、安排休息	多人
拉彩者	在剪彩时展开、拉直红色缎带	通常应为两人
捧花者	在剪彩时手托花团	视花团的具体数目而定,一花一人
托盘者	为剪彩者提供剪刀、手套等剪彩用品	可为一人,也可为每位剪彩者各配一人

>>>>>>>>>

（4）剪彩的程序。在正常情况下,剪彩仪式应在即将启用的建筑、工程或者展销会、博览会的现场举行。正门外的广场、正门内的大厅,都是可以优先考虑的。在活动现场,可略作装饰。在剪彩之处悬挂写有剪彩仪式具体名称的大型横幅,更是必不可少的。一般来说,剪彩仪式宜紧凑、忌拖沓,在所耗时间上越短越好。短则一刻钟即可,长则不超过一个小时。独立而行的剪彩仪式,通常应包含以下几项基本的程序。

① 请来宾就位。在剪彩仪式上,通常只为剪彩者、来宾和本单位的负责人安排座席。在剪彩仪式开始时,即应敬请大家在已排好顺序的座位上就座。

② 宣布仪式正式开始。在主持人宣布仪式开始后,乐队应演奏音乐,现场可燃放鞭炮,全体到场者应热烈鼓掌。此后,主持人应向全体到场者介绍到场的重要来宾。

③ 奏国歌。此刻须全场起立。必要时,也可随之演奏本单位标志性的歌曲。

④ 代表发言。发言者依次应为东道主单位的代表、上级主管部门的代表、地方政府的代表、合作单位的代表等。其内容应言简意赅,每人不超过三分钟,重点分别应为介绍、道谢与致贺。

（5）剪彩开始。在剪彩前,主持人须向全体到场者介绍剪彩者。主持人宣布正式剪彩之后,剪彩开始。剪彩的过程中,剪彩者和助剪者应当注意以下礼仪。

① 主持人宣布剪彩后,助剪的捧花者和托盘者应立即率先登场。登场时,通常应排成一行从仪式台的右侧（以全体到场者面向仪式台的视角为基准）进场。登场后,捧花者均双手捧1朵花团站成一排面向全体到场者,托盘者则站在捧花者身后约1米处,并自成一行,如图8-10所示。

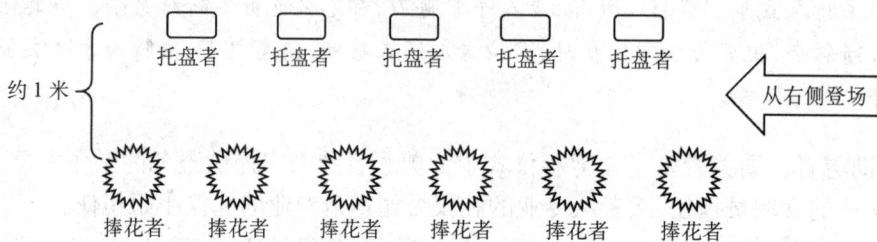

图 8-10　捧花者和托盘者的站立位置

② 助剪的引导者应行走在剪彩者的左前方,引导其从仪式台的右侧（以全体到场者面向仪式台的视角为基准）登场,使其在捧花者和托盘者站成一排,并面向全体到场者。若剪彩者不止一人,则众多剪彩者在登场时应自成一列行进,并使主剪者行进在前面。当主持人向全体到场者介绍剪彩者时,被介绍者应面含微笑向全体到场者欠身或点头致意。

③ 剪彩者到达既定的位置后,应向捧花者含笑致意。此时,托盘者应前行一步,到达剪彩者的右后侧,以便为其递剪刀和手套。当托盘者递上剪刀、手套时,剪彩者应向其道谢。

④ 待捧花者有所准备后,剪彩者即可集中精力,右手持剪刀,庄重地将红色缎带一刀剪断。若有多人同时剪彩,则各剪彩者应留意其他剪彩者的动作,以使彼此的剪彩动作协调一致,从而同时剪断红色缎带。

⑤ 剪彩后,剪彩者将剪刀和手套放回托盘,并举手鼓掌。之后,应依次与举办单位负责人握手道喜,并在引导者的引导下从右侧(以全体到场者面向仪式台的视角为基准)退场。

⑥ 待剪彩者退场后,捧花者和托盘者方可以从右侧(以全体到场者面向仪式台的视角为基准)退场。

⑦ 无论是剪彩者还是主剪者,在登场和退场时都应步履稳健、神态自然、举止优雅,并保证现场井然有序。

剪彩仪式如图 8-11 所示 (http://house.inhe.net/special/khhd/xqngckf_20121227/)。

图 8-11　剪彩仪式

(6) 参观。剪彩之后,主人应陪同来宾参观被剪彩之物。仪式至此宣告结束。随后东道主单位可向来宾赠送纪念性礼品,并以自助餐款待全体来宾。

8.2　会议活动

会议是指三人以上参加、聚集在一起讨论和解决问题的一种社会活动形式。人们通过会议可以交流信息,集思广益,研究问题,决定对策,协调关系,传达知识,布置工作,表彰先进,鼓舞士气等。随着社会的发展,人们已经难以想象"没有任何会议"的情形,而会务礼仪正是适应会议工作内容的需要而产生的。开好一次会议绝非易事,如何有条不紊地做好各项会务工作是每个工作人员必须面对而又必须做好的问题。

1．洽谈会

商界中有一条格言:"商界无处不洽谈。"许多商家往往就是通过洽谈为自己开辟一条通往成功的道路。洽谈是指在商务交往中,存在着某种关系的有关各方,为了保持接触、建立联系、进行合作、达成交易、拟定协议、签署合同、要求索赔,或是为了处理争端、消除分歧,而坐在一起进行面对面地讨论与协商,以求达成某种程度上的妥协。因洽谈而举行的有关各方面的会晤,称为洽谈会。洽谈比起商务谈判更普遍、更经常、更简约。它更多突出的是彼此和睦对话的方式,色彩更温和,形式更灵活。洽谈会总的原则是:平等、互利、双赢。洽谈程序一般包括探询、准备、磋商、小结、再磋商、终结、洽谈的重建等环节。其中的每个环节又都有自己特有的"起、承、转、合",需要洽谈人员沉着应对,处变不惊,对具体问题具体分析,并见机行事、随机应变,才能取得最终的成功。

（1）洽谈会的准备。

① 广泛收集信息。在双方洽谈前，如果能够对对方有着全面而深入的了解，早早着手准备，就可以在洽谈过程中"以我之长，克敌之短"，达到自己预期的效果。商务洽谈前主要应收集的信息包括：

- 对方公司的基本情况。如对方的法人资格、诚信状况、经营范围、历史沿革、主导产品、市场占有率、产品竞争情况、公司规模和管理水平等。与外商洽谈还要注意查清对方的法人资格、对方身份以及经中国银行认可的外国银行的资本和信誉证明。

- 洽谈对手的基本情况。洽谈前一定要充分了解主谈对手的基本情况，包括他的年龄、学历背景、资历、个性特征、心理特点、做事风格以及他对我方的态度和评价等。对于参与此次洽谈的其他对手及对方的整个团队情况也应做到心中有数。

② 确定洽谈地点。根据商务谈判举行的地点不同，可以分为客座洽谈、主座洽谈、客主座轮流洽谈以及第三地点洽谈。客座洽谈，即在洽谈对手所在地进行的洽谈。主座洽谈，即在我方所在地进行的洽谈。客主座轮流洽谈，即在洽谈双方所在地轮流进行的洽谈。第三地点洽谈，即在不属于洽谈双方任何一方的地点所进行的洽谈。这四种洽谈地点的确定，应通过双方或多方协商一致，不可自作主张。如果我方担任东道主出面安排洽谈，一定要在各个环节安排到位，合乎礼仪。

③ 安排洽谈座次。在洽谈会上，如果我方为东道主，那么不仅应当依照礼节布置好洽谈厅，预备好相关的用品，还应当特别重视礼仪性很强的座次问题，因为它既是洽谈者对规范的尊重，也是洽谈者给对手的礼遇。举行双边洽谈时，应使用长方形桌子或椭圆形桌子，宾主应分别坐于桌子两侧。若桌子横放，则面对正门的一方为上，应属于客方；背对正门的一方为下，应属于主方。若桌子竖放，则应以进门方向为准，右侧为上，属于客方；左侧为下，属于主方。在进行洽谈时，各方的主谈人员应在自己的一方居中而坐，其余人员遵循右高左低的原则，依照职位的高低自近而远地分别在主谈人员的两侧就座。假如需要译员，则应安排其就座于仅次于主谈人员的位置，即主谈人员的右面。举行多边会谈时，为了避免失礼，按照国际惯例，一般均以圆桌为洽谈桌来举行"圆桌会议"。如此一来，尊卑的界限就被淡化了，如图 8-12 所示（http://www.sohu.com/a/146462254_315625）。

图 8-12　洽谈会

（2）洽谈会的礼仪。

① 介绍得体。商务洽谈中，首先要相互进行自我介绍。介绍时，不必过于拘泥于小

节。如果是同行，就更要表现得自然、轻松，作自我介绍时要姓和名并提，还可以简短地说明自己所在的单位和职务、职称等信息。问及对方的姓名时需注意礼节，讲究文明。

② 提问礼貌。在商务洽谈中，相互提问在所难免，但提问一定要注意礼仪。

• 注意内容，不要"打破砂锅问到底"，提问对方难以应对的问题。

• 委婉发问，不要像查户口般盘问对方。

• 要善于转换话题，特别是对方一时答不上来或面露难色时，不宜生硬地再度追问。

③ 沉着应对。商务洽谈在某种意义上说是一种心理上、精神上、智力上的较量。因此，洽谈人员在与对手"交战"时要时刻保持头脑清醒、心态平和，才能沉着应战，以智取胜。为此，在洽谈前，应当想方设法了解对方的动机、心绪、态度、目标、优势与不足，甚至对方为人处事的态度。洽谈中最忌讳的就是急躁、不冷静。当洽谈遇到挫折时，老道的洽谈人员会冷静地分析洽谈的进展与已经达成的共识，希望能求同存异，寻找到"柳暗花明"的最佳途径，避免洽谈陷入僵局导致关系破裂。

④ 文明交谈。洽谈既是一个紧张思考的过程，又是一个具有高度语言运用艺术的过程。在这一过程中，洽谈用语的运用，如叙述、辩驳、论证、说服等功能被加以综合运用，并得到最大限度的发挥。洽谈的成功与失败，以及如何在最有利的条件下达成一致，建立合作协议，取得圆满的结果，在一定程度上都取决于洽谈中语言技巧的运用以及语言表达的礼仪。商务洽谈中的文明交谈不但体现在健谈，还体现一个好的聆听者。倾听对方谈话时要用心、要真诚、要善于从对方的谈话中发现问题，从而也可以有的放矢地打动对方。口若悬河、滔滔不绝，不给对方发表意见的机会，甚至不礼貌地打断对方谈话，往往会让对方产生强烈的反感，使洽谈无法顺利进行。

此外，还要注意洽谈的时间合理。洽谈会的时间要视具体情况而定。洽谈之前一定要对洽谈内容进行充分而妥善的准备，以便在最短的时间以最有效的方式完成洽谈任务，实现洽谈目标，同时也可以有效地提升工作效率。

【小贴士】

洽谈会易犯的十种错

(1) 长篇大论，滔滔不绝。

(2) 自始至终，沉默是金。

(3) 备用资料，不分真假。

(4) 人在会场，心在他方。

(5) 辩论不过，改用攻击。

(6) 话未说完，将其打断。

(7) 不懂装懂，不着边际。

(8) 死守观念，固执保守。

(9) 吹毛求疵，自以为是。

(10) 中途离席，扬长而去。

2．发布会

发布会一般指新闻发布会，又称记者招待会。政府、企业、社会团体或个人都可公开举行，邀请各新闻媒介的记者参加。举行发布会主要是为了把组织较为重要的成就以及信息报告给所有新闻机构，所以，在发布会上发布的消息对于产品和产品形象、组织和组织形象、先进人物和重要人物当选具有较重要的价值。

（1）发布会的准备。筹备发布会，要做的准备工作很多，其中最重要的，要做好时机的选择、人员的安排、记者的邀请、会场的布置和材料准备等。

① 时机的选择。在确定发布会的时机之前，应明确两点：一是确定新闻的价值，即对某一消息，要论证其是否具有专门召集记者前来予以报道的新闻价值，要选择恰当的新闻"由头"。二是应确认新闻发表紧迫性的最佳时机。以企业为例，新产品的开发、经营方针的改变或新举措、企业首脑或高级管理人员的更换、企业的合并、逢重大纪念日、发生重大伤亡事故等事件时，都可以举行发布会。如果基于以上两点，确认要召开新闻发布会，要选择恰当的召开时机：要避开节日与假日，避开本地的重大活动，避开其他单位的发布会，还要避开与新闻界的宣传报道重点相左或撞车。恰当的时机选择是发布会取得成功的保障。

② 人员的安排。发布会的人员安排关键是要选好主持人和发言人。发布会的主持人应由主办单位的公关部长、办公室主任或秘书长担任。其基本条件是仪表堂堂、年富力强、见多识广、反应灵活、语言流畅、幽默风趣，善于把握大局、引导提问和控制会场，具有丰富的主持会议经验。

新闻发言人由本单位主要负责人担任，除了在社会上口碑较好、与新闻界关系较为融洽之外，对其基本要求是修养良好、学识渊博、思维敏捷、能言善辩、彬彬有礼。

发布会还要精选一批负责会议现场工作的礼仪接待人员，一般由相貌端正、工作认真负责、善于交际应酬的年轻女性担任。

值得注意的是，所有出席发布会的人员均需在会上佩戴事先统一制作的胸卡，胸卡上面要写清姓名、单位、部门与职务。

③ 记者的邀请。对出席发布会的记者要事先确定其范围，具体应视问题设计范围或事件发生的地点而定。一般情况下，与会者应是与特定事件相关的新闻界人士和相关公众代表。组织为了提高单位的知名度，扩大组织的影响而宣布某一消息时，邀请的新闻单位通常多多益善；而在说明某一活动、解释某一事件，特别是本单位处于劣势而这样做时，邀请新闻单位的面则不宜过于宽泛。邀请时要尽可能地先邀请影响大、报道公正、口碑良好的新闻单位。如果事件和消息只涉及某一城市，一般就只请当地的新闻记者参加即可。

另外，确定邀请的记者后，请柬最好要提前一星期发出，会前还需用电话提醒。

【小贴士】

"通知"惹的麻烦

某公司就自己新开发的一个新产品系列，想通过新闻发布会形式推向市场。时间安排在周一上午10点钟。眼看时间就要到了，可是前来参加新闻发布会的媒体代表只有三四人，总经理非常焦急，询问负责发放通知的办公室主任小王，小王说："我都通知到了呀。"总经理想了一下又问:"你是怎么通知的?"小王说:"我给各媒体单位一一打了电话,他们也答应要来参加,可谁想到他们都没来。"总经理听后气不打一处来,但只是瞪了半天眼睛,没有发火。他拍着自己的脑袋说:"这也怪我没交代清楚。"

④ 会场的布置。发布会的地点除了可考虑在本单位或事件所在地举行外,还可考虑租用大宾馆、大饭店举行,如果希望造成全国性影响的,则可在首都或某一大城市举行。发布会现场应交通便利、条件舒适、大小合适。会议地点确定后,应实地考察,在会议召开前应认真进行会场布置,会议的桌子最好不用长方形的,要用圆形的,大家围成一个圆圈,显得气氛和谐、主宾平等,当然这只适用于小型会议。大型会议应设主席台席位、记者席位、来宾朋友席位等。

⑤ 材料的准备。在举行发布会之前,主办单位要事先准备好如下材料:一是发言提纲。它是发言人在发布会上进行正式发言时的发言提要,它要紧扣主题,体现全面、准确、生动、真实的原则。二是问答提纲。为了使发言人在现场正式回答提问时表现自如,可在对被提问的主要问题进行预测的基础上,形成问答提纲及相应答案,供发言人参考。三是报道提纲。事先必须精心准备一份以有关数据、图片、资料为主的报道提纲,并认真打印出来,在发布会上提供给新闻记者。在报道提纲上应列出本单位的名称、联系方式等,以便日后联系。四是形象化视听材料。这些材料供与会者利用,可增强发布会的效果。它包括图表、照片、实物、模型、录音、录像、影片、幻灯片、光碟等。

(2) 发布会进行过程中的礼仪。

① 做好会议签到。要做好发布会的签到工作,让记者和来宾在事先准备好的签到簿上签下自己的姓名、单位、联系方式等内容。记者及来宾签到后按事先的安排把与会者引到会场就座。

② 严格遵守程序。要严格遵守会议程序,主持人要充分发挥主持者和组织者的作用,宣布会议的主要内容、提问范围以及会议进行的时间,一般不要超过两小时。主持人、发言人讲话时间不宜过长,过长则影响记者提问,对记者所提的问题应逐一予以回答,不可与记者发生冲突。会议主持人要始终把握会议主题,维护好会场秩序,主持人和发言人会前不要单独会见记者或提供任何信息。

③ 注意相互配合。在发布会上,主持人和发言人要相互配合。为此首先要明确分工,各司其职,不允许越俎代庖。在发布会进行期间,主持人和发言人通常要保持一致的口径,不允许公开顶牛,相互拆台。当新闻记者提出的某些问题过于尖锐或难于回答时,主持人要想方设法转移话题,不使发言者难堪。而当主持人邀请某位记者提问之后,发言人一般要给予对方适当的回答,不然,对那位新闻记者和主持人都是不礼貌的。

④ 态度真诚主动。发布会自始至终都要注意对待记者的态度,因为接待记者的质量如何直接关系到新闻媒介发布消息的成败。作为专业人,记者希望接待人员对其尊重热情,并了解其所在的新闻媒介及其作品等;希望提供工作之便,如一条有发表价值的消息,一个有利于拍到照片的角度等,记者的合理要求要尽量满足。对待记者千万不能趾高气扬,态度傲慢,一定要温文尔雅,彬彬有礼。

新闻发布会如图 8-13 所示 (http://www.china.com.cn/top/2017-02/24/content_40350448_2.htm)。

>>>>>>>>>

图 8-13　新闻发布会

（3）发布会的善后事宜。发布会举行完毕后，主办单位需在一定的时间内，对其进行一次认真的评估善后工作，主要包括以下方面。

① 整理会议资料。整理会议资料有助于全面评估发布会会议效果，为今后举行类似会议提供借鉴。发布会后要尽快整理出会议记录材料，对发布会的组织、布置、主持和回答问题等方面的工作进行回顾和总结，从中汲取经验，找出不足。

② 收集各方反映。首先要收集与会者对会议的总体反映，检查在接待、安排、服务等方面的工作是否有欠妥之处，以便今后改进。其次要收集新闻界的反映，了解与会的新闻界人士有多少人为此次新闻发布会发表了稿件，并对其进行归类分析，找出舆论倾向。同时，对各种报道进行检查，若出现不利于本组织的报道，应作出良好的应对策略。若发现不正确或歪曲事实的报道，应立即采取行动，说明真相；如果是由于自己失误所造成的问题，应通过新闻机构表示谦虚接受并致歉意，以挽声誉。

3．展览会

组织通过举办展览会，运用真实可见的产品和热情周到的服务、全面透彻的资料、图片介绍和技术人员的现场操作，吸引大量的参观者，使其留下深刻的印象。展览会是组织重要的公关活动之一。

（1）展览会的特点。

① 形象的传播方式。展览会是一种非常直观、形象、生动的传播方式。展览会通常以展出实物为主，并进行现场示范表演，如在产品展览会上，有专人讲解和示范产品的使用方法。这种直观、形象的活动，容易给参观者留下深刻的印象。

② 极好的沟通机会。展览活动给组织提供了与公众直接沟通的极好机会，通常展览会上都有专人解答参观者的问题，并就他们感兴趣的问题进行深入讨论。这样参展单位在让公众了解本组织的同时，还能及时了解公众对本组织传播内容的反映，参展单位可以根据公众反馈的信息进一步做好工作。

③ 多种传媒的运用。展览会是一种复合的传播方式，是同时使用多种媒介进行交叉混合传播的过程，它集多种传播媒介于一体，有声音媒介，如讲解、交谈和现场广播，又有文字媒介，如印刷的宣传手册、资料，同时还有图像媒介，如各种照片、录像、幻灯等。这种

复合性的沟通效果是其他传播媒介无法比拟的。

（2）展览会的组织。举办展览会要精心组织，做好以下细致全面的工作。

① 明确展览会的主题。每一次、每种类型的展览会都应有明确的主题和目的。只有主题明确，才能提纲挈领，对所有展品进行有机的排列组合，充分展示展品的风采。否则主题不明，眉毛胡子一把抓，很难把展品、各类资料有机地结合起来，杂乱无章，势必影响展览效果。

② 做好展览整体设计。任何一项展览都是一项系统工程，要求必须有一个详细的整体设计。包括展览场地，标语口号，展览徽志，参展单位及项目，辅助设备，相关服务部门的设置和人员安排，信息的发布与新闻界的联络，对工作人员的培训等，都需要全面设计，周密安排，否则在某一个环节上安排不当都会影响整个展览的效果。

③ 成立对外新闻发布机构。成立对外新闻发布的专门机构，负责与新闻界进行密切的联系，展览过程中往往会发生许多有新闻价值的东西，这就需要有关人员以敏锐的观察力去挖掘、去分析并写成各种新闻稿件发表，以扩大影响，同时，要组成专门的机构，专门负责新闻发布的计划，如确定发布内容、发布时机、发布形式等，这样效果会更好些。

④ 进行展览的效果测定。展览的效果一般体现在观众对展品的反映，对组织形象的认识以及对整个展览会从内容到形式的总体看法等方面。为了检验举办各类展览活动的目的是否达到，必须对展览效果进行检测。测定的方法很多，如设立观众留言簿，召开座谈会听取反映，检验公众对展品的留意程度等。

【小贴士】

小展位引人注目的八点技巧

（1）采用照明系统。根据调查，照明可将展品认知度提高30%～50%。

（2）成立主题式展览摊位。大企业通常是采用传统方式展览，且依赖大规模场地，而小企业可以创新设计以显突出。

（3）依展位大小选择大小合适的展示用品及参展产品，以免过度拥挤或空阔。

（4）善加利用组合式展览用具，避免使用看似低廉的桌布覆盖桌子。

（5）尽量整齐化展览，展示单项或两项产品。

（6）选用少量且较大的图片，创造出强烈的视觉效果。太过密集或太小的图片皆不易读取。

（7）将图片置放在视线以上，图片应自壁板90厘米以上的地方开始放置。

（8）展位要使用大胆且抢眼的颜色，从远距离即可突现出来，避免易融入背景的中性色彩。

（3）展览会的礼仪。展览会的工作人员应当具备良好的素质，明确办展览的目的和主题，了解展览的知识和技能，具备与展览产品有关的专业素质，还要懂得礼仪，从各自不同的角度影响公众，使公众满意。

① 主持人礼仪。主持人是一个展览会的操纵者，应该表现出决定性人物的权威性。在着装上，要穿西服套装、系领带，拿一个真皮公文包，显示出气派的样子，由此使公众也

>>>>>>>>>

对其主持的展览会和产品产生信赖感。主持人的形象就是组织实力的一种体现。与宾客握手时,主持人应先伸出手去,等宾客先放手后再放手。

② 讲解员礼仪。讲解员应热情礼貌地称呼公众,讲解流畅,不用冷僻字,让公众听懂。介绍的内容要实事求是,不弄虚作假,不愚弄听众。语调清晰流畅,声音响亮悦耳,语速适中。解说完毕,应对听众表示谢意。讲解员着装要整洁大方,打扮自然得体,不要怪异和过于新奇而喧宾夺主。举止庄重,动作大方。

③ 接待员礼仪。接待员站着迎接参观者时,双脚略开,与肩同宽,双手自然下垂或在身后交叉,这种站姿不仅大方而且有力。站立时切勿双脚不停地移动,表现出内心的不安稳、不耐烦,也不要一脚交叉于另一只脚前,因为这是不友善的表示。接待人员不可随心所欲地趴在展台上或翘着"二郎腿",嚼着口香糖,充当守摊者。随时与参观者保持目光距离,目光要坚定,不可游移不定,也不可眼看别处,要表示你的坦然和自信。

展览会如图 8-14 所示 (http://news.163.com/16/0508/00/BMGLDNJD00014AEE.html)。

图 8-14　展览会

4．联欢会

联欢会是一个宽泛的概念,它包括各种组织举办的节日联欢会 (如新年联欢会、春节联欢会)、文艺晚会 (如歌舞晚会、电影晚会、戏曲晚会、相声小品晚会)、游艺晚会等。联欢会对于提高组织凝聚力、向心力,活跃员工的文化生活,加强与外部公众的文化沟通,提高组织形象都起着积极的作用。联欢会重在娱乐,但也不可忽视其礼仪,否则会事倍功半。

(1) 联欢会的准备。

① 确定主题。为了使联欢会起到"教人"和"娱人"的双重作用,要精心确定联欢会的主题,使其有明确的指导思想和预期的目标。在此基础上选择联欢会的形式,适宜的形式对联欢会的成功意义重大,联欢会的形式可以不拘一格,可以不断创新。

② 确定时间、场地。联欢会的时间一般应选在晚上,有时也可根据情况选择在白天。其会议长度一般在两小时左右为宜。联欢会的场地选择非常重要,最好选择宽敞、明亮,有舞台、灯光、音响的场地。场地应加以布置,给人以温馨、和谐、喜庆、热烈之感。联欢会的座次要事先安排好,一般应将领导安置在醒目位置,其他公众最好穿插安排,以便于交流沟通。

③ 选定节目。要从主题出发来选定节目,尤其是开场和结尾的节目一定要精彩、有吸引力。节目应多种多样,健康而生动,各种形式穿插安排,不可头重尾轻,更不可千篇一律。正式的联欢会上,要把选定的节目整理编印成节目单,开会时发给观众,为观众提供方便。

④ 确定主持人。主持人是联欢会的关键人物,应选择仪表端庄,表达能力强,有一定的组织能力、应变能力,熟悉各项事物的人担当主持人。一场联欢会的主持人最好不少于两人(通常为一男一女)。主持人也不可过多,以免给人以凌乱无序之感。

⑤ 彩排。正式的联欢会一定要事先进行彩排。这样有助于控制时间、堵塞漏洞,增强演职人员的信心。非正式的联欢会也要对具体事宜逐项落实,做到万无一失。

(2) 观众的礼仪规范。观众在参加联欢会、观看演出时应严守礼仪规范,这主要包括以下方面。

① 提前入场。在一般情况下,在演出正式开始之前一刻钟左右,观众即应进入演出现场,注意不要迟到。入场后要对号入座,在自己的座位上就座时,要悄无声息,坐姿优雅。切勿将座椅弄得直响,或坐姿不端正。

② 专心观看。参加联欢会观看节目时要专心致志,全神贯注。不能交头接耳,窃窃私语;不能进行通信联络,要自觉关闭手机等移动通信设备,或处于“静音”状态;不要吃东西、吸烟,更不能随意走动或大声讲话、起哄等。总之,要自觉维护全场的秩序,保持安静,使联欢会顺利进行。

③ 适时鼓掌。当主要领导、嘉宾入场或退场时,全场应有礼貌地鼓掌。演出至精彩处时也应即兴鼓掌,但时间不宜太长,演出结束时可鼓掌以示感谢。对可能表演不佳的演员,要予以谅解,不要鼓倒掌,更不能吹口哨、扔东西等,因为这些做法是非常没有修养的表现。演出结束时,全体演员登台谢幕时,观众应起立鼓掌,再次感谢演员的表演,不能熟视无睹,扬长而去。

5．茶话会

茶话会是我国传统的聚会方式。有非正式的茶话会,一般是民间自发组织或形成的,如一伙熟人聚在一起聊天,这家主人自然会给每位客人敬上一杯茶。大家边喝边说,热热闹闹,十分惬意。谈话一般也没有固定的议题。现在很多组织也经常利用这一形式进行日常的沟通,所以熟悉茶话会的礼仪是必要的。

(1) 茶话会的准备。正式的茶话会一般有主办单位或主办人,事先要发通知或请柬给被邀请人,其举办地是在会议厅、客厅或花园里举行。正式茶话会除了备有足够茶水之外,一般还备有水果、糕点、瓜子、糖果等。召开茶话会多在节日,如五一节、五四青年节、中秋节、国庆节、元旦等,借节日之题而发挥,一般也是采用漫谈形式,无中心议题。在正式茶话会上的中心议题可以是祝贺、发感慨、谈感想、作总结、提建议、谈远景,也可以吟诗作唱,畅叙友谊,无一固定格式,气氛也比较活跃、轻松、自由,如图 8-15 所示 (http://blog.sina.com.cn/s/blog_d3932f530102vhzg.html)。

>>>>>>>>>

图 8-15　茶话会

举办茶话会时，除了准备上好的茶叶外，还应注意擦净茶具。茶具一般以泥制茶具和瓷制茶具为最佳，其次是玻璃茶具和搪瓷茶具。在我国，泡茶一般不加其他东西，但某些民族以及其他一些国家喜欢在泡茶时加上牛奶、白糖、柠檬片等。有的茶话会还准备咖啡等饮料。

正式茶话会简便易行，在服饰上也没有什么严格规定或特殊要求。正式茶话会有主办人和有关领导。主办人要负责对来宾的迎送和招呼以及主持会议；有关领导也常常以一个普通与会者的身份发言。茶话会不排座次，宾主可以随意交谈。

（2）茶话会的举行。茶话会开始时，一般由主办人致辞，讲话应开宗明义地说明茶话会宗旨，还要介绍与会单位代表或个人，为交流和谈话创造适宜的气氛。

茶话会主持人要随时注意来宾在茶话会上的反映，随时把话题引到大家都感兴趣的话题上来，或轻松愉快的话题上。参加茶话会的每一个人都有义务维护茶话会的气氛，不使茶话会冷场，也不可使秩序太乱。

有人讲话时，要专心致志地倾听，不要随意打断他人的话，也不要显露烦躁，心不在焉，更不要妄加评论他人的话。自己发言的时候，用词、语气、态度要表现出文明礼貌修养，神态要自然有神，仪态要端庄大方。样子过分拘谨或做作会使人不快。发言时口里应停止咀嚼食物，更要防止嘴角上留有残渣。

自由交谈时不要独座一隅，纹丝不动，而应与左右交谈，尽快找到共同的话题，打破僵局，融洽气氛。

幽默风趣的语言在茶话会上是受欢迎的，但要避免开玩笑，伤害他人自尊；行为举止也不能无一约束，随便走动，推推搡搡，秩序就被搅乱了。

茶话会结束时，来宾应向主人道别，也要和新朋友、老相识辞行。不要中途退场或不辞而别。

茶话会应讲究实效，时间不宜过长，以 1～2 小时为宜。茶话会不带任务，但追求气氛与聚会的效果。通过与会者的交谈、畅叙，汇之以坐在一起喝茶时共同创造的氛围，来感受他人的思想感情，增进相互间的了解和友谊。

【小案例】

海尔的茶话会

海尔公司每年的年终岁末,都会组织全国乃至全球的经销商到公司参加公司联谊茶话会,除参加各种娱乐活动外,公司会对当年成功和失败两方面的案例进行剖析,及时为各经销商提供一个交流生意经验教训的平台。针对国际经销商对中国和海尔公司了解不多的情况,公司会让大家了解中国博大精深的文化,了解公司"真诚到永远"的企业文化,并且深入公司的生产第一线,切实感受企业文化和对产品质量一丝不苟的追求。此举极大地调动了各位经销商的热情,树立了对海尔产品的信心,促进了公司产品的市场开拓和销售。

8.3 宴请活动

我国是一个注重"民以食为天"的国度,宴请礼仪历来倍受重视。宴会是在社交活动中,尤其是在商务场合中表示欢迎、庆贺、饯行、答谢,以增进友谊和融洽气氛的重要手段。招待宴请活动的形式多样,礼仪繁杂,掌握其礼仪规范是十分重要的。

宴请礼仪因为宴会的性质、目的、地区、国度的不同而有较大的差异,在宴请活动中,无论是作为主人还是客人,如果不重视自己在餐饮活动中的表现,在用餐过程中举止失当,很难让自己的社交活动成功,不但影响个人形象,甚至会影响到组织形象。因此,在交际中必须重视餐饮礼仪。

1. 宴请的类型

参加宴请活动,首先要弄清宴请的种类和形式,因为不同种类和形式的宴请,有不同的特点,适合于不同的宴请主题和场合。商务宴请的种类复杂、形式多样,常见的商务宴请形式见表8-4。

表8-4 宴会的种类

宴会类型	宴 会 特 点
国宴	以国家名义举行仪式的最高规格的礼宴,有两种类型:一是国家元首或政府首脑为国家庆典、贺喜招待各国使节或各界知名人士的宴会;二是国家元首或政府首脑为来访的外国领导人或世界名人举行仪式的正式欢迎宴会
正式宴会	通常是政府有关部门、人民团体,为欢迎邀请来访的宾客,或来访宾客为答谢主人而举行的宴会,其安排与服务程序大体与国宴相同,但规格和标准都稍低于国宴,并不挂国旗,不演奏国歌
便宴	用于非正式的宴请,多用于招待熟悉的宾朋好友。一般规模较小,菜式有多有少,质量可高可低,不拘严格的礼仪、程序,应随便、亲切
家宴	在家中以私人名义举行的宴请形式,通常是在节假日或其他喜庆日子与亲朋好友欢聚,在举箸端杯之间,共享快乐,庆祝喜悦,并借此交流感情,增进友谊,加强团结
冷餐会	冷餐会又称自助餐。目前国际上所通行的一种非正式的西式宴会,在大型的商务活动中尤为多见。其特点是菜点和餐具分别摆在菜台上,宾、主根据个人需要,自己取餐具后选取食物,并可多次取食,可以自由走动,任意选择座位,也可站着与别人边谈边用餐

>>>>>>>>>

续表

宴会类型	宴会特点
鸡尾酒会	以招待酒水为主,略备小吃。酒会一般备有鸡尾酒,其他酒水和饮料品种也应多一些,一般不用烈性酒。食物多为各色面包、三明治、小泥肠、炸春卷等,以牙签取食。酒水和小吃由招待员用盘端送,也可置于小桌上由客人自取。酒会不设座椅,宾主皆可随意走动,自由交往。这种形式比较灵活,便于广泛接触交谈。举行的时间也较灵活,中午、下午、晚上均可,持续时间两小时左右
工作餐	一般只请与工作有关的人员参加,参加工作餐的总人数以不超过10人为宜。工作餐一般是双边性聚会,属于一种非正式的宴请形式。按照常规,工作餐的餐费结算应当由做东者负责。具体来讲,工作餐的付费方式又分为"主人付费"和"各付其费"

【小贴士】

自助餐和鸡尾酒的由来

1. 自助餐的由来

自助餐起源于西餐的一种就餐方式。厨师将烹制好的冷、热菜肴及点心陈列在餐厅的长条桌上,由客人自己随意取食自我服务。这种就餐形式起源于公元8—11世纪北欧的"斯堪的纳维亚式餐前冷食"和"亨联早餐(Hunt Breakfast)"。相传这是当时的海盗最先采用的一种进餐方式,至今世界各地仍有许多自助餐厅以"海盗"命名。

海盗们性格粗野,放荡不羁,以至于用餐时讨厌那些用餐礼节和规矩,只要求餐馆将他们所需要的各种饭菜、酒水用器皿盛好,集中在餐桌上,然后由他们肆无忌惮地畅饮豪吃,吃完不够再加。这种特殊的就餐形式起初被人们看成是一种不文明的现象,但久而久之,人们觉得这种方式也有许多好处。对顾客来说,用餐时不受任何约束,随心所欲,想吃什么菜就取什么菜,吃多少取多少;对酒店经营者来说,由于省去了顾客的桌前服务,自然就省去了许多劳力和人力,可减少服务生的使用、为企业降低了用人成本。因此,这种自助式服务的用餐方式很快在欧美各国流行起来,并且随着人们对美食的不断追求,自助餐的形式由餐前冷食早餐逐渐发展为午餐、正餐;由便餐发展到各种主题自助餐,如情人节自助餐、圣诞节自助餐、周末家庭自助餐、庆典自助餐、婚礼自助餐、美食节自助餐等;按供应方式由传统的客人取食、菜桌成品发展到客前现场烹制、现烹现食,甚至还发展为由顾客自备食物原料、自烹自食的"自制式"自助餐,真可谓五花八门,丰富多彩。

2. 鸡尾酒的由来

所谓鸡尾酒,实际上是一种混合酒,其配方据说至今已有2000多种。有的配方还是秘方,有独特的味道。那么,混合酒为什么要叫"鸡尾酒"呢?其说法不一。

一种说法是:从前外国有一位驸马,善于配制混合酒,很受宾客欢迎。有一次他不小心丢失了调酒的勺子,便信手拔下头饰上的鸡毛来调制,因而得名。

另一种说法是:西欧某国,猎人上山狩猎时各自带酒,一次进餐时,大家把酒混在一起共饮,酒味极佳。由于各种颜色酒混在一起,五光十色,在阳光下闪烁,像雄鸡尾那样好看,因而得名。

【小幽默】

吃　亏

老公带老婆去吃自助餐,老婆一进餐厅,顾不得说话,埋头就吃。

眼看就餐结束时间快到了,老婆又去自助餐区拿了许多东西,狠命地往嘴里塞,最后是老公扶着她走出餐厅。到了大门外,老婆好像还不满足,砸吧着嘴说道:"老公,吃完自助餐还走得动,我感觉吃亏了……"

2.宴会的组织

根据不同的交际目的、邀请对象以及经费开支(公务宴请和家庭宴请),交际场合常见的宴会形式有:工作宴会、自助餐、酒会、家宴等。宴会对宾客而言是一种礼遇,必须按规定、按有关礼节礼仪要求组织。

(1)确定宴会的目的与形式。宴会的目的一般很明确,如节庆日聚会、工作交流、贵宾来访等。根据目的决定邀请什么人、邀请多少人,并列出客人名单。宴请主宾身份应该对等,宴请范围指请哪些方面人士,多边活动还要考虑政治因素、政治关系等。宴请形式很大程度上取决于当地的习惯做法。

(2)确定宴请时间和地点。宴会的时间和地点,应当根据宴请的目的和主宾的情况而定。一般来说,宴会时间不应与宾客工作、生活安排发生冲突,通常安排在晚上6:00—8:00。同时还应注意宴请时间要尽量避开对方的禁忌日。例如,欧美人忌讳13,日本人忌讳4、9。在宴会时,应避开以上数字的时日。宴请的地点,应依照交通、宴请规格、主宾喜好等情况而定。

(3)邀请。当宴请对象、时间和地点确定后,应提前1～2周制作、分发请柬,以便被邀请的宾客有充分的时间对自己的行程进行安排。即使是便宴,也应提前通知。

(4)确定宴会规格。宴会规格对礼仪效果的影响是十分明显的。宴会规格一般应考虑宴会出席者的最高身份、人数、目的、主人情况等因素。规格过低,会显得失礼;规格过高,则无必要。确定规格后,应与饭店(酒店、宾馆)共同拟订菜单。在拟订菜单时,应考虑宾客的口味、禁忌、健康等因素。对于个别宾客需要个别照顾的,应尽早做好安排。

【小贴士】

我国著名的八大菜系

川菜:素以味广、味辣、味厚著称,并有一菜一味、百菜百味的美誉。

鲁菜:色彩浓重,滑而不腻。

苏菜:浓中带淡,鲜香酥烂,原汁原汤,浓而不腻,口味平和,咸中带甜。

粤菜:以爽、脆、鲜、嫩为特色。

湘菜:口味偏重于咸、辣、酸。

闽菜:色调美观,滋味清鲜。

徽菜:选料朴实,讲究火候,重油重色,味道醇厚,保持原汁原味。

浙菜：具有清、香、脆、嫩、爽、鲜的特点。

（5）席位安排。宴请往往采用圆桌布置菜肴、酒水。采用一张以上圆桌安排宴请时，排列圆桌的尊卑位次有两种情况：一种是由两桌组成的小型宴会，当两桌横排时，其桌次以右为尊，以左为卑。这里所讲的右与左，是由面对正门的位置来确定的。这种做法又称"面门定位"（见图8-16）。

当两桌竖排时，其桌次则讲究以远为上，以近为下。这里所谓的远近，是以距正门的远近而言的（见图8-17），此法也称"以远为上"。

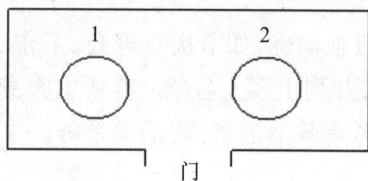

图 8-16　两桌横排的桌次排列方法

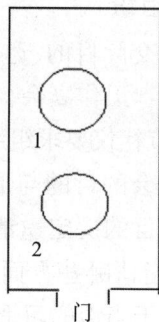

图 8-17　两桌竖排的桌次排列方法

另一种是由三桌或三桌以上所组成的宴会，通常它又叫多桌宴会。在桌次的安排时除了要遵循"面门定位""以右为尊""以远为上"这三条规则外，还应兼顾其他各桌距离主桌，即第一桌的远近。通常距主桌越近，桌次越高；距离主桌越远，桌次越低（见图8-18和图8-19）。

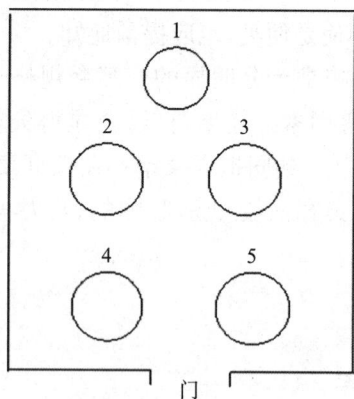

图 8-18　多桌桌次排列方法（1）

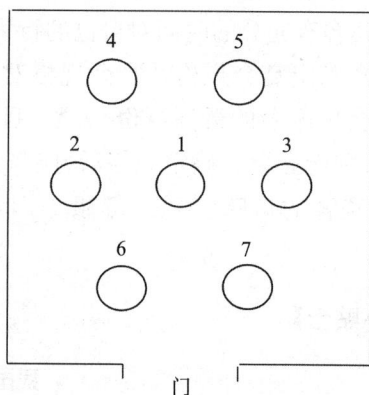

图 8-19　多桌桌次排列方法（2）

另外，需引起注意的是，席位安排在进行宴请时每张餐桌上的具体位次也有主次尊卑之别。排列位次的方法是主人大都应当面对正门而坐，并在主桌就座；举行多桌宴请时，各桌之上均应有一位主桌主人的代表就座，其位置一般与主桌主人同向，有时也可面对主桌主人；各桌之上位次尊卑，应根据其距离该桌主人的远近而定，以近为上，以远为下；各桌之上距离该桌主相同的位次，讲究以右为尊，即以该桌主人面向为准，其右为尊，其左为卑。

>>>>>>>>>

另外,每张桌上所安排的用餐人数应限于 10 人之内,并宜为双数。

圆桌上位次的具体排列又可分为两种情况:一种是每桌一个主位的排列方法。其他桌是每桌只有一个主人,主宾在其右手就坐(见图 8-20)。

第二种情况叫作每桌两个主位的位次排列方法。其特点是主人夫妇就座于同一桌,以男主人为第一主人,女主人为第二主人,主宾和主宾夫人分别在男女主人右侧就座,这样每桌就形成了两个谈话中心(见图 8-21)。

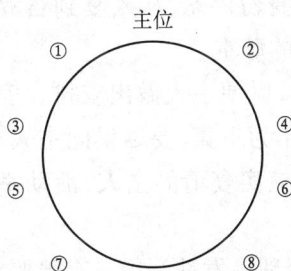

图 8-20 每桌一个主位的位次排列方法

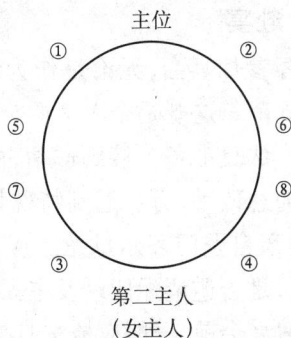

图 8-21 每桌两个主位的位次排列方法

有时,倘若主宾身份高于主人,为了表示尊重,可安排其在主人位次上就座,而请主人坐在主宾的位次上。

(6)餐具的准备。宴请餐具十分重要,考究的餐具是对客人的尊重。根据宴会人数和酒类、菜品的道数准备足够的餐具,是宴会的基本礼仪之一。餐桌上的一切物品都应十分卫生,桌布、餐巾都应浆洗洁白并熨平。玻璃杯、酒杯、筷子、刀叉、碗碟等餐具,在宴会之前都必须洗净擦亮。

【小贴士】

"公筷母匙"的习俗

"公筷"是在聚餐时预留出的一双备用筷子,是在给别人或者自己夹菜时使用的公用筷子;"母匙"是在盛带有汤之类的菜品或者喝汤时备用的一个大勺子,一般先用大勺子将汤菜或者汤盛在自己碗中,再用自己的小勺子来喝。

其实中国古时就有公筷,比一般筷子长,不仅做公筷用,也和勺子配成"公筷母匙"。筷子直,代表男性;勺子圆,代表女性。由此可见,"公筷母匙"这个习俗由来已久。

(7)宴请程序。迎客时,主人一般在门口迎接。官方活动除主人外,还有少数其他主要官员陪同主人排列成行迎宾,通常称为迎宾线,其位置一般在宾客进门存衣以后、进入休息厅之前。与宾客握手后,由工作人员将宾客引入休息厅或直接进入宴会厅。主宾抵达后,由主人陪同进入休息厅与其他宾客见面。休息厅由相应身份的人员陪同宾客,服务员送饮料。

主人陪同主宾进入宴会厅,全体宾客入席,宴会开始。若宴会规模较大,则可请主桌以外的客人先就座,贵宾后入座。若有正式讲话,一般安排在热菜之后甜食之前由主人讲

>>>>>>>>

话,接着由主宾讲话,也可以一入席双方即讲话。冷餐会及酒会讲话时间则更灵活。吃完水果,主人和主宾起立,宴请即告结束。

外国人的日常宴请在女主人作为第一主人时,往往以她的行动为准。入席时,女主人先坐下,并由女主人招呼开始进餐。餐毕,女主人起立,邀请女宾与其一起离席。然后男宾起立,随后进入休息厅或留下吸烟。男女宾客在休息厅会齐,即上茶或咖啡。主宾告辞时,主人把主宾送至门口。主宾离去后,迎宾人员按顺序排列,与其他宾客握手告别。

3. 赴宴

宾客参加宴会,无论是作为组织的代表,还是以私人身份出席,从入宴到告辞都应注重礼节规范。这既是个人素质与修养的表现,又是对主人的尊重。

(1) 认真准备。接到邀请,能否出席应尽早答复对方,以便主人做出安排。安排邀请后不要随意改动,万一遇到特殊情况不能出席时,尤其是作为主宾,要尽早向主人解释、道歉,甚至亲自登门表示歉意。应邀出席一项活动之前,要核实宴请的主人,活动举办的时间、地点,是否邀请配偶以及主人对服饰的要求。

出席宴会前,一般应梳洗打扮。女士要化妆,男士应梳理头发并剃须。衣着要求整洁、大方、美观。这将给宴会增添隆重热烈的气氛。

若参加家庭宴会,可给女主人准备一定的礼品,在宴会开始前送给主人。礼品价值不一定很高,但要有意义。

(2) 按时抵达。按时出席宴会是最基本的礼貌。出席宴请活动,抵达时间的迟早、逗留时间的长短,在一定程度上反映对主人的尊重,应根据活动的性质和当地习俗掌握。迟到、早退、逗留时间过短被视为失礼或有意冷落。身份高者可略晚些到达,一般客人宜略早些到达。出席宴会要根据各地习惯,有的国家是正点或晚一两分钟抵达;我国则是正点或提前一两分钟抵达。出席酒会可以在请束注明的时间内到达。抵达宴会活动地点,先到衣帽间脱下大衣和帽子,然后前往迎宾处,主动向主人问候。如果是庆祝活动,应表示祝贺。对在场其他人,均应点头示意,互致问候。

(3) 礼貌入座。应邀出席宴会活动,应听从主人安排。若是宴会,进入宴会厅之前,先掌握自己的桌次和座位。入座时注意桌上座位卡是否写有自己的名字,不可随意入座。如邻座是长者或女士,应主动协助他们先入座。入座后坐姿要端正,不可用手托腮或将双臂肘放在桌上。坐时应把双脚踏在本人座位下,不可随意伸出,影响他人。不可玩弄桌上的酒杯、盘碗、刀叉、筷子等餐具,不要用餐巾或口纸擦餐具,以免使人认为餐具不洁。

在社交场合,无论天气如何炎热,都不可当众解开纽扣,脱下衣服。小型便宴时,若主人请宾客宽衣,男宾可脱下外衣搭在椅背上。

(4) 注意交谈。坐定后,如已有茶,可轻轻饮用。无论作为主人、陪客或宾客都应与同桌的人交谈,特别是左邻右座,不可只与几位熟人或一两人交谈。若不相识,可作自我介绍。谈话要掌握时机,要视交谈对象而定。不可只顾自己一人夸夸其谈,或谈些荒诞离奇的事而引人不悦。交谈时宜选择轻松、愉快的话题并遵守交谈礼仪,不要高声大笑或窃窃私语,不谈论隐私及过于严肃的话题。交谈时务必用餐巾拭嘴,以免食物残留唇边,影响雅观。商务宴请中一些安全的话题以及应避开的话题见表8-5。

表 8-5　宴请中安全的话题以及应避开的话题

安全的话题	应避开的话题
天气	自己的健康状况
交通	他人的健康状况
体育	物品的价格、收入
无争议的新闻、如影视剧	个人的不幸
旅游	有争议的兴趣爱好
环境问题	低级笑话
对会址或城市的赞美	小道消息
共同的经历	宗教
书籍	争议性很大的问题如堕胎或焚烧国旗
文学、艺术	有关私生活的细节

（5）文雅进餐。

① 正确使用餐具。和西餐相比较，中餐的一大特色就是就餐餐具有所不同。

a．餐巾要放在腿上。餐巾通常会折叠成不同的花型，高矮不一地放在盘中或水杯中。一般情况下，主人位置的餐巾花型比其他位置上的都要高，标志着主人的身份与地位，所以身份较低的陪同人员就不要贸然坐在这个位置。

餐巾的功能主要是预防调味汁滴落弄脏衣物，起保洁作用。因此，正确的使用方法是将餐巾轻轻打开铺在腿上，或将餐巾一角的 1/3 放于餐盘下，其余部分盖于腿上。用餐完毕叠好放在盘子右侧，不可放在椅子上，也不可叠得方方正正而被误认为未使用过。餐巾只能擦嘴，用时一手捏住一面的上端，另一手相助。餐巾不能用于擦脸、擦汗。

【小幽默】

刮胡子还是理发

一位顾客坐在一家高级餐馆的桌旁，把餐巾系在脖子上。

经理很反感，叫来一个招待员说："你让这位绅士懂得在我们餐馆里是不允许那样做的，但话要讲得尽量委婉些。"

招待员来到那位顾客的桌前，有礼貌地问道："先生，您是刮胡子，还是理发？"

b．香巾应用来擦手。上菜之前，服务员会给每人递送一块热腾腾的香巾，也就是带有清香的湿毛巾。这个湿毛巾一般是用来擦手的，有些人会误用它来擦脸，甚至擦脖子，这是极其不雅的。使用后可将湿毛巾叠整齐放于左边的骨碟中，服务员会在餐间和餐尾进行更换。

c．纸巾可用来擦嘴。餐桌上必不可少的清洁用品就是纸巾了，多用于擦嘴和清理食物残渣。女士赴宴都会化淡妆，可用纸巾擦去口红。用餐过程中，还可以将口中的食物残渣吐于纸巾中，折叠后让服务员收走，切忌将纸巾团成团扔在桌下；此外，放入食物残渣

>>>>>>>>>

后一定要将纸巾折叠起来,切不可将纸巾摊在桌上。

d. 餐盘可盛接食物。中餐宴请中的餐盘一般使用套盘,就是双层的餐盘。下面的餐盘较大而且有漂亮的花纹图案,多为瓷盘、金盘、银盘或高档的水晶盘;上面的餐盘较小,一般是白净的瓷盘。上面的瓷盘才是就餐时真正使用的餐盘,下面的餐盘也称装饰盘,只是点缀而已。

就餐时,可将食物先夹放于餐盘上,再慢慢品尝美食。食物中的骨刺也可放入餐盘中,服务员会更换新的餐盘,切不可将骨刺或不吃的食物放于下面的装饰盘中或桌面上。

e. 筷子使用多忌讳。上菜后不要先拿筷,应等主人邀请,主宾动筷时再拿筷。筷子是中餐最主要的餐具。使用筷子,通常必须成双使用。用筷子取菜、用餐的时候,要注意下面几个"小"问题:一是不论筷子上是否残留食物,都不要去舔。用舔过的筷子去夹菜,是不是有点倒胃口呢?二是和人交谈时,要先放下筷子,不能一边说话,一边像指挥棒似地舞着筷子;三是不要把筷子竖插放在食物上面。因为这种插法,只在祭奠死者的时候才用;四是严格筷子的职能。筷子只是用来夹取食物的。用来剔牙、挠痒或是用来夹取食物之外的东西都是失礼的。

【小贴士】

用 筷 十 忌

(1) 忌半途筷,就是把夹住的菜肴又放下,再夹另一种。

(2) 忌游动筷,就是举筷不定,东挑西拣。

(3) 忌窥筷,即手持筷子,东张西望。

(4) 忌碎筷,用嘴或手撕筷头上的菜肴。

(5) 忌刺筷,以筷代叉,插菜进食。

(6) 忌签筷,用筷子当牙签,挑剔牙缝。

(7) 忌泪筷,夹菜途中,筷头上的汤汁像泪水一样滴个不停。

(8) 忌吮筷,用嘴吮舔筷头上的汤汁。

(9) 忌敲筷,用筷子敲打碗盆或桌面。

(10) 忌点筷,就是用筷子指点主人、客人或厨师。

f. 勺子不可用嘴吹。勺子主要是用来喝汤的,也可用于取食形状过于细小的菜肴。汤碗再小,盛汤时也不可过满,甚至溢出来。用汤碗喝汤时要用勺子画着喝,但不宜盛得过满,以免勺子里的汤溢出来,滴落在桌上或衣服上。用勺子喝汤时,不能把勺子全部塞入口中。如果汤很烫,要凉一凉再喝,切不可用嘴对着勺子吹。

g. 杯子使用要得当。中餐宴席上的杯子主要有茶杯、酒杯和水杯。茶杯是用来喝茶的,不要当酒杯倒酒。因茶杯是不透明的瓷杯,用它来喝酒对方不知道你喝了多少,有作弊嫌疑,对别人是不敬的。

酒杯在使用时,要注意手持杯子的杯腿或杯底,而不要直接用手指握住杯身。手指握住杯身,一是会留下指纹,显得很不雅观;二是手的温度会使酒的温度升高,从而影响酒的口感。不喝酒时,不要倒扣酒杯。女士注意不要把唇印留在杯口。

水杯在使用时,要注意手握杯子的中下部位,切忌用手指握住杯口直接饮用。

h．牙签剔牙有讲究。用餐结束后,很多人都有用牙签剔牙的习惯。宴会中,最好不要当众剔牙,非剔不可时,要用手掩住口部,不要张大嘴剔牙,或叼着牙签。剔出来的食物,不要当众"观赏"或再次入口,更不要乱弹乱吐。剔过牙的牙签也不可再用来扎取食物。①

② 吃相文雅大方。出席宴会,并不是一件轻松的事情。在觥筹交错之际,我们的"吃相"正向人们昭示着自己的修养与品格。古往今来,餐桌都是社会交际的重要场所,因而餐桌礼仪历来为人们所重视。在餐桌上最要紧的要检点自己的"吃相"。

【小贴士】

文雅用餐口诀

取菜文雅,注意礼让；

文明用筷,举箸得当；

闭嘴细嚼,不发声响；

嚼食不语,唇不留痕；

骨与秽物,切莫乱扔；

禁烟少酒,用餐文明；

使用公筷,讲究卫生；

席间交谈,增进感情。

宴会开始时,一般是主人先致祝酒辞。此时应停止谈话,不可吃东西,注意倾听。古语说:"主不请,客不尝"。主人致辞完毕,待其说"请",再动手夹菜。取菜要适量,不要显得过于贪婪。如主人向客人敬酒,应起立回应,喝过酒后再开始吃菜。吃东西时应小口小口地吃,咀嚼要闭嘴,不要发出声,吧唧嘴会令人讨厌,也不要一边咽食一边说话。喝汤时,汤匙应由身边向外舀出,喝汤不要吸,也不要左手拿匙、右手拿筷"双管齐下"。进餐过程中,嘴里的骨头和鱼刺应用筷子夹放在垫盘上,吃剩的菜、用过的勺,也应放在垫盘内,就餐的整个过程中,都要注意礼让、关照邻座的宾客,不要见到自己喜欢吃的,就"埋头苦干",不理别人。男士不要戴帽子进餐。为了避免酒后失礼,饮酒应留有余地。也不要边吃边饮边抽烟。

若遇本人不能吃或不爱吃的菜品,当服务员或主人夹菜时,不可打手势,不可拒绝,可取少量放入盘中,并表示"谢谢,够了"。对不合口味的菜,勿显出难堪的表情。我方作为主人宴请时,席上不必说过分谦虚的话。对来华时间过长的人,不必说这是中国的名酒名菜。在给宾客让菜时,要用公用餐具主动让,切不可用自己的餐具让菜。

冷餐酒会,服务员上菜时,不可抢着去取,待送至本人面前时再取。周围的人未取到第一份时,自己不可急于去取第二份。勿围在菜台旁,取完即离开,以便让别人取食。

---

① 秦保红．职场礼仪教程 [M]．北京：中国人民大学出版社,2016：164-166．

>>>>>>>>

吃食物要讲究文雅,要微闭着嘴咀嚼,不可发出声响。要将食物送进口中,不可伸口去迎食物。食物过热时,可稍凉后再吃,切勿用嘴吹。鱼刺、骨头、菜渣等不可直接外吐,要用餐巾掩嘴,用筷子取出,或轻吐在叉匙上,放在碟中。嘴里有食物时不可谈话。尽量不要剔牙,更不可边走动边剔牙。吃剩的菜,用过的餐具等应放在碟中,勿放置桌上。

【小幽默】

用手抓吧

话说大清年间,李鸿章大人请外国人吃饭,中午吃的是饺子。外国人没用过筷子,不知道这两根小棍子怎么就能把饺子夹起来。李鸿章心想:这可怎么办呀?这外国人要是不高兴了,老佛爷一定会怪我办事不力的!唉!算了,丢下我的老脸,用手抓吧!老外一看,哦,原来用手也可以吃。于是一个个赶忙用手抓了起来!到了下午,改吃面条了!老外这回学得精了,都不急着吃先看看李鸿章怎么办!李鸿章大人一看见老外现在的样子,就想起了中午吃饺子时的情景,忍不住笑了起来。这一笑不好了,吃进嘴里的面条从鼻子里喷出了半根……老外全部惊呆了,这怎么学呀?这长长的东西是怎么从嘴里吃进去,再从鼻子里喷出半根的呀?

(6)学会敬酒。敬酒也叫祝酒,是现代商务宴会必不可少的程序,是向对方表达敬意的良好方式。如果时间把握合适,祝酒词恰到好处的话,敬酒可以给整个聚餐带来一种良好的气氛。

① 斟酒。敬酒之前需要斟酒。按照规范来说:除主人和服务人员外,其他宾客一般不要自行给别人斟酒。如果主人亲自斟酒,应该用本次宴会上最好的酒樽,宾客要端起酒杯致谢,必要时起身站立。如果是大型的商务用餐,都应该是服务人员来斟酒。斟酒一般要从位高者开始。如果你不想喝了,可把手挡在酒杯上,并说"谢谢,不用了"。中餐里,别人斟酒的时候,也可以回敬以"叩指礼",特别是自己的身份比主人高的时候。即以右手拇指、食指、中指捏在一起,指尖向下,轻叩几下桌面表示对斟酒的感谢。酒倒多少才合适呢?白酒和啤酒可以斟满,而其他洋酒就不用斟满。

【小贴士】

敬酒不当引来的麻烦

秦保红曾讲过这样一个案例:小白是刚毕业的大学生,在A公司总经理办公室实习。她漂亮机敏,待人热情,工作出色,不久就转为正式员工,成为一名她梦寐以求的白领丽人。由于工作业绩突出,办公室主任将公司一次重要的宴请活动交由小白操办,并一同出席宴请。小白欣喜若狂,有点酒量的她暗想表现的机会来了。宴请准备工作安排得非常周到细致,小白又得到了领导的表扬。宴请中,前三杯酒刚结束,总经理一句"三杯过后尽开颜",刚要给主宾敬酒,小白忙端起酒杯起身敬主宾,并预祝合作成功,同时又敬总经理,感谢他对自己工作的认可和帮助,总经理端着酒杯皱起了眉头。自此以后,公司重要的宴请活动总经理再未让小白参加过。

②　敬酒的时机。敬酒应该在特定的时间进行,并以不影响来宾用餐为首要考虑。敬酒分为正式敬酒和普通敬酒。正式的敬酒,一般是在宾主入席后、用餐前就可以开始敬。而普通敬酒,只要注意是对方不咀嚼食物的时候,认为对方可能愿意接受你的敬酒就可以敬。而且,如果向同一个人敬酒,应该等身份比自己高的人敬过之后再敬。

③　敬酒的顺序。敬酒按什么顺序呢? 一般情况下应按年龄大小、职位高低、宾主身份为序,敬酒前一定要充分考虑好敬酒的顺序,分明主次,避免出现尴尬的情况。即使你分不清或职位、身份高低不明确,也要按统一的顺序敬酒,比如先从自己身边按顺时针方向开始敬酒,或是从左到右、从右到左进行敬酒等。

④　敬酒的举止。无论主人还是来宾,如果是在自己的座位上向集体敬酒,应首先站起身来,面含微笑,手拿酒杯,面朝大家。当主人向集体敬酒及说祝酒辞的时候,所有人应该一律停止用餐或喝酒。主人提议干杯的时候,所有人都要端起酒杯站起来,互相碰一碰。按国际通行的做法,敬酒不一定要喝干。但即使平时滴酒不沾的人,也要拿起酒抿上一口装装样子,以示对主人的尊重。除了主人向集体敬酒外,来宾也可以向集体敬酒。来宾的祝酒词可以说得更简短,甚至一两句话都可以。比如,“各位,为了以后我们的合作愉快,干杯!”平时涉及礼仪规范内容更多的还是普通敬酒,普通敬酒就是在主人正式敬酒之后,各个来宾和主人之间或者来宾之间可以互相敬酒,同时说一两句简单的祝酒词或劝酒词。别人向你敬酒的时候,要手举酒杯到双眼高度,在对方说祝酒词或“干杯”之后再喝,喝完后,手拿酒杯和对方对视一下,这一过程才结束。

对我国来说,敬酒无论是敬的一方还是接受的一方,都要注意因地制宜、入乡随俗。我们大部分地区特别是东北、内蒙古等北方地区,敬酒的时候往往讲究“端起即干”。在他们看来,这种方式才能表达诚意、敬意。所以,在具体的应对上就应注意,自己酒量欠佳应该事先诚恳说明,不要看似豪爽地端着酒去敬对方,而对方一口干了,你却只是“意思意思”,往往会引起对方的不快。另外,对于敬酒者来说,如果对方确实酒量不济,没有必要去强求。喝酒的最高境界,应该是“喝好”而不是“喝倒”。

在中餐里,还有一个讲究。即主人亲自向你敬酒干杯后,要回敬主人,和他再干一杯。回敬的时候,要右手拿着杯子,左手托底,和对方同时喝。干杯的时候,可以象征性地和对方轻碰一下酒杯,不要用力过猛,非听到响声不可。出于敬重,可以使自己的酒杯较低,低于对方酒杯。如果和对方相距较远时,可以以酒杯杯底轻碰桌面表示碰杯。

和中餐不同的是,西餐用来敬酒、干杯的酒,一般都用香槟,而且只是敬酒不劝酒,只敬酒而不真正碰杯。也不可以越过自己身边的人和相距较远者祝酒干杯,尤其是交叉干杯。

【小贴士】

喝酒为什么要碰杯?

喝酒为什么要碰杯? 目前有两种说法。

一种说法是,古希腊人创造的。传说古希腊人注意到这样一个事实,在举杯饮酒之时,人的五官都可以分享到酒的乐趣:鼻子能嗅到酒的香味,眼睛能看到酒的颜色,舌头能够品尝出酒的滋味,而只有耳朵被排除在这一享受之外。怎么办呢? 古希腊人想出一个办法,在喝酒之前，互相碰一下杯子，杯子发出清脆响声传到耳朵中。这样，耳朵就和其他器官一样，也能享受到喝酒的乐趣了。

另一种说法是，喝酒碰杯起源于古罗马。古罗马崇尚武功，常常开展"角力"竞技。竞技前选手们习惯饮酒，以示相互勉励之意。由于酒是事先准备的，为了防止心术不正的人在给对方喝的酒中放毒药，人们想出一种防范的方法，即在角力前，双方各将自己的酒向对方的酒杯中倾注一些并碰一下杯。以后，碰杯便逐渐发展为一种礼仪。

⑤ 拒酒的礼仪。宴会上，特别是在中式宴会上，要适当拒酒，这不仅是自我保护的需要，还是为营造良好、健康气氛的需要，可以有效避免过量喝酒引起的失态甚至彼此间的不愉快。无论是生活习惯、健康或是工作需要等原因而不能喝酒，不能直接给予拒绝，这样会让敬酒者陷于尴尬的境地，这就需要礼貌、大方的拒酒技巧。一是客观、诚恳地申明不能喝酒的原因。二是主动以其他饮料代酒。三是委托同事、部下代喝酒。千万不要在别人给自己斟酒的时候，躲躲藏藏，显得特别小气。乱推酒瓶，敲击杯口，倒扣酒杯，偷偷倒掉，或者把自己的酒倒向别人的杯中，尤其是，自己喝了一点的酒倒进别人杯中，都是不礼貌的表现。

⑥ 敬酒的误区。主要包括以下方面。

- 不要强人所难，让他人多喝酒。平时嗜酒如命，必须有所收敛。不胜酒力的，不一定要喝酒，喝水、喝饮料也行，关键有这个想法就可以了。
- 西餐里，如果你是重要的客人或是主宾，要回敬主人一杯。你可以在主人敬酒时立即回敬。一般情况下，别人给你敬酒的时候，不要同时给对方敬酒。
- 没必要非得碰杯，尤其是使用玻璃器皿的时候。
- 主人应该是第一个敬酒的人，不要越俎代庖。
- 不要敲杯子以吸引大家的注意。

(7) 告辞致谢。正式宴会一般吃水果后宴会即结束，此时，一般先由主人向主宾示意，请其做好离席的准备，然后从座位上站起，这是请全体起立的信号。一般以女主人的行动为准，女主人先邀请女主宾离席退出宴会厅。告辞时应礼貌地向主人道谢。通常是男宾先向男主人告辞，女宾先向女主人告辞，然后交叉，再与其他人告辞。

席间一般不应提前退席。若确实有事需提前退席，应向主人打招呼后轻轻离去，也可事前打招呼到时离去。退席时要有礼貌。退席理由应当尽量不使主人难堪和心中不悦。从宴会结束到告辞前不可有任何不耐烦的表示。

对主人的致谢，除了在宴会结束告辞时表达谢意之外，若正式宴会，还可在 2 ~ 3 天内以印有"致谢"或"P.R"字样的名片或便函表示感谢。有时私人宴请也需致谢。名片可寄送或亲自送达。要先致谢女主人，但不必说过谦的话。

4．西餐宴会礼仪

随着对外交往越来越频繁，西餐也离我们越来越近。不论是否喜欢，很多人都会经常遇到吃西餐的机会。西方用餐，一是讲究吃饱，二是享受用餐的情趣和氛围。只有掌握一些西餐礼仪，在必要的场合，才不至于"出意外"。

西餐是西式饭菜的一种约定俗成的统称，大致可分为欧美式和俄式两种。西餐菜肴主料突出、营养丰富、讲究色彩、味道鲜香。其烹饪和食用同中餐都有很大的不同，体现了一种西方文化。学习、了解西餐知识十分必要。

【小案例】

一个真实的故事

黄慰宣女士讲过一个真实的故事：20 世纪 90 年代，我去德国一家著名公司购买价值 30 万美元的印刷包装机。当时德方很怀疑我们能不能用好这么高精度的机器，因此谈判中德方的态度非常尖锐苛刻。到午餐时间，德方负责人请我们到一家很好的餐馆就餐。吃过面包、喝过汤后，德国人开始窃窃私语。后来，对方告诉我，他们发现我的用餐姿势应该是受过很好的西方礼仪教育的。那个宴会中，再上后面的菜时，对方的态度就温和下来了，相信了我们的能力，接下来的谈判也非常顺利。现在一些跨国公司老板在选高管时，也会选择一家西餐厅边吃边聊，候选人的西餐礼仪，也会成为综合素质考查的一个方面。

(1) 西餐宴会的席位和排列。同中餐相比，西餐的席位排列既有许多相同之处，也有不少区别。由于人们对席位的排列十分关注，排列时要多加注意。

在绝大多数情况下，西餐宴会席位排列主要是位次的问题。除了极其盛大的宴会，一般不涉及桌次。西餐席位排列的规则包括五点。

一是女士优先。在西餐礼仪里，往往体现女士优先的原则。排定用餐席位时，一般女主人为第一主人，在主位就座。而男主人为第二主人，坐在第二主人的位置上。

二是距离定位。西餐桌上席位的尊卑，是根据其距离主位的远近决定的。距主位近的位置要尊于距主位远的位置。

三是以右为尊。排定席位时，以右为尊是基本原则。就某一具体位置而言，按礼仪规范右侧要尊于左侧。通常，男主宾要排在女主人的右侧，女主宾排在男主人的右侧，按此原则依次排列。

四是面向门为尊。在餐厅内，以餐厅门作为参照物时，按礼仪的要求，面对餐厅门正门的座位要尊于背对餐厅门的座位。

五是交叉排列。西餐排列席位时，讲究交叉排列的原则，即男女应当交叉排列，熟人和生人也应当交叉排列。一个就餐者的对面和两侧往往是异性或不熟悉的人，这样可以广交朋友。

席位的排列具体如下：①男女主人在长桌的中央相对而坐，餐桌的两端可以坐人，也可以不坐人，如图 8-22 所示。②男女主人分别坐在长桌的两端，如图 8-23 所示。③用餐人数较多时，可以把长桌拼成其他图案，以使大家能一道用餐。要注意的是，长桌两端尽可能安排举办方的男子就座，如图 8-24 所示。

(2) 西餐餐具的使用。用西餐时，特别要注意西餐刀叉、餐匙、餐巾等餐具的使用。

① 刀叉。用刀叉进餐是西餐的重要特征之一。正确使用刀叉要做到以下几点。

• 正确识别刀叉。在正规的西餐宴会上，讲究吃一道菜换一副刀叉。吃每道菜，都要使用专门的刀叉，既不能乱用，也不能从头到尾仅使用一副刀叉。吃正餐的时候，摆在每位就餐者面前有吃黄油的刀叉，吃鱼的刀叉，吃肉的刀叉，吃甜点、水果的刀叉，要注意识别。

>>>>>>>>>

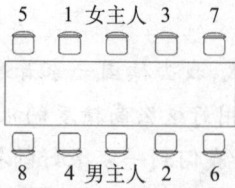

图 8-22　西餐席位排列（1）

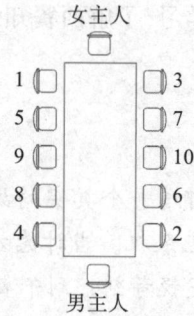

图 8-23　西餐席位排列（2）

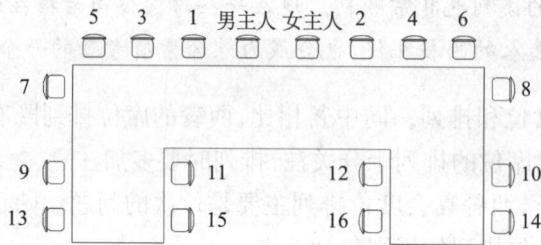

图 8-24　西餐席位排列（3）

- 正确使用刀叉。刀叉的使用方法有两种：一种是英国式的，要求在进餐时，始终是右手持刀，左手持叉，一边切割，一边用叉食用，叉背朝着嘴的方向进餐。这种方式比较文雅。另一种是美国式的，先右手刀左手叉，把餐盘的食物全部切割好，然后把右手的餐刀斜放在餐盘的前方，将左手的餐叉换到右手，再品尝。这种方式比较省事。

- 正确用手取食。西餐桌上的食物一般都是用刀叉进食，但小萝卜、青果、水果、点心、炸土豆片、田鸡腿及面包等可用手取食。吃有骨头的肉时，可以用手拿着吃。若想吃得更优雅，还是用刀较好。用叉子将整片肉固定（可将叉子朝上，用叉子背部压住肉），再用刀沿骨头插入，把肉切开。最好是边切边吃。必须用手吃时，会附上洗手水。当洗手水和带骨头的肉一起端上来时，意味着"请用手吃"。用手指拿东西吃后，将手指放在装洗手水的碗里洗净。吃一般的菜时，如果把手指弄脏，也可请侍者端洗手水来，注意洗手时要轻轻地洗。

- 明确刀叉的暗示意义。在就餐过程中，如果需要暂时离开一下，或与人攀谈，应放下手中的刀叉，刀右、叉左、刀口向内、叉齿向下，刀刃朝向自身，呈"八"字形摆放在餐盘之上，表示此菜尚未用毕，还要继续吃。如果吃完了，或者不想再吃了，可以刀口向内，叉齿向上，刀右、叉左并排放在餐盘上，表示不再吃了，可以连盘一起收走，如图 8-25 所示。不用刀时，也可以用右手持叉，但若需要做手势时，就应放下刀叉，千万不可手执刀叉在空中挥舞摇晃，也不要一手拿刀或叉，而另一只手拿餐巾擦嘴，也不可一手拿酒杯，另一只手拿叉取菜。注意不要把刀叉盘放在桌面上，尤其是不要将刀叉交叉放成十字形。这在西方人看来，是令人晦气的图案。

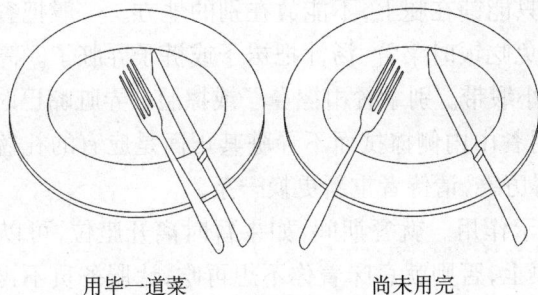

用毕一道菜　　　　　　　尚未用完

图 8-25　刀叉的暗示

② 餐匙。吃西餐时,餐匙也是一种不可缺少的餐具,其用途和注意事项如表 8-6 所示[1]。

表 8-6　餐匙用途与注意事项

形 状	位 置	用 途	注 意 事 项
外形较大	通常被摆放在用餐者右侧的最外端,与餐刀并列纵放	汤匙	除饮汤、吃甜品之外,绝对不可用餐匙直接舀取其他任何主食、菜肴
			已经开始使用的餐匙,切不可再放回原处,也不可将其插入菜品、主食,或是令其"直立"于甜品、汤盘或红茶杯之中
			使用餐匙,要尽量保持其周身的干净清洁;不要让餐具"色彩缤纷""浑身挂彩"
			用餐匙取食,务必不要过量,而且一旦入口,就要依次将其用完,不要一餐匙的东西反复品尝好几次;餐匙入口时,应以其前端入口,而不是将它全部塞进嘴去
			不能直接用茶匙去舀取红茶饮用
			用餐匙取食,动作应干净利落,切勿在甜品、汤或红茶中搅来搅去
外形较小	被横向摆放在吃甜品所用的刀叉的正上方,并与其并列	甜品匙。有时也会被外形同样较小的茶匙取代	

③ 餐巾。一是餐巾的铺放。在正规的晚餐,要等女宾将餐巾对折轻轻放在膝上后,男士再放餐巾。最好用双手打开餐巾,切忌来回抖动地打开餐巾。不要将餐巾别在领口上、皮带上或夹在衬衣的领口。二是餐巾的用途。在西餐宴会中,餐巾是一个重要的道具,有很多信号的作用。在正式宴会上,女主人把餐巾铺在腿上是宴会开始的标志。这就是餐巾的第一个作用,它可以暗示宴会的开始和结束。西方以女士优先,西餐宴会上女主人是第一顺序,女主人不坐,别人是不能坐的,女主人把餐巾铺在腿上就说明大家可以开动。而女主人要把餐巾放在桌子上是宴会结束的标志。

---

[1] 王玉苓.商务礼仪案例与实践 [M].北京:人民邮电出版社,2018:161.

　　一定要注意,餐巾只能铺在腿上,不能放在别的地方。一般把餐巾叠成长条形或者叠成三角形铺在腿上,避免吃饭时菜肴、汤汁把裙子或裤子弄脏了。高档餐厅的餐巾往往叠得很漂亮,有的还系上小缎带。别拿餐巾擦鼻子或擦脸。弄脏嘴巴时,一定要用餐巾擦拭,避免用自己的手帕。用餐巾内侧擦拭而不弄脏其正面是应有的礼貌。手指洗过后也是用餐巾擦的。若餐巾脏得厉害,请侍者重新更换一条。

　　此外,餐巾还有暗示作用。就餐期间,如果暂时离开座位,可以把餐巾放在椅子上。千万不要把餐巾放在桌上,否则就意味着你不想再吃,让服务员不再给你上菜。万不得已要中途离席时,最好在上菜的空档向同桌的人打声招呼,把餐巾放在椅子上再走,别打乱了整个吃饭的程序和气氛。吃完饭后,只要将餐巾随意放在餐桌上即可,不必特意叠整齐。例如,王先生正在吃西餐,突然有一个电话打进来了,这个电话很重要,不能不接,但是在餐桌上一边吃一边接也不太合适。王先生要出去打电话,就可以把餐巾放在座椅的椅面上。

【小案例】

如何用西餐

　　老张的儿子留学归国,还带了位洋媳妇回来。为了讨好未来的公公,这位洋媳妇一回国就张罗着请老张一家到当地最好的四星级饭店吃西餐。

　　用餐开始了,老张为在洋媳妇面前显示出自己也很讲究,就用桌上一块"很精致的布"仔细地擦了擦自己的刀、叉。吃的时候,学着他们的样子使用刀叉,既费劲又辛苦,但他觉得自己挺得体的,总算没丢脸。用餐快结束了,吃饭时喝惯了汤的老张盛了几勺精致小盆里的"汤"放到自己碗里,然后喝下。洋媳妇先一愣,紧跟着也盛着喝了,而他的儿子早已是满脸通红。

　　老张闹了两个笑话,一是他不应该用"很精致的布"(餐巾)擦餐具,那只是用来擦嘴或手的;二是"精致小盆里的汤"是洗手的,而不是喝的。

　　(3) 西餐的上菜顺序。吃西餐在很大程度上讲是在吃情调:大理石的壁炉、熠熠闪光的水晶灯、银色的烛台、缤纷的美酒,再加上人们优雅迷人的举止,这本身就是一幅动人的画面。

　　正式的西餐宴会,一般有 9 ~ 10 道菜点。按上菜的顺序,吃什么菜用什么餐具,喝什么酒用什么酒杯,否则就是"外行"。

　　第一道面包、黄油。面包撕成小块,抹黄油,吃一块抹一块。

　　第二道冷小吃。用中刀叉。

　　第三道汤。饮舍利酒,用舍利杯。

　　第四道鱼。饮白葡萄酒,用白酒杯。

　　第五道副菜(小盘)。用中刀叉。

　　第六道主菜(大菜)。整只熏烤动物,如烤火鸡,用大刀叉,饮红葡萄酒,用红酒杯。

　　第七道甜点。用点心勺和中叉,饮香槟酒时用香槟杯。

　　第八道水果。

第九道咖啡。

第十道立口酒(蜜酒)。用立口杯。但在一般西餐中,餐具比较简单,菜点也比较简单。

【小贴士】

喝咖啡的礼仪

在西餐中,喝咖啡是大有讲究的。

(1) 杯的持握。供饮用的咖啡,一般都是用袖珍型的杯子装。这种杯子的杯耳较小,手指无法穿过去。但即使用较大的杯子,也不要用手指穿过杯耳端杯。正确的拿法应是用右手的拇指和食指握住杯耳,轻轻地端起杯子,慢慢品尝。不能双手握杯,也不能手端起碟子去吸食杯里的咖啡。用手握住杯身、杯口,托住杯底,也都是不正确的方法。

(2) 杯碟的使用。盛放咖啡的杯碟都是特制的。它们应当放在饮用者的正面或右侧,杯耳应指向右方。咖啡都是盛入杯中,放在碟子上一起端上餐桌的。碟子是用来放置咖啡匙,并接收溢出杯子的咖啡的。喝咖啡时,可以用右手拿着杯耳,左手轻轻托着咖啡碟,慢慢地移向嘴边轻啜。不要满把握杯大口吞咽,也不要俯首去就咖啡杯。如果坐在远离桌子的沙发上,不便使用双手端着咖啡饮用,可以做一些变通。可用左手将咖啡碟置于齐胸的位置,用右手端着咖啡饮用,饮毕应立即将咖啡杯置于咖啡碟中,不要让二者分家;如果离桌子近,只需端起杯子,不要端起碟子。添加咖啡时,不要把咖啡杯从咖啡碟中拿起来。

(3) 匙的使用。咖啡匙是专门用来搅咖啡的,如果咖啡太热也可用匙轻轻搅动,使其变凉。喝咖啡时应当把咖啡匙取出来,不要用咖啡匙舀着咖啡喝,也不要用咖啡匙捣碎杯中的方糖。不用匙时,应将其平放在咖啡碟中。

(4) 咖啡的饮用。喝咖啡时,不能大口喝,更不可以一饮而尽,而是一小口地细细品尝,切记不要发出声响,这样才能显示出品味。如果咖啡太热,可以用咖啡匙在杯中轻轻搅拌使之冷却,或者等自然冷却后再喝。试图用嘴把咖啡吹凉,是很不文雅的。

(5) 怎样给咖啡加糖。给咖啡加糖时,砂糖可用咖啡匙舀取,直接加入杯内;也可先用糖夹子把方糖夹在咖啡碟的近身一侧,再用咖啡匙把方糖加入杯里。如果直接用糖夹子或手把方糖放入杯内,有时可能会使咖啡溅出,从而弄脏衣服或台布。

(6) 用甜点的要求。有时喝咖啡可以吃一些点心,但不要一手端着咖啡杯,一手拿着点心,吃一口、喝一口地交替进行,这样的行为是非常不雅观的。喝咖啡时应当放下点心,吃点心时则放下咖啡杯。

(4) 西餐用餐的形象礼仪。吃西餐时,必须掌握吃西餐的礼仪规范,塑造良好的西餐用餐礼仪形象。

① 吃之得法。在吃第一道菜时开始食用面包。吃面包时,用左手撕下一块大小合适的面包,用黄油刀涂上黄油或果酱,送入口中。不要拿着整块面包,全部涂上黄油,双手托着吃;不能用叉子叉着面包吃,不能用刀叉切开吃。如盘内剩余少量菜肴时,不要用叉子刮盘底,更不要用手指辅助食用,应以小块面包或叉子辅助食用。如果是烤面包就不要撕开。甜食上来后,最好就不要再吃面包了。吃面包可蘸调味汁,吃到连调味汁都不剩,是对厨师的礼貌。注意不要把面包盘子"舔"得很干净,而要用叉子叉住已撕成小片的面包,

>>>>>>>>>

再蘸一点调味汁来吃。

吃西餐喝汤时不要啜吸，要用右手拇指和食指持汤匙，从汤盘靠近自己的一侧伸入汤中，向外侧将汤舀起。喝汤时不要端起盘子来喝；不要咂嘴发出声音；如汤过热，可待稍凉后再吃，不要用嘴吹，或用匙搅拌降温。汤盘中的汤快喝完时，用左手将汤盘的外侧稍稍翘起，用汤勺舀净即可。喝完汤时，将汤匙留在汤盘（碗）中，匙把指向自己。

肉、禽类菜肴是西餐的主菜。其中最有代表性的是牛肉或牛排。切牛肉时左手拿叉按住食物，右手执刀将其锯切成小块，然后用叉子将其送入口中。牛排的正确手法是：从牛排左下角开始切起来，向右上角方向一块一块切去。要是自己觉得麻烦，喜欢全切了再吃也可以，不过那样，肉容易变冷。吃鱼、肉等带刺或带骨的菜肴时，不要直接外吐，可用餐巾捂嘴轻轻吐在叉上放入盘内。吃鸡时，欧美人多以鸡胸脯肉为贵。吃鸡腿时应先用力将骨去掉，不要用手拿着吃。吃鱼时不要将鱼翻身，要吃完上层后用刀叉将鱼骨剔掉后再吃下层。吃肉时，要切一块吃一块，绝不能切得过大，或一次将肉都切成块。

【小贴士】

牛排的"几成熟"

牛排的生熟程度在西餐中称"几成熟"。

三成熟（rare）：切开牛排见断面仅上下两层呈灰褐色，其间70%肉为红色并带有大量血水，最能保留牛肉的鲜美。

五成熟（medium）：切开牛排见断面中央50%的肉为红色，带少量血水，是品尝牛扒的最佳成数。

七成熟至全熟（well done）：切开牛排见断面中央只有一条较窄的红线，肉中血水已近干是大众选择的成数。

八成熟：切开以后无血汁流出，切口呈粉红色，是刚接触牛扒人的最佳选择。

全熟：切开以后渗出少量清澈的肉汁，肉质变得稍硬，一般不推荐选择，但对于有宗教信仰的人来说比较合适。

全白：是在全熟的基础上更进一层，切开后肉质呈白色，个别需求，也不推荐。

西方人爱吃较生口味的牛排，由于这种牛排含油适中又略带血水，口感甚是鲜美。

东方人更偏爱七成熟的牛排，因为怕看到肉中带血，认为血水越少越好。

西餐的甜品是主菜后食用的，它包括所有主菜后的食物，如布丁、冰淇淋、水果等。西餐桌上的布丁一般是流质的，不能直接用手取食，应以专用的餐匙取食。冰淇淋上桌时，通常被置于专用的高脚玻璃杯内，应以餐匙食之。高级餐厅上甜点之前，会送上一个大托盘，摆满数种乳酪、饼干和水果，挑多少种都可以，但以吃得下为准。

【小贴士】

西餐中水果的食用方法

（1）草莓的吃法：普通的草莓可用手取食，可蘸些糖或酸奶；吃带调味汁的草莓须使用餐匙。

（2）菠萝的吃法：吃时应将其切割成小块，然后用餐叉进食，不要用手去抓食。

（3）苹果的吃法：最正规的吃法是切成大小相仿的 4 块，然后逐块去皮，再以刀叉食之。不过，现在绝大多数人都是用手拿着去皮的小块苹果直接吃。

（4）香蕉的吃法：食用整只香蕉时应先剥除外皮，再用刀叉切成小段，逐段食之，一般不应当一边用手拿着皮，一边慢慢咬着吃。

（5）橙子有两种吃法：一是先用刀去除其外皮，再用刀叉将内皮剥离，然后用刀叉分瓣而食；二是在用刀去皮后，切成几小块，再用手取食。

（6）葡萄的吃法：吃时可取一小串，一粒一粒用手揪下来吃。其皮、核可先悄然吐入手中，再转移至餐盘内。吃果盘内不成串的单粒葡萄时，宜以餐叉相助取食。

在正式西餐宴会上，酒水是主角，十分讲究与菜肴的搭配。一般来讲，每吃一道菜，便要换一种酒水。宴会上所用的酒水可以分为餐前酒、佐餐酒和餐后酒三种，每种又有许多具体的种类。

一是餐前酒，也叫开胃酒，在用餐前饮用或在吃开胃菜时饮用。开胃酒有鸡尾酒、味美思、威士忌和香槟酒。

二是佐餐酒，是在正式用餐期间饮用的酒水。西餐的佐餐酒均为葡萄酒，选择佐餐酒的一条重要原则是"白酒配白肉，红酒配红肉"。白肉指的是鱼肉、海鲜。红肉指的是猪肉、牛肉、羊肉。即白葡萄酒配海鲜类，红葡萄酒配肉类、禽类。

三是餐后酒，是用以助消化的酒水。常用的有利口酒、白兰地酒。

饮用不同的酒水，还要用不同的专用酒杯。在每位就餐者餐桌右边，餐刀的前方，都会横排着三四个酒水杯。它们分别为香槟酒杯、白葡萄酒杯、红葡萄酒杯及水杯。取用时，应按照由外侧向内侧的顺序依次取用，也可根据女主人的选择而紧随其后。

② 服装得体。西餐尤其是正式西餐，是非常注重礼节的。从穿衣戴帽到言谈举止，从尊重女士到要求男士，都有礼节的要求。

- 礼服。英式礼服，男装为黑色燕尾服、扎领结；女装则为拖地袒胸长裙，并配长筒薄纱手套。其他国家的人士可身着本民族的盛装，如我国的中山装、旗袍。目前，在隆重的宴会上，往往都要求穿礼服。
- 正装。在普通的宴会上，通常要求穿正装。在一般情况下，正装指的是深色，特别是黑色或藏蓝色的套装或套裙。需要注意的是，男装不要色彩过淡、过艳，女装切勿过短、过小。
- 便装。在一般的聚餐时，可以穿便装。这里的便装是有严格界定的，即男士可穿浅色西装，或仅穿单件的西装上衣；女士可以穿时装，或是以长西裤代替裙装。但是，绝对不能随心所欲地乱穿。

不管穿什么服装，在用餐时都不允许当众整理衣饰，如换衣服、松领带、脱鞋子等。

③ 尊重女士。和东方文化不同，西方对于女士的尊重体现在很多方面，在西餐中也能看到其踪迹。

- 尊崇女主人。在西餐宴请活动中，女主人地位倍受尊崇。例如，女主人要坐主位，由女主人"宣布"用餐开始或结束等。用西餐时，绝对看不到女主人忙里忙外、到处张罗,甚至难以入席的情境。

- 礼待女宾客。吃西餐时,不论是否相识,男士都应扮演"护花使者"的角色,应积极主动地照顾女士。如用餐前,要帮助女士存外衣或就座;用餐期间,要帮助女士取菜、拿调味品并陪其交谈等。

- 不见女侍者。正规的西餐馆,绝对讲究"女尊男卑"。在那里,只能见到清一色的男侍迎来送往,忙忙碌碌,却绝对难以见到一名女待。根据传统,西餐馆是一概不使用女侍的。

④ 举止优雅。享用西餐时,要想使自己"举止优雅",就要注意以下几方面。

- 坐姿端正。就座时,应从左侧进入,并使身体与餐桌保持两拳左右的距离。上身要呈挺拔之态,不要东倒西歪。双手不要支在桌上或藏于桌下,而应扶住桌沿,双腿切勿乱伸。餐台上已摆好的餐具不要随意摆弄。

- 文明用餐。吃西餐时,不要吃得自己"四处开花",身上、脸上到处都"痕迹斑斑",嘴上"满嘴生辉""五光十色",也不要把餐盘、餐桌和地面弄得一塌糊涂,要维护环境卫生。勿中途退席,如有事确需离开应向左右的客人小声打招呼。饮酒干杯时,即使不喝,也应该将杯口在唇上碰一碰,以示敬意。当别人为你斟酒时,如不要,可简单地说一声"不,谢谢!"或以手稍盖酒杯,表示谢绝。

- 禁出声音。西方人认为,只有缺乏教养者才会在进食时出声作响。因此,不论有意还是无意,吃东西还是喝东西,都不要弄出声音来,更不要弄得铿锵作响。在就座时,也不要把座椅、餐桌弄出怪异声音;在用餐时,如不懂怎样使用各种餐具,可以现场观摩他人,不要把餐具相互敲击或是指点别人。此外,体内的任何声响,不管是咳嗽、打喷嚏,还是打嗝,都应自觉控制,不要当众出丑。

- 尊重侍者。在一流餐厅里,客人除了吃以外,诸如倒酒、整理餐具、捡起掉在地上的刀叉等事,都应让侍者去做。在国外,进餐时侍者会来问:"How is everything？"如果没有问题,可用"Good"来表示满意。侍者会经常注意客人的需要。若需要服务,可用眼神向他示意或微微把手抬高,侍者会马上过来。如果对服务满意,想付小费时,可用签账卡支付,即在账单上写下含小费在内的总额再签名。最后别忘记口头致谢。

⑤ 礼貌交谈。商务环境下的西餐中,应该主动与人交流,特别是要主动向主人致意,不要吃了就走,不把主人放在眼里。用餐过程中,不仅要与老朋友寒暄、交谈,还要借机多交一些新朋友。左右客人如不认识,可先作自我介绍,再进行交流。别人讲话不宜插话。交谈时音量要小,保持对方能听见的程度,别影响到邻桌的客人,切忌高声谈笑或旁若无人地大声喧哗,这是极其失礼的行为。

【小幽默】

纸上的交流

两个美国人正在西班牙旅游。一天,他们走进一家小餐馆去吃午餐。两个人都不会说西班牙语,餐馆的服务员不会说英语。他们想让服务员懂得,他们要的是两份牛奶加三明治。

他们先把"牛奶"这个词说了好几遍,又把这个词的拼法说了一遍,但那位服务员还是不懂。终于,他们之中有一位拿出了一张纸和一支铅笔画了一头奶牛。他还没有画完,服务员已经跑出了餐馆。

画奶牛的人对同伴说:"看到没有,在外国遇到困难的时候,一支小小的铅笔是多么有用啊!"

几分钟后,那位服务员回来了。他放到两位美国人面前的是两张观看斗牛的入场券。

⑥ 得当处置。在西餐进行中,遇到以下特殊情况应得当处置。

a．碰到主人做感恩祷告。有的主人会在进餐前感恩祷告,或坐或立,来宾应尊重主人的做法。感恩祷告前,不要吃喝任何东西,安静地低着头。直到祷告结束,再把餐巾放在膝上,开始用餐。

b．塞牙或异物入口。如果你的牙缝里塞了蔬菜叶子或沙砾式的东西,不要在餐桌上用牙签剔,可以喝口水试试看。如果不行,就去洗手间,这样你就可以用力地漱口,也可以用牙签。

如果遇到不好吃的食物或异物入口时,必须注意不要引起一起吃饭的人的不快,但也不必逞强把不好的东西吃下去。可以用餐巾盖住嘴,赶紧吐到餐巾上,让服务员换一块新的餐巾。如果食物中有石子等异物时,可用拇指和食指取出来,放在盘子的一旁。

即使有只虫子从你的沙拉里爬出来,只要和主人或服务员使个眼色就行,心平气和地要求换掉,切记不要大惊小怪,让所有人都知道以至于都不敢吃了。这是表现你的勇气和风度的最佳时刻。

c．在餐桌上弄洒了东西。如果在餐桌上泼洒了东西,而且洒了很多的情况下,做主人的要叫服务员来清理你弄脏的地方,万一不能清除干净他会给你再铺上一块新的餐巾,把脏东西盖住,然后上下一道菜。如果在家里,只要用清洁用品清除就行了。如果你的座位弄上了大量的污渍,就向主人再要一块餐巾盖在弄脏的地方,同时向主人和其他客人表示道歉。如果你或你的家人弄坏了主人的任何东西,你应安排把弄坏的东西收在一起,并且清除干净或修好它们,在主人方便的时候再送回去。

d．刀叉掉到地上。用餐的时候,刀叉不小心掉到地上,如果弯腰去捡,不仅姿势不雅观,影响身边的人,也会弄脏手。这时,可以示意服务生来处理并提出更换新的餐具。

【小贴士】

西餐文化的特色

西餐文化的特色可用 6M 来归纳,即 M 开头的 6 个词汇。

(1) Menu(菜谱)。西餐中的菜谱被视为餐厅的门面,通常采用最好的材料做菜谱的封面,有的甚至用软羊皮打上各种美丽的花纹,显得格外典雅精致。菜谱的重要性不必多说,在法国,就是戴高乐、德斯坦总统吃西餐也得看菜谱点菜。因为看菜谱点菜已成为吃西餐的一个必不可少的程序,是一种优雅生活方式的表现。请宾客根据个人喜好自行点菜,是一种尊重对方的表现。

(2) Music(音乐)。豪华高级的西餐厅或酒店通常会有乐队演奏一些柔和的乐曲,一

>>>>>>>>>

般的西餐厅也会播放一些美妙典雅的乐曲。这里最讲究的是乐声的"可闻度",声音要达到"似听到又似听不到的程度",即集中精力和友人谈话就听不到,在休息放松时就听得到,这个"火候"要掌握好。

(3) Mood（气氛）。西餐讲究环境雅致,气氛和谐。除了要有音乐相伴之外,桌台一定要整洁,所有餐具一定要洁净。如遇晚餐,灯光要昏暗,桌上要有红色蜡烛,以营造一种浪漫、迷人、淡雅的气氛。

(4) Meeting（会面）。选择西餐方式进行商务宴请的前提是,宴请的宾客对西餐应有所了解或可以接受避免因宾客不熟悉或不喜欢吃西餐而造成双方尴尬。吃西餐主要是为了联络感情,因此在西餐餐桌上不应讨论过于严肃的话题,即便是商务话题,也应以轻松的方式进行交谈,切勿争论。

(5) Manner（礼节）。这是指"吃相"和"吃态"。西餐宴请应遵循西方的习俗,勿有唐突之举。特别是西餐餐具与中餐餐具有较大区别,使用的规矩、讲究更多,稍不留意就会"失态"。另外,西餐宴会,主人会安排男女相邻而坐,讲究"女士优先",以表现出对女士的尊重。

(6) Meal（食品）。一位美国美食家曾这样说:"日本人用眼睛吃饭,料理的形式很美;吃我们的西餐,是用鼻子的,所以我们的鼻子很大;只有你们伟大的中国人才懂得用舌头吃饭。"中餐是以"味"为核心,西餐则是以营养为核心。

【实训项目】组织庆典仪式

1. 实训要求

本训练为模拟庆典仪式。模拟某企业的庆典仪式,使仪式落实在某个商业组织上。要求编制一份庆典仪式程序,仪式按照程序进行;可由学生自己拟订重要领导和来宾名单并分别扮演相关角色。庆典结束后,学生评析,教师总结。

2. 实训内容

(1) 庆典仪式的类型。庆典是各种庆祝礼仪式的统称。举行开业庆典,要遵循"热烈、隆重、节俭"的原则。就内容而论,商界所举行的庆典仪式大致可以分为四类,如表8-7所示。

表8-7　庆典的类型

庆典类型	具 体 适 用
周年庆典	通常,它是逢五、逢十进行的。即在本单位成立五周年、十周年及它们的倍数时进行
荣誉庆典	当单位荣获了某项荣誉称号或单位的"拳头产品"在国内外重大展评中获奖之后,这类庆典基本上均会举行
业绩庆典	本单位取得重大业绩的庆典。如千日无生产事故、生产某种产品的数量突破10万台或某商品的销售额达到1亿元等
发展庆典	本单位建立集团、确定新的合作伙伴、兼并其他单位及分公司或连锁店不断发展时举行的庆典

（2）组织并筹备庆典。庆典的组织及筹备至少要注意出席者的确定、来宾的接待、环境的布置、庆典的程序四大问题。

① 精心确定出席者名单。庆典的出席者不应有滥竽充数的，也不应让对方勉为其难。确定庆典的出席者名单时，应当始终以庆典的宗旨为指导思想。一般来说，庆典的出席者包括以下各方，如表8-8所示。

表8-8　庆典参加人员的邀请

庆典参加人员	邀请原因及目的
上级领导	地方党政领导、上级主管部门的领导，大都对单位的发展给予过关心、指导。邀请他们参加，主要是为了表示感激之心
社会名流	社会各界的名人对公众最有吸引力，能够请到他们，将有助于更好地提高本单位的知名度
大众传媒	大众媒介，被称为"第四权力"，邀请他们并主动与他们合作，将有助于他们公正地介绍本单位的成就，进而加深社会对本单位的了解和认同
合作伙伴	在商务活动中，合作伙伴经常是彼此同呼吸、共命运的，所以，应请他们来与自己一起分享成功的喜悦
社区关系	他们是指那些与本单位共居于同一区域、对本单位具有种种制约作用的社会实体。请他们参加本单位的庆典，会使对方进一步了解本单位、尊重本单位、支持本单位，或是给予本单位更多的方便
单位员工	员工是本单位的主人，单位每一项成就的取得，都离不开他们的努力奋斗。让他们参加庆典可增强他们的主人翁意识，增强集体荣誉感

以上人员的具体名单一旦确定，就应尽早发出邀请或通知。鉴于庆典的出席人员甚多，牵涉面极广，故不到万不得已，决不许将庆典取消、改期或延期。

② 精心安排来宾的接待。与一般的组织交往中的接待工作相比，对出席庆典仪式的来宾的接待应更突出礼仪性的特点，如安排专门的礼宾小姐。不但应热心、细致地照顾好全体来宾，而且应通过主办方的接待工作，使来宾感受到主人真挚的尊重与敬意，使每位来宾都能心情舒畅。

最好是庆典一经决定举行，就成立对此全权负责的筹备组。筹备组通常由各方面的相关人士组成，他们应当是能办事、会办事、办实事的人。

在庆典的筹备组之内，应根据具体的需要，下设若干专项小组，在公关、礼宾、财务及会务等各方面"分兵把守"，各管一段。公关小组负责有关庆典的对内、对外的宣传及联络；礼宾组负责来宾的迎送、引导、陪同、招待；财务组负责庆典各项费用预算及支出；会务小组负责庆典的策划、现场的布置及各项活动统筹。

凡应邀出席庆典的来宾，绝大多数人对本单位都是关心和友好的，因此，当他们光临时，主人没有任何理由不让他们受到热烈且合乎礼仪的接待。若对来宾的接待工作马马虎虎，则会伤害来宾的自尊心。

③ 精心布置庆典仪式现场。举行庆祝仪式的现场是庆典活动的中心地点。对它的安排、布置是否恰当，会直接关系到庆典留给全体出席者的印象好坏。依据仪式礼仪的有关规范，在布置庆典的现场时，需要通盘思考的主要问题如表8-9所示。

表 8-9　庆典的现场布置

项　目	具 体 细 节
地点的选择	应结合庆典规模、影响力及本单位实际情况来定。单位礼堂、会议厅,本单位内部或门前的广场,以及外借的大厅等,均可选择。在室外举行庆典时,切勿因地点选择不慎,而将其变为制造噪声、妨碍交通或治安的活动
环境的美化	在力行节俭的同时,着力美化庆典现场环境。可悬挂彩灯、彩带,张贴宣传标语并张挂标明庆典具体内容的大型横幅,还可以请由本单位员工组成的乐队、锣鼓队演奏音乐或敲锣打鼓,热闹热闹。但是,这类活动要适度
场地的大小	应当牢记,场地并非越大越好。场地的大小应同出席者人数的多少相匹配
音响的准备	举行庆典之前,务必要把音响、麦克风及传声设备准备好。可在庆典举行前、后播放一些喜庆、欢快的乐曲。对于播放的乐曲,应先期进行审查

庆典仪式如图 8-26 所示（http://info.mt.hc360.com/2011/04/15104774042.shtml；http://www.shig.com.cn/news-1-167.html）。

图 8-26　庆典仪式

④ 精心拟定庆典程序。庆典举行的成功与否与其具体的程序有紧密关系。仪式礼仪规定,拟定庆典的程序时,必须坚持两条原则:一是庆典时间宜短不宜长。应以一个小时为其极限,这既是为了确保效果的良好,也是为了尊重全体出席者,尤其是为了尊重来宾。二是程序宜少不宜多。若程序过多,不仅会加长时间,而且会分散出席者的注意力,给人内容过于凌乱之感。总之,不要使庆典成为内容乱七八糟的"马拉松"。按照常规,一次庆典大致应包括表 8-10 所述的几项程序。

表 8-10　庆典的程序

庆 典 程 序	具 体 细 节
(1) 预备	请来宾就座,出席者安静,介绍嘉宾
(2) 宣布庆典正式开始	全体起立,奏国歌,唱本单位之歌
(3) 本单位主要负责人致辞	对来宾表示感谢,介绍此次庆典的缘由等,其重点是报捷及介绍庆典的可"庆"之处
(4) 邀请嘉宾讲话	出席庆典的上级领导、协作单位及社区关系单位均应有代表讲话或致贺词,但应当提前约好,不要当场当众推来推去
(5) 安排文艺演出	这项程序可有可无,如果要安排,则应慎选内容,不要使其有悖于庆典的主旨
(6) 邀请来宾进行参观	安排来宾参观本单位的有关展览或车间等,此项程序有时也可省略

【小案例】

嘉宾为何不高兴

某企业在新商场布置完毕,定于周日举行开业仪式,开业仪式的组织者派发了请柬,来宾到了现场,根据名签找到了自己的座位就座。大会仪式开始了,主持人宣布开业庆典开始。奏国歌,然后企业领导致辞,上级主管领导致辞,开业仪式结束了。也没有对重要的嘉宾作介绍,连主席台上的嘉宾也未作介绍。开业仪式一结束,嘉宾们都很不高兴地离开,有的边走边议论:"这是什么开业? 连开业的规矩都不懂。"

(3) 参加庆典的礼仪。参加庆典时,不论是主办单位的人员还是外单位的人员,均应注意自己临场之际的举止及表现。其中,主办单位人员的表现尤为重要。在举行庆祝仪式之前,主办单位应对本单位的全体员工进行必要的礼仪教育,还应对本单位出席庆典的人员规定好有关的注意事项,并且要求大家在临场之时,务必要严格遵守。在这一问题上,单位的负责人,尤其是出面迎送来宾和上主席台的人士,应"身先士卒",绝不允许有任何例外。按照仪式礼仪的规范,作为东道主的商界人士在出席庆典时,应当严格注意的问题如表 8-11 所示。[1]

表 8-11　参加庆典的礼仪

注意事项	具 体 细 节
仪容整洁	所有出席庆典的人员都应事先洗澡、理发,男士还应刮光胡须
服饰规范	有统一制服的单位,员工应以制服为庆典着装;无制服的单位,其员工及被邀请参加庆典的嘉宾应穿着礼仪性服装:即男士应穿深色的中山装套装或穿深色西装套装,配白衬衫、素色领带及黑色皮鞋;女士应穿深色西装套裙,配长筒肉色丝袜和黑色高跟鞋,也可穿深色的套裤或花色素雅的连衣裙
遵守时间	上到本单位最高负责人,下到级别最低的员工,都不得迟到、无故缺席或中途退场。若庆典起止时间已有规定,则应准时开始,准时结束。要向社会证明本单位言而有信
表情庄重	在庆典的整个过程中,表情都要庄重且聚精会神。若庆典中有升国旗、奏国歌、唱"厂歌"的程序,则一定要依礼行事:起立、脱帽、立正、面向国旗或主席台行注目礼,并且,认认真真,表情庄严、肃穆地和大家一起唱国歌、唱"厂歌"
态度友好	遇到来宾,要主动、热情问好。对来宾提出的问题,要立即予以友善的答复。当来宾发表贺词时,要主动鼓掌,以表示欢迎或感谢
行为自律	以自己的实际行动来确保庆典的顺利与成功,不应当因为自己的举止失当,而使庆典效果大打折扣
发言简短	上、下场时要沉着冷静,发言时要讲究礼貌,要在规定的时间内结束,发言时少做手势,发言时坚决不用含义不明的手势

① 张学娟. 实用商务礼仪 [M]. 北京:人民邮电出版社,2015:168-171.

>>>>>>>>>

【小案例】

言行之中见德行

　　王佳参加一公司的开业典礼,安排他就座前排。由于单位有急事,他来到该公司开业典礼现场时,已经进行了半个多小时,王佳环顾左右寻找自己的座位,并大摇大摆地走向座位。刚坐下,手机铃声又响个不停,随后又大声接听电话,无视周围嘉宾感受和整个开业典礼的热烈氛围。

3．训练自查

　　组织开业庆典自查见表 8-12。

表 8-12　组织开业庆典自查

自查项目	不足和缺陷	改进措施
开业庆典的舆论宣传工作		
来宾邀请工作		
发放请柬与布置现场		
准备开幕词、致辞		
接待服务工作		
礼品馈赠工作		
拟定典礼程序		
各种物质准备		
主办方礼仪		
宾客礼仪		

训练总结:

【课后练习】

　　1．案例分析。

成功的典礼

　　2017 年 5 月 8 日是 ×× 市 ×× 大酒店隆重开业的日子,整个酒店沉浸在喜庆的气氛之中。上午 11 时许,应邀前来参加庆典的有关领导、各界友人、新闻记者陆续到齐。剪彩进行之际,天突然下起了大雨,典礼只好移至厅内。典礼仪式在音乐和雨声中隆重举行,整个厅内灯光齐亮,使庆典别具一番特色。

　　典礼完毕,雨仍在下着,厅内还有避雨的行人,短时间内根本无法离去。于是,酒店经理当众宣布:"今天能聚集到我们酒店的都是我们的嘉宾,这是天意,希望大家能同敝店共享今天的喜庆,我代表酒店真诚邀请诸位到餐厅共进午餐,当然一切全部免费。"霎时间,大厅内响起雷鸣般的掌声。

　　虽然酒店开业额外多花了一笔午餐费,但酒店的名字在新闻媒体及众多顾客的渲染下迅速传播开来,接下来酒店的生意格外红火。

思考题：

从上述案例中,分析××大酒店开业成功的原因何在?

狼狈不堪的签约仪式

某年1月,宏达公司与美国戴维斯公司经过多轮磋商,达成了合作意向,他们决定16日上午10点在嘉元宾馆举办正式的签约仪式。准备工作由宏达公司总经理秘书王芳负责。由于王芳最近工作比较忙,所以准备签约仪式的时候比较紧张。到了这天,她提前半小时到了会场,突然发现合同文本忘记在办公室了,她赶快请办公室文员小李拿上合同,从后勤处要了一辆车火速赶往签约现场。幸好当天交通状况比较好,没有塞车,合同在会议开始前5分钟送到了,总经理秘书王芳悬着的心终于落下来了。可在主持人宣布签约仪式开始时,王芳发现她忘记安排助签人了,所以她自己临时上阵担任助签人,而她的着装与签约仪式的气氛不是很协调,导致场面有点尴尬。

思考题：

(1) 举行典礼活动应做好哪些准备?

(2) 签约仪式对助签人有何要求?

开业典礼失败

吉祥商场在店门口举行盛大的开业典礼。主持人刚讲话,话筒便掉到地上摔坏了。调换话筒后,典礼刚重新开始,天又变脸下起了大雨,典礼活动只好移到店内举行。总经理致辞未毕,又突然停电了,整个商场一片昏黑混乱。一场隆重的盛典简直变成了"闹剧"。

思考题：

(1) 该次开业典礼失败的原因是什么?

(2) 如果由你负责策划这次开业典礼,你会如何避免类似的事件?

没有效率的会议

某商贸集团公司总经理告知秘书小周,当日下午2点在一楼会议室召开各部门经理会议,讨论下个月的工作安排,协调各部门工作。小周立即打开邮件发送窗口,在窗口中拟写会议通知,内容如下:"各部门经理:兹定于1月18日下午2点在一楼会议室召开各部门经理会议,请务必准时出席。"发送完毕,为确保通知到位,他又电话通知各部门经理,告知开会的时间和地点,具体情况请他们查阅邮件。

会议开始后,总经理要求各部门经理汇报本部门下个月的工作安排情况。各部门经理因事先不清楚会议议题,都没有做准备。总经理非常恼火,责备秘书小周为什么发送通知没有写上会议内容,并指责各部门经理安排工作没有超前意识。

一个小时的会议只是泛泛而谈,会议在沉闷的气氛中结束。

思考题：

(1) 什么原因影响了本次会议的效率?

(2) 为确保会议成功高效应该做哪些准备工作?

嘉宾们即将到来

五湖四海公司的新产品发布会即将开始,总经理秘书小叶正站在会议大厅的入口处,她一边做着最后的检查,一边等着嘉宾的到来。她检查主席台上放置的名签时,发现有问题,一位嘉宾因故不能前来,名签却没有撤掉,而另一位嘉宾刚才来电话说要来参加新产品发布会,名签却没有准备。这时她的手机又响了,原来是接电视台记者的汽车在路上抛锚了,重新派车已经来不及了。同时,会议秘书组的人员来报,宣传材料不够。此时嘉宾已经陆续到来。

思考题:

(1) 如何有条不紊地做好各项会务工作?

(2) 本案例对你有哪些启示?

会场的"明星"

小刘的公司应邀参加一个研讨会,该研讨会邀请了很多商界知名人士以及新闻界人士参加。老总特别安排小刘和他一道去参加,同时也让小刘见识大场面。

开会这天小刘早上睡过了头,等他赶到,会议已经进行了 20 分钟。他急急忙忙推开了会议室的门,"吱"地一声脆响,他一下子成了会场上的焦点。刚坐下不到 5 分钟,肃静的会场上响起了摇篮曲,是谁放的音乐?原来是小刘的手机响了!这下子,小刘可成了全会场的"明星"……

没多久,听说小刘就离开了该公司。

思考题:

(1) 小刘失礼的地方表现在哪里?

(2) 参加各种会议应该注意哪些礼仪?

尴尬的宴会

D 城市接待了一位外商。这位外商是美国人,他来这座城市是进行投资考察的。考察进行得较顺利,双方达成了初步的合作意向。这天接待方设宴款待这位外商,宴会的菜肴很丰盛,主客双方交谈得比较愉快。这时席间上来了一道特色菜,为了表示接待方的热情,一位接待方领导便为这位外商夹了一筷子菜放到他的碟子里。这位外商当即露出不悦的神色,也不再继续用餐,双方都很尴尬。

思考题:

(1) 这位外商为什么露出不悦的神色?

(2) 接待方应该怎样表示热情之意?

南茜的安排

南茜在一家著名跨国公司的北京总部做总经理秘书工作,中午要随总经理与市场总监参加一个工作午餐会,主要是研究未来一年市场推广工作的计划。这不是一个很正式的会议,主要是利用午餐时间彼此沟通一下。南茜知道晚上公司要正式宴请国内最大的客户张总裁等一行人,答谢他们一年来给予的支持,她已经提前安排好了酒店和菜单。午餐是自助餐的形式,与总经理一起吃饭,南茜可不想失分,在取食物时,她选择了一些一口能吃下去的食物,放弃了她平时喜爱的大虾等需要用手帮忙才能吃掉的美食。她知道自己可能随时要记录老板的指示,没有时间去补妆,而总经理是法国人,又十分讲究。

下午回到办公室，南茜再次落实了酒店的宴会厅和菜单，为晚上的正式宴请做准备。算了算宾主双方共有8位，南茜安排了桌卡，因为是熟人，又只有几个客人，所以没有送请柬。可她还是不放心，就又拿起了电话找到了对方公关部李经理，详细地说明了晚宴的地点和时间，又认真地询问了他们老总的饮食习惯。李经理说他们的老总是山西人，不太喜欢吃海鲜，但非常爱吃面食。南茜听后，又给酒店打电话，重新调整了晚宴的菜单。

南茜还是决定提前半小时到酒店，看看晚宴安排的情况并在现场做点准备工作。到了酒店后，南茜找到领班经理，再次讲了重点事项，又和他共同检查了宴会的准备。宴会厅分内外两间，外边是会客室，是主人接待客人小坐的地方，已经准备好了鲜花和茶点；里边是宴会的房间，中式宴会的圆桌上已经摆放好各种餐具。

南茜知道对着门口桌子上方的位子是主人位，但为了慎重行事，还是征求了领班经理的意见。从带来的桌卡中先挑出写着自己老板名字的桌卡放在主人位置上，再将对方老总的桌卡放在主人位置的右边。想到客户公司的第二把手也很重要，就将他放在主人位置的左边。南茜又将自己的顶头上司市场总监的桌卡放在桌子的下首正位上，再将客户公司的两位业务主管的桌卡分放在他的左右两边。为了便于沟通，南茜就将自己的位置与公关部李经理放在了同一方向。

晚宴的一切准备工作已经就绪。南茜看了看时间还差15分钟，就在酒店的大堂内等候。提前10分钟看到总经理一行到了酒店门口，南茜就在送他们到宴会厅途中简单地汇报了安排。南茜随即又返身回到了酒店大堂，等待着张总裁一行人的到来。几乎分秒不差，她迎接的客人准时到达。

晚宴按南茜精心安排的情况顺利进行着，宾主双方笑逐颜开，客户不断夸奖菜的味道不错，正合他们的胃口。这时领班经理带领服务员像表演节目一样端上了山西刀削面。客人看到后立即哈哈大笑起来，高兴地说道，你们的工作做得真细致。南茜的总经理也很高兴地说，这是南茜的功劳。

看到宾主很满意，南茜心里暗自总结着经验：下午根据客人的口味调整菜单，去掉了鲍鱼等名贵菜，不仅省钱，还获得了客人的好感。

思考题：

(1) 南茜对于宴请的准备与安排有哪些成功之处？

(2) 本案例有哪些成功经验值得我们学习？

吃　相

在与自己的同事一道外出参加宴会时，财政局干事姜某因为举止有失检点，从而招致了大家的非议。

姜某当时在宴会上为了吃得畅快，在开始用餐后便一而再、再而三地减轻自己身上的"负担"。他先是松开领带，接下来又解开领扣、松开腰带、卷起袖管，到了最后，竟然又悄悄地脱去自己的鞋子。尤其令人感到不快的是，姜某在吃东西时，总爱有意无意地咂嘴，吃得轰然作响，并且其响声"一波未平，一波又起""一浪高过一浪"。

姜某在宴会上的此番作为，不仅令他身边的人瞠目结舌，而且也让他的同事们无地自容。大家就此纷纷指责姜某：不仅影响了自己的形象和单位的形象，也影响了大家的形象。

>>>>>>>>>

思考题:

(1) 给姜某一些礼仪方面的建议。

(2) 本案例对你有何启示?

2．五湖四海商贸公司准备召开客户联欢会,你准备怎样开好这次会?

3．某职业技术学院为推荐毕业生就业,专门邀请了 10 家企业的领导进行会谈。请模拟演示这次会谈程序,最后安排企业领导与师生合影。

4．在全班举办一次企业标识展览会。学生 5～6 人为一组,分组进行准备。经过一周的准备后,进行展示,每组一块展板,安排一名学生进行讲解。

5．你所在的单位要进行十周年庆典活动。如果负责人把庆典活动的组织工作交给你,你该如何来做呢?

6．某班刚刚组建班委会,准备召开"发布会",会上班委会将要发布"施政纲领",还将接受班级同学的提问,请进行现场演练。有条件的话还可以将新闻发布会录像,待实训结束后,在班里播放,进行评价。

7．博大公司拟举办回馈新老客户的茶话会,时间定在本周六上午 9 点,地点在 D 宾馆的 999 厅。假如你是该会务组负责人,请做一个组织安排。

8．中国五湖四海饮料公司将迎来一批来自美国的华尔集团商务考察团,五湖四海饮料公司准备向华尔集团订购 2 条先进的罐装流水线设备。在这次考察活动中要进行谈判,将签订合同,举行签字仪式。请模拟这次签字仪式。

9．某车展开幕,本次车展来了许多知名宾客进行参观,你作为本次车展的解说员,将为这些知名宾客进行解说,你将如何开展工作(这些知名宾客以演员、歌手为主,可以让一些同学扮演宾客)。

10．五湖实业公司总经理让其助理郑小姐安排一次中餐接待宴会,宴请公司重要的合作伙伴四海公司王总经理一行 (5 人),郑小姐应该怎样安排这一宴请呢?

11．如果你是一位宴请者,根据当地的风俗习惯,你会在宴会的前前后后注意哪些礼仪规范? 请详细列表。

12．请你的好朋友协助,指正自己进餐的姿势动作。

13．事先准备几份饭店菜单,让学生分组进行点菜、配菜练习,最后由老师和学生一起,从色、香、味、营养、价格等方面进行评价,评出班级点菜"营养师"。

14．在方便的时候,邀约几个好友去西餐厅就餐,感受环境氛围,品尝美味佳肴,并观察他人的就餐习惯,寻找不符合西餐就餐礼仪习惯的地方进行总结。

参 考 文 献

[1] 王玉苓. 商务礼仪案例与实践 [M]. 北京：人民邮电出版社，2018.

[2] 佚名. 职场礼仪 [EB/OL]. [2018-03-31]. https://max.book118.com/html/2018/0331/159483506.shtm.

[3] 佚名. 商务接待拜访礼仪 [EB/OL]. [2018-05-09]. https://wenku.baidu.com/view/1153e144ef06eff9a
    ef8941ea76e58fafbb04559.html.

[4] 佚名. 商务交往案例资源 [EB/OL]. [2018-04-04]. http://www.docin.com/p-2098033768.html.

[5] 孙淑艳，兰福. 商务礼仪 [M]. 北京：北京理工大学出版社，2017.

[6] 孙玲，江美丽. 商务礼仪实务与操作 [M]. 北京：对外经贸大学出版社，2017.

[7] 高琳. 人际沟通与礼仪 [M]. 北京：人民邮电出版社，2017.

[8] 张永红. 商务礼仪实践 [M]. 北京：北京理工大学出版社，2017.

[9] 张铭. 现代实用社交礼仪 [M]. 北京：人民邮电出版社，2017.

[10] 刘桂华，王琳. 大学生实用口才训练教程 [M]. 北京：人民邮电出版社，2017.

[11] 张家平. 赏心悦目　简洁明了　让求职简历靓起来 [J]. 秘书之友，2017（1）.

[12] 佚名. 应聘被拒绝后，只问了一句话，就成功抓住老板的心 [EB/OL]. [2017-10-17]. http://www.sohu.
    com/a/198500136_187370.

[13] 佚名. 个人形象礼仪 [EB/OL]. [2017-08-19]. http://www.doc88.com/p-6347455373782.html.

[14] 佚名. 职业礼仪与职业形象设计 [EB/OL]. [2017-11-28]. https://wenku.baidu.com/view/98b1e48d
    5122aaea998fcc22bcd126fff7055d03.html.

[15] 佚名. 公共关系礼仪 [EB/OL]. [2017-07-19]. https://www.jinchutou.com/p-2058139.html.

[16] 佚名. 乘坐电梯时的礼仪 [EB/OL]. [2017-12-26]. http://www.sohu.com/a/212860561_166880.

[17] 佚名. 职场交际礼仪 [EB/OL]. [2017-02-23]. https://max.book118.com/html/2017/0217/92422617.shtm.

[18] 佚名. 巧妙回答打开求职之门 [EB/OL]. [2017-03-28]. http://www.sohu.com/a/130834368_687453.

[19] 佚名. 职业形象案例资源 [EB/OL]. [2017-05-08]. https://wenku.baidu.com/view/8294ee39157
    91711cc7931b765ce0508763275e4.html.

[20] 佚名. 商务宴请礼仪 [EB/OL]. [2017-03-05]. https://max.book118.com/html/2017/0305/94390662.shtm.

[21] 佚名. 涉外礼仪 [EB/OL]. [2017-09-21]. https://wenku.baidu.com/view/7f8ce6f085254b35eefdc8d
    376eeaeaad1f316f2.html.

[22] 张岩松. 知书达礼——现代交际礼仪畅讲 [M]. 北京：清华大学出版社，2016.

[23] 张再欣. 现代商务礼仪 [M]. 北京：中国人民大学出版社，2016.

[24] 杨再春，陈方丽. 商务礼仪实训教程 [M]. 北京：清华大学出版社，2016.

[25] 陈玉慧，唐玉藏. 商务礼仪实训 [M]. 北京：机械工业出版社，2016.

[26] 李慧茹，王瑞春. 商务礼仪 [M]. 北京：清华大学出版社，2016.

[27] 杨贺，杨娟，马静静. 商务礼仪 [M]. 北京：北京理工大学出版社，2016.

[28] 黄琳. 商务礼仪 [M]. 北京：机械工业出版社，2016.

[29] 秦保红. 职场礼仪教程 [M]. 北京：中国人民大学出版社，2016.

[30] 田妞. 在国外如何付小费 [J]. 中国质量万里行，2016（1）.

[31] 李良旭. 敬畏规则 [N]. 今晚报，2016-03-22（13）.

[32] 程真.《六尺巷》登春晚 原唱者称赵薇演唱恰合礼让包容内涵 [EB/OL].［2016-02-08］. http://ent. ifeng.com/a/20160208/42574633_0.shtml.

[33] 佚名. 商务人员礼仪修养 [EB/OL].［2016-10-08］. https://wenku.baidu.com/view/65a1a0e1b7360b4c 2f3f6457.html.

[34] 佚名. 销售的例子 [EB/OL].［2016-08-19］. http://www.qinxue365.com/kczx/123255.html.

[35] 佚名. 服饰礼仪 [EB/OL].［2016-10-30］. http://www.docin.com/p-1770410343.html.

[36] 佚名. 礼貌礼仪常识 [EB/OL].［2016-07-06］. https://wenku.baidu.com/view/2a065a5af121dd36a22 d820d.html.

[37] 佚名. 接待实务 [EB/OL].［2016-07-19］. https://wenku.baidu.com/view/9aa4ca55f121dd36a22d826f. html.

[38] 佚名. 商务通信礼仪 [EB/OL].［2016-08-30］. https://wenku.baidu.com/view/898b87dc7375a 417876 f8fab.html.

[39] 佚名. 会议运营管理 [EB/OL].［2016-01-14］. http://www.docin.com/p-1427651262.html.

[40] 葛奇峰. 中国传统书信礼仪 [J]. 寻根，2015（6）.

[41] 徐汉文, 张云河. 商务礼仪 [M]. 北京：高等教育出版社，2015.

[42] 佚名. 礼仪漫谈之二：接待礼仪（上）[J]. 公关世界，2015（5）.

[43] 佚名. 礼仪漫谈之二：接待礼仪（下）[J]. 公关世界，2015（6）.

[44] 佚名. 犹太人的赚钱哲学 [EB/OL].［2015-12-11］. https://wenku.baidu.com/view/e14126be02020740 bf1e9b26.html.

[45] 佚名. 交往交际礼仪（全）[EB/OL].［2015-12-23］. https://wenku.baidu.com/view/74a2bc1cad51f01 dc381f18f.html.

[46] 佚名. 综合实践活动教案 [EB/OL].［2015-11-23］. https://wenku.baidu.com/view/fdb340963968011 ca2009123.html.

[47] 佚名. 美发礼仪 [EB/OL].［2015-04-13］. http://dushu.qq.com/read.html?bid=580124&cid=5.

[48] 佚名. 细节决定胜负 [EB/OL].［2015-01-27］. https://wenku.baidu.com/view/17aba3151ed9ad51f11 df214.html.

[49] 佚名. 涉外礼仪：穿衣别出洋相 [EB/OL].［2015-08-24］. https://wenku.baidu.com/view/f7f4909eba 1aa8114431d9b1.

[50] 佚名. 持三字帖 [EB/OL].［2015-03-08］. https://wenku.baidu.com/view/6356f938767f5acfa1c7cdb2.html.

[51] 佚名. 拜访与求职礼仪 [EB/OL].［2015-05-21］. http://www.docin.com/p-1155609891.html.

[52] 佚名. 与人交谈的技巧 [EB/OL].［2015-02-01］. http://www.qinxue365.com/kczx/23920.html.

[53] 李元秀. 沟通的艺术 [EB/OL].［2015-10-08］. http://www.longruo.com/catalog/8039_42.html.

[54] 佚名. 求职失败小故事 [EB/OL].［2015-04-18］. https://wenku.baidu.com/view/eeeaa71e0b1c59eef9 c7b440.html.

[55] 佚名. 求职礼仪 [EB/OL].［2015-08-20］. http://www.docin.com/p-1265559458.html.

[56] 佚名. 仪式礼仪 [EB/OL].［2015-05-26］. http://www.docin.com/p-1161551921.html.

[57] 佚名. 秘书办会案例 [EB/OL]. [2015-10-30]. https://wenku.baidu.com/view/ebd08216680203d8ce2f24 d3.html.

[58] 佚名. 礼仪训练样题 [EB/OL]. [2015-10-19]. https://wenku.baidu.com/view/96f4781484868762cbaed52 f.html.

[59] 佚名. 做介绍时的你 [EB/OL]. [2015-07-07]. https://wenku.baidu.com/view/e250579c14791711cc7917 c8.html.

[60] 张先勇. 当场打动主考官：求职面试的 128 个成功法则 [M]. 北京：石油工业出版社，2005.

[61] 王华. 金融服务礼仪 [M]. 北京：高等教育出版社，2014.

[62] 张茹. 商务洽谈的礼仪性准备和原则探析 [J]. 中外企业家，2014（5）.

[63] 佚名. 文明礼仪电子报刊文字材料 [EB/OL]. [2014-12-16]. https://wenku.baidu.com/view/2c41dbcf 0029bd64793e2c05.html.

[64] 佚名. 现代礼仪案例 [EB/OL]. [2014-10-02]. http://www.docin.com/p-926897324.html.

[65] 佚名. 礼仪案例分析 [EB/OL]. [2014-08-26]. https://wenku.baidu.com/view/3e372ba504a1b0717 ed5dd32.html.

[66] 佚名. 礼仪案例 [EB/OL]. [2014-12-14]. http://www.doc88.com/p-7304094194254.html.

[67] 佚名. 职业形象礼仪习题集 [EB/OL]. [2014-02-09]. https://wenku.baidu.com/view/0a520ad1998 fcc22bcd10dae.html.

[68] 佚名. 礼仪故事 [EB/OL]. [2014-01-12]. https://wenku.baidu.com/view/bd0351e07f1922791688e857. html.

[69] 佚名. 旅游服务礼貌用语 [EB/OL]. [2014-01-08]. http://www.docin.com/p-752051441.html.

[70] 冯玉珠. 餐饮礼仪全攻略 [M]. 北京：对外经济贸易大学出版社，2005.

[71] 佚名. 公务接待 [EB/OL]. [2014-11-12]. https://wenku.baidu.com/view/0950ecc6b0717fd5370cdc13.html.

[72] 佚名. 访送礼仪 [EB/OL]. [2014-04-21]. http://www.doc88.com/p-1961927751989.html.

[73] 佚名. 出迎三步 身送七步 [EB/OL]. [2014-05-01]. http://www.360doc.com/content/14/0501/10/144 21628_373678289.shtml.

[74] 佚名. 微信基本商务礼仪十条 [EB/OL]. [2014-05-07]. https://wenku.baidu.com/view/c92749f4c77 da26924c5b02e.html.

[75] 佚名. 古今中外礼仪故事 [EB/OL]. [2014-01-02]. http://www.360doc.com/content/14/0102/14/1442 1628_342043834.shtml.

[76] 佚名. 面试口才 [EB/OL]. [2014-04-14]. https://wenku.baidu.com/view/3c0bf95055270722192ef753.html.

[77] 佚名. 就餐礼仪 [EB/OL]. [2014-03-10]. https://wenku.baidu.com/view/f2d9550d2b160b4e767fcfc2.html.

[78] 佚名. 你的形象价值百万 [EB/OL]. [2006-11-11]. http://blog.sina.com.cn/s/blog_4ac0e389010005a1.html.

[79] 佚名. 服务礼仪作用 [EB/OL]. [2014-03-08]. https://wenku.baidu.com/view/a31e6a26f5335a8102d 22074.html.

[80] 王珊. 商务活动组织与策划 [M]. 北京：中央广播电视大学出版社，2013.

[81] 许宝良. 商务礼仪 [M]. 北京：高等教育出版社，2013.

[82] 王婷. 论职业秘书的气质培养与塑造 [J]. 成都行政学院学报，2013（2）.

[83] 王吴军. 雨果的一句话 [J]. 思维与智慧，2013（4）.

[84] 秦湖．八万两银子的破箩筐 [J]．芳草，2013（10）．

[85] 杨汉东．紧扣"求""职""信"，写好求职信 [J]．吉林省教育学院学报，2013（1）．

[86] 邱岳宜．涉外礼仪的十项原则 [J]．对外经贸实务，2003（2）．

[87] 佚名．维护好个人形象 [EB/OL]．[2013-06-17]．https://wenku.baidu.com/view/64f79a5ecf84b9d5
29ea7a01.html．

[88] 佚名．商务礼仪 [EB/OL]．[2013-09-27]．https://wenku.baidu.com/view/5f10b4090066f5335a8121eb.html．

[89] 佚名．商务接待拜访礼仪 [EB/OL]．[2013-09-27]．https://wenku.baidu.com/view/16c706f784254b35
eefd34ea.html．

[90] 佚名．商务礼仪与交往 [EB/OL]．[2013-10-12]．https://wenku.baidu.com/view/8bb9ebffc1c708a1294
a4402.html．

[91] 佚名．日常交往礼仪 [EB/OL]．[2013-11-22]．http://www.docin.com/p-729292599.html．

[92] 佚名．商务公务礼仪 [EB/OL]．[2013-09-02]．https://wenku.baidu.com/view/da6c9f48561252d380eb
6ea2.html．

[93] 黄仲立．达·芬奇的求职信 [EB/OL]．[2013-05-19]．https://wenku.baidu.com/view/d749b7c86137
ee06eff91851.html．

[94] 佚名．面试薪资回答 [EB/OL]．[2013-08-03]．http://blog.sina.com.cn/s/blog_c32611170101mmub.html．

[95] 佚名．言谈礼仪 [EB/OL]．[2013-07-12]．https://wenku.baidu.com/view/54c94dcc28ea81c758f57862.html．

[96] 佚名．会议礼仪 [EB/OL]．[2013-11-15]．https://wenku.baidu.com/view/149aa5dbf61fb7360b4c6589.
html．

[97] 佚名．关于礼仪的十个小故事 [EB/OL]．[2013-04-23]．https://wenku.baidu.com/view/628872e45ef
7ba0d4a733b23.html．

[98] 佚名．商务礼仪案例集 [EB/OL]．[2016-02-27]．https://wenku.baidu.com/view/7061e303b9f3f90f77
c61b32.html．

[99] 佚名．礼仪小测试 [EB/OL]．[2013-03-26]．http://www.docin.com/p-622546259.html．

[100] 金常德．现代交际礼仪 [M]．大连：大连出版社，2012．

[101] 万文斌,郝素岭,陈明华．商务礼仪 [M]．北京：航空工业出版社，2012．

[102] 崔玉环,祝永志．商务礼仪 [M]．北京：高等教育出版社，2012．

[103] 卢新华,康娜．社交礼仪 [M]．北京：北京大学出版社，2012．

[104] 董乃社,刘庆军．社交礼仪实训教程 [M]．北京：北京交通大学出版社，2012．

[105] 卢如华,韩开绯．社交礼仪 [M]．大连：大连理工大学出版社，2012．

[106] 顾筱君．21 世纪形象设计教程 [M]．北京：机械工业出版社，2012．

[107] 佚名．服务礼仪 [EB/OL]．[2012-08-27]．https://wenku.baidu.com/view/8b6e016b1eb91a37f1115c36.
html．

[108] 佚名．商务礼仪基本理念 [EB/OL]．[2012-07-07]．http://www.docin.com/p-436705479.html．

[109] 佚名．商务礼仪测试题 [EB/OL]．[2012-09-11]．https://wenku.baidu.com/view/e69e4a45a8956bec
0975e36a.html．

[110] 佚名．请客吃饭的艺术注意事项 [EB/OL]．[2012-07-23]．http://www.docin.com/p-447645191.html．

[111] 佚名．称呼礼仪 [EB/OL]．[2012-04-24]．https://wenku.baidu.com/view/fa15ed82b9d528ea81c77961.
html．

[112] 佚名. 小称呼大学问 [EB/OL]. [2012-07-24]. https://wenku.baidu.com/view/b3a7422f915f804d2b16c169.html.

[113] 佚名. 社交礼仪 [EB/OL]. [2012-12-15]. http://www.docin.com/p-554729686.html.

[114] 佚名. 守时是美德 [EB/OL]. [2012-02-15]. https://wenku.baidu.com/view/770cf740b307e87101f69637.html.

[115] 佚名. 谐音笑话 [EB/OL]. [2012-03-11]. https://wenku.baidu.com/view/ed41790c581b6bd97f19eab4.html.

[116] 佚名. 诚信故事几则 [EB/OL]. [2012-10-23]. https://wenku.baidu.com/view/362657345a8102d276a22f42.html.

[117] 佚名. 涉外商务礼仪 [EB/OL]. [2012-10-03]. http://www.docin.com/p-491943860.html.

[118] 张建宏. 社交礼仪与沟通技巧 [M]. 北京：国防工业出版社，2011.

[119] 罗恺赟. 注重大学生职业形象塑造, 提升高职人才就业竞争力 [J]. 读与写: 教育教学刊, 2011 (3).

[120] 张建宏. 现代商务礼仪教程 [M]. 北京：国防工业出版社，2011.

[121] 朗月. 别不小心打败了自己 [J]. 青年文摘, 2000 (10).

[122] 姜得祺. 中国饭局里的潜规则 [M]. 北京：中国画报出版社，2011.

[123] 佚名. 礼仪案例 [EB/OL]. [2011-11-03]. https://wenku.baidu.com/view/64ec0a18a300a6c30c229f8d.html.

[124] 佚名. 声音是人类交流中最有力的乐器 [EB/OL]. [2011-08-28]. http://www.docin.com/p-250099188.html.

[125] 佚名. 飞行员的故事 [EB/OL]. [2011-09-06]. http://www.docin.com/p-254993815.html.

[126] 佚名. 商务文书交际礼仪 [EB/OL]. [2011-11-22]. http://www.doc88.com/p-994595513903.html.

[127] 佚名. 公共关系专题活动 [EB/OL]. [2011-01-07]. http://www.docin.com/p-115616848.html.

[128] 佚名. 商务仪式礼仪 [EB/OL]. [2011-05-08]. http://www.docin.com/p-198276672.html.

[129] 钟立群，王炎. 现代商务礼仪 [M]. 北京：北京大学出版社，2010.

[130] 王彤彤. 职场礼仪 [M]. 大连：大连理工大学出版社，2010.

[131] 徐汉文. 商务礼仪实训 [M]. 大连：东北财经大学出版社，2010.

[132] 吴新红. 实用礼仪教程 [M]. 北京：化学工业出版社，2010.

[133] 刘克芹. 社交礼仪 [M]. 北京：经济科学出版社，2010.

[134] 陈乾文. 别说你懂职场礼仪 [M]. 北京：龙门书局，2010.

[135] 王忠伟，蒲岸华，李洪娜，胡迎春. 商务礼仪 [M]. 大连：东北财经大学出版社，2010.

[136] 孙玲. 商务礼仪实务与操作 [M]. 北京：对外经济贸易大学出版社，2010.

[137] 关彤. 社交礼仪 [M]. 海口：海南出版公司，2010.

[138] 杜明汉. 商务礼仪——理论、实务、案例、实训 [M]. 北京：高等教育出版社，2010.

[139] 杨海清. 现代商务礼仪 [M]. 北京：科学出版社，2010.

[140] 张华莹. 浅谈形体训练的内容及常见的形体运动 [J]. 运动, 2010 (9).

[141] 曹君，刘巍. 探讨现代大学生职业形象的设计 [J]. 景德镇高专学报, 2010 (10).

[142] 郑娇，李娥. 职业形象与职业礼仪 [J]. 信息系统工程, 2010 (4).

[143] 罗贵洪. 对女大学生气质美培养途径的研究 [J]. 贵州体育科技, 2010 (9).

[144] 孙郡锴．做最好的推销员 [M]．北京：中国华侨出版社，2010．

[145] 流沙．花三分钟感谢 [J]．半月选读，2010（14）．

[146] 佚名．魅力何来 [EB/OL]．[2010-11-27]．https://wenku.baidu.com/view/39a872360b4c2e3f572763bd.
html．

[147] 佚名．讲服饰礼仪 [EB/OL]．[2010-10-22]．https://wenku.baidu.com/view/fdae3dc758f5f61fb 7366640.
html．

[148] 佚名．道一声早安 [EB/OL]．[2020-08-24]．https://www.douban.com/group/topic/190709316/．

[149] 佚名．他们的求职故事 [EB/OL]．[2010-11-24]．https://wenku.baidu.com/view/d5cfdfd3240c844769
eaeeae.html．

[150] 颜永平．巧妙应对面试 [EB/OL]．[2010-11-21]．http://www.docin.com/p-99470831.html．

[151] 佚名．商务宴请 [EB/OL]．[2010-08-26]．https://wenku.baidu.com/view/f2aae5d63186bceb19e8bb75.
html．

[152] 严军．商务礼仪与职业形象 [M]．北京：对外经济贸易大学出版社，2009．

[153] 孔江联，郭华．现代大学生职业形象及其设计研究 [J]．中国成人教育，2009（7）．

[154] 未来之舟．销售礼仪 [M]．北京：中国经济出版社，2009．

[155] 王平．商务接待全攻略 [J]．理财，2009（5）．

[156] 朱金凤．欧美国家的"小费"文化刍议 [J]．资治文摘，2009（6）．

[157] 张万良．浅谈形象气质与个人发展 [J]．职业时空，2009（2）．

[158] 任龙．交谈礼仪 [J]．秘书，2009（6）．

[159] 王慧敏，吴志樵，周永红．商务礼仪教程 [M]．北京：中国发展出版社，2008．

[160] 龙飞．小幽默大智慧 [M]．北京：海潮出版社，2008．

[161] 饶世权．谈谈职业形象 [J]．中国职业技术教育，2008（3）．

[162] 王晓玲，李月．社交礼仪 [M]．大连：大连理工大学出版社，2008．

[163] 佚名．网络礼仪 [EB/OL]．[2008-02-27]．http://news.cjn.cn/htxw/200802/t578907.htm．

[164] 佚名．新人面试技巧概览 [EB/OL]．[2008-11-22]．http://www.docin.com/p-3438259.html．

[165] 王颖，王慧．商务礼仪 [M]．大连：大连理工大学出版社，2007．

[166] 侯海林．斯坦福大学的由来 [J]．英语知识，2007（12）．

[167] 孙金玲．论现代商务洽谈礼仪 [J]．商场现代化，2006（9）．

[168] 佩吉·波斯特．礼仪圣经 [M]．李明媚，译．北京：群言出版社，2008．

[169] 佚名．你的形象价值百万 [EB/OL]．[2006-11-11]．http://blog.sina.com.cn/s /blog_4ae0e389010005a1.
html．

[170] 冯玉珠．餐饮礼仪全攻略 [M]．北京：对外经济贸易大学出版社，2005．

[171] 张先勇．当场打动主考官：求职面试的 128 个成功法则 [J]．北京：石油工业出版社，2005．

[172] 邱岳宜．涉外礼仪的十项原则 [J]．对外经贸实务，2003（2）．

[173] 约翰·伍兹．经理人箴言录 [M]．方邵愉，译．海口：海南出版社，2002．

[174] 朗月．别不小心打败了自己 [J]．青年文摘，2000（10）．

[175] 郭东斌．格言大辞典 [M]．沈阳：辽宁人民出版社，1990．

[176] 孟德斯鸠．论法的精神 [M]．张雁深，译．北京：商务印书馆，2017．